国家社会科学基金（14CTQ019）

｜光明社科文库｜

城市化背景下
我国城乡居民信息消费研究

王子敏　陈立梅　李婵娟◎著

光明日报出版社

图书在版编目（CIP）数据

城市化背景下我国城乡居民信息消费研究 / 王子敏，
陈立梅，李婵娟著 . -- 北京：光明日报出版社，2020.4
（2022.4重印）

ISBN 978 - 7 - 5194 - 5696 - 2

Ⅰ.①城… Ⅱ.①王… ②陈… ③李… Ⅲ.①居民—
信息消费—研究—中国 Ⅳ.①F126.1

中国版本图书馆 CIP 数据核字（2020）第 050806 号

城市化背景下我国城乡居民信息消费研究
**CHENGSHIHUA BEIJINGXIA WOGUO CHENGXIANG JUMIN XINXI
XIAOFEI YANJIU**

著　者：王子敏　陈立梅　李婵娟	
责任编辑：曹美娜　黄　莺	责任校对：刘浩平
封面设计：中联学林	责任印制：曹　净

出版发行：光明日报出版社

地　　址：北京市西城区永安路 106 号，100050

电　　话：010-63139890（咨询），010-63131930（邮购）

传　　真：010 - 63131930

网　　址：http：// book. gmw. cn

E - mail：gmrbcbs@ gmw. cn

法律顾问：北京市兰台律师事务所龚柳方律师

印　　刷：三河市华东印刷有限公司

装　　订：三河市华东印刷有限公司

本书如有破损、缺页、装订错误，请与本社联系调换，电话：010-63131930

开　本：170mm×240mm			
字　数：284 千字		印　张：18	
版　次：2020 年 4 月第 1 版		印　次：2022 年 4 月第 2 次印刷	
书　号：ISBN 978 - 7 - 5194 - 5696 - 2			

定　价：95.00 元

前　言

以计算机、移动通信、互联网等为代表的信息通信技术的发展引发的社会信息化浪潮，极大改变了社会运行方式，成为工业革命后又一改变人类社会的信息革命。改革开放以来中国社会主义市场经济制度的确立和逐步完善，建立起了与技术发展相适应的经济制度，成就了中国改革开放40年的经济高速发展。在此过程中，伴随着经济的发展，13多亿中国人口中，从农村进入城市就业、生活的人口比重不断增加，中国的人口城市化进程快速推进，人口的城乡流动、跨区域流动成为中国经济增长的重要特征。

信息化与城市化的快速推进和相互叠加使得中国经济呈现出与众不同的特征。中国的城市人口中存在着原居民、新居民、外来流动人口等人群，他们在一定程度上相互融合又存在着隔离；同时，中国的农村由于青壮年劳动力的不断流出，呈现出"未富先老"的老龄化特征，在中西部欠发达地区尤为明显。城市成为中国信息产业创新的策源地，城市中的年轻群体成为新鲜事物的首批接受者和传播者，但是受到收入水平、受教育程度、社会制度等的限制，城市人口中不同群体之间的信息消费行为却呈现出不同的特征；农村地区年轻人的流失和信息消费能力、素养的相对滞后，使得城乡信息消费呈现出"数字鸿沟"。

2013年以《国务院关于进一步扩大和升级信息消费持续释放内需潜力的指导意见》出台为标志，对于信息消费问题的研究开始逐步成为社会热点。本课题的研究就是在这样一个大的时代背景下提出的。经过近4年的努力，课题组成员团结协作，根据课题申报书确立的研究任务，对于城市化背景下我国城乡居民的信息消费问题进行了较为努力的研究。本课题第一部分主要是对于信息消费的概念与内涵进行分析，这是任何研究的基础；第二部分主要是对我国城乡居民信息消费的现状进行了总结分析；第三部分主要从城市化与居民信息消费之间的互动关系角度展开；第四部分着眼于政策实施的视角，从信息消费的角度，分析中国长期以来的偏向于发展城市的政策导向所产生的影响；第五部分主要研究了几个信息消费热点的作用；最后一部分对于本课题的研究结论进行了系统梳理并提出了相应的政策建议。

目 录
CONTENTS

第一章

信息消费

信息消费是社会主体对于信息需求的表现，在以经济建设为中心、以市场作为调配资源的核心手段的前提下，信息的有效传递，对于提升市场的配置效率起到不可替代的作用。在中国经济发展逐步由要素投入增长型转向集约型的发展路径过程中，提升市场经济活动的质量至关重要。在这个大背景下，中央提出的信息消费发展战略，对于促进我国经济的持续健康发展意义重大。

第一节　信息与信息消费

一、信息

信息论创始人香农认为信息是降低随机不确定性的东西。本研究认为信息是对信息需求主体而言有用的信号，信息需求主体借助该信号形成自己对于客观世界和自己主观意识的新认识。

从形态上来看，信息是无形的，因而信息的生产、储存、加工、传输、消费等都需要一个载体，这个载体可以是有形的，也可以是无形的。有形的载体如文字、图片、实体商品等，无形的载体如声音、电子信号、服务商品等。

从再生产来看，由于信息的无形性，信息的再生产往往较实体商品和服务商品而言更为容易，信息的再生产所需要的边际成本几乎为零，因而信息的再生产几乎可以实现指数式的增长，这种指数式的增长使得信息在短时间内可以大量再生产和传输，能够迅速满足社会的信息需求，但同时，由于信息的再生产较为容易，信息在再生产中会被添加信息再生产者的主观信息，加之客观存在的信息噪音的存在，会使得信息的再生产和传输中产生大量的虚假信息。

信息的流动方向是双向的，与信息的生产共生。普通的实体商品和服务是单向流动的，而信息是双向的。信息需求主体对于某信息的需求导致了信息从信源向信息需求主体的流动，但在该过程中，信息需求主体对于该信息的需求本身也会成为一种信息，为信源所掌握，因而信息的传输过程是伴随着新信息的生产过程的，二者密不可分。

信息的生产可以是有意识的主观行为，也可以是无意识的客观行为。信息生产者根据所掌握的信息，通过对这些信息进行再加工，形成新的信息，这是一种有意识的信息生产行为，如作家和科学家对于知识的加工与探索就是一种有意识行为。而现实生活中，大量的信息是无意识产生的，如居民的交通出行会形成客流信息，而这种客流信息的产生对于旅客而言是无意识的，但对于主体铁路部门而言，客流信息却是必须掌握的信息。

信息易逝。信息的易逝性表现为两个方面，一方面信息如果不在合适的时间进行储存，会很快消失，特别是无意识的信息生产中，如果信息需求主体没有在较合适的时间内对信息进行加工储存，那么这种信息的再生产将是不可逆的，如在某个时段居民在商场的购物行为，如果商场没有进行捕捉和加工储存的话，那么这种在特定时段的消费行为信息就消失了。另一方面，信息的储存本身不是全息的，同样一个行为，不同的信息需求主体的解读是不同的。对于居民的购物行为信息，商场关注的是居民的购买支出，因而将购物支出信息储存了下来，而商场营业员较为关注的是哪类人群购买力更强，商场保洁员则关注哪类人爱随地丢垃圾等，如果信息不是全息存储的，必然导致信息的易逝性。

二、信息需求与信息消费

信息需求是需要信息的主体对于信息的渴望，是基于该主体的内心主观和现实客观需要产生的，与该主体是否有能力获取该信息无关。消费是一个经济概念，信息的消费过程中，居民要为所需要的信息本身以及信息的载体支付相应的费用，是对于信息产品与信息服务以及相应载体的消费，因而是一个经济概念，消费者不但需要该信息，而且还要为该信息支付相应的费用，从国民经济核算的角度而言，信息消费是要计入国内生产总值的。

信息消费的主体不仅仅是居民，从社会部门构成的角度而言，还包含了企业和政府部门。居民信息消费是居民将信息作为一项消费内容，满足居民的日常生活需要。企业的信息消费中，信息是一种生产要素，企业对于各类信息的收集和利用，是为了获取经济利益。而政府信息消费中，一方面信息是一种行政资源投入，保证行政工作的正常进行，同时信息也是一种决策资源，有利于政府的各类政策决策的制定和实施。

三、居民信息消费与居民消费

居民消费是居民对于最终商品和服务的消费支出，统计部门将居民消费分成了食品、衣着、居住、教育、医疗、交通通信、文化娱乐、其他等八大类别进行分别核算。信息消费中居民进行消费的对象是信息，因而信息是信息消费的核心，基于该核心派生出的相应的载体的消费也应计入信息消费。从信息消费的定义角度，信息消费是居民消费的有机构成，但在现实统计中，信息消费并没有专门的统计类别，是分散在居民消费的八大类中的。同时，由于信息在现实经济活动中往往难以定价，除了特定的市场化的信息产品与信息服务可以依据市场价格纳入信息消费进行核算外，经济活动中往往存在大量的难以定价的或者免费的信息。这些信息从内容上讲，属于居民消费，但从价值量上来看，由于 GDP 核算的局限性，它们难以进行统计核算。同时，部分信息消费属于派生消费，即居民所要消费的是另一类商品或服务，出于对该商品和服务的需求，才派生出对信息的消费，这部分信息消费的价值往往也难以定价。

四、信息消费与现代信息技术

现代信息技术是信息消费得以发展的巨大推动力量。计算机的发明与应用，使得信息的生产、传输与消费发生了巨大的变化，在计算机产生前，信息的主要传输方式是通过书本、书信、电报、口口相传等方式，效率较现代而言要低很多，伴随着计算机技术应用于通信领域，程控交换机的应用极大地促进了基于语音的信息传输，同时伴随着计算机的互联，网络的诞生极大地提升了信息的多样化传输效率，基于文本、语音、图像、视频、数据库等形式的信息载体极大地提升了信息的传输效率。同时，基于互联网的信息加工处理技术的应用，数据挖掘、网络在线调查、网络信息服务、自媒体等极大拓展了信息源，网络本身成为信息的重要来源。网络的线上与实体经济的线下相结合，又进一步拓展了基于网络的信息生产与服务，传统商品与服务的生产、配送、消费等与网络的结合，又派生出了新的信息源与新的信息需求。伴随着网络的进一步渗透，物联网和大数据又进一步拓展了信息源，进一步派生出新的信息需求和信息消费。

因而信息消费的典型时代特征就是借助于现代信息技术，传统的信息的生产、传输、储存和消费发生了巨大的变化，互联网成为信息的重要信息源和主要的传输载体和消费渠道。

五、信息消费与信息化

这是两个非常容易混淆的概念。信息化侧重于技术的应用，信息化的不断推进，提升了传统产品与服务的生产效率，提升了信息商品与服务的供给能力，因而信息化侧重的是生产能力的提升，侧重的是供给方；而信息消费强调了信息需求主体对于信息产品与服务的需求，代表了社会对于信息的需求，侧重的是需求方。因而信息消费与信息化是不同的两个概念，信息化的提升推动了社会相关产品与服务的生产能力，而信息消费则拉动了社会对于信息产品与服务的需求能力。信息化与信息消费的相互作用，类似于市场经济中的供求关系，二者相互联系，却又有着不同的侧重点。

第二节　信息消费的内涵与特征

一、信息消费的内涵

（一）从信息消费过程的角度界定信息消费

信息消费涉及信息需求、信息获取、信息加工、信息创造四个基本环节。它是人们在日常生活中，由于生产、工作或娱乐的需求而发生的一系列消费信息产品和信息服务的行为活动过程。该信息消费的过程要求消费者结合自身的经济支付能力和信息素质，运用一些技术设备有效使用信息产品和信息服务，最终使得消费者之前的经济支付、时间支付和智能素质得到应有的回报，期望收益得到增值。

（二）从信息消费活动的角度界定信息消费

信息消费其实就是社会各种类型决策者在一定的宏观环境中，通过对信息产品和信息服务直接或间接的消化和吸收并内化为自身知识，进而形成决策方案来延续社会信息的生产和价值增值的活动。这个活动涉及信息需求、信息获取、信息过滤、信息再生产四个基本环节，高质量的信息消费活动要求信息消费者拥有一定的时间和金钱支付能力，此外，对信息消费者的智能素质也提出了较高的要求，属于精神方面的活动。

（三）从信息消费范围的角度界定信息消费

信息消费可以从狭义和广义两个角度来定义，狭义信息消费的消费对象仅仅包括净信息产品和信息服务，而广义的信息消费对象除了包括信息产品和服务，还包括信息含量相当大的医疗保健、交通通信、娱乐文化等多方面的产品和服务。信息消费者直接或间接地对信息消费客体进行消费，接收、加工、处理内化信息，实现效益增值。

二、信息消费的特征

（一）信息消费具有非消耗性

非消耗性是信息消费与传统的物质消费不同之处。这里的非消耗性主要是指信息消费的客体即信息产品和信息服务。信息消费的内容不会因为消费次数的增多而受到损耗，恰恰相反，它会随着使用次数的增多，信息在传递过程中得到交换和再加工，价值和效用获得增值。

（二）信息消费具有层次性

这里的层次性主要是指因为信息消费的主体时间金钱支付能力以及信息素质差异所导致的信息消费质量的差别。信息消费主要属于精神方面的范畴，同样的消费内容，在传递、交换、吸收、加工和内化过程中，因为信息消费者自身智能素质原因会出现不同层次的信息质量。比如说，初中生和研究生阅读同样的经济时报，显而易见，研究生获取的信息会比初中生更丰富，对于经济投资做出的决策产生的生产价值更高，层次性也因此显现。

（三）信息消费具有边际效用递增性

边际效用是指在一定的时间内消费者每增加一个单位的消费所引起的总效用的增量。消费量的增加程度不同将导致不同的趋势，分别是：边际效用递增、边际效用不变、边际效用递减。传统的物质产品消费普遍出现边际效用递减现象，而信息经过多轮的传递加工处理，就像"滚雪球"一样快速使其价值得到累积增值，因而，信息消费的边际效用是递增的。

除以上这些特征外，信息消费还具有时效性、共享性、消费时间和空间碎片化等特点。这些特征不仅有利于国民收入的增长，还能促进我国经济结构的优化升级，理应成为我国重点培养的消费热点。

第三节　相关研究基础

现有对于城乡信息消费的研究主要从城乡的区域差异、城乡信息消费鸿沟、信息影响因素、城乡信息资源、城乡信息消费关系等角度展开。

一、城乡信息消费的差异

李贝利（2014）[1]从区域间信息消费对于城乡收入的影响角度进行了区域比较研究，他认为信息消费的过程中能产生知识资源、创造财富，通过构建模型分析了我国不同区域的城乡居民信息消费差距对城乡收入差距的影响，发现东部地区的城乡居民信息消费差距拉大了城乡收入差距，中部地区没有显著的影响，西部地区则没有形成稳定的关系。

罗裕梅和凌鸿（2014）[2]从信息消费主体、信息消费对象、信息消费环境三个角度分析了我国信息消费存在的鸿沟，并提出了通过创新信息产品及服务来缩小信息消费主体的鸿沟，鼓励基于互联网的创业来缩小信息消费资源的鸿沟，加强宽带网络基础设施建设来缩小信息消费环境的鸿沟等相应对策。

丁志帆（2014）[3]通过计算，发现信息消费增速变动1%对高收入居民的社会福利改善略大于中低收入群体居民；如果考虑城乡居民间的主观偏好，信息消费增速提升1%对高收入群体居民的社会福利改善是中低收入群体居民的数十倍。

二、农村居民信息消费

众多学者分别从城镇和农村的角度对于居民信息消费进行了研究。

城镇居民信息消费研究方面，如崔海燕和范纪珍（2012）[4]发现我国城镇居民的信息消费表现出了显著的内部习惯形成特征。汪卫霞和汪雷（2012）[5]在对1992年—2010年我国城镇居民信息消费实物量变化进行分析的基础上，运用ELES模型对我国城镇居民信息消费结构区域差异进行了实证分析，发现居民信息素质对于居民信息消费具有重要影响，信息素质中高地区教育和文化娱乐服务消费热点形成时间早，持续时间长。王林林和黄卫东（2010）[6]采用了我国

1998—2007 年的居民信息消费数据，应用 ELES 模型对城镇居民信息消费结构进行了研究，从消费结构角度指出了我国城镇居民信息消费的特点，并从信息消费的主体、客体和环境三个角度提出了改善信息消费结构的建议。

农村居民信息消费研究方面，如肖婷婷（2010）[7]认为农村居民边际信息消费倾向高于城镇居民，但在水平上农村居民与城镇居民差距较大。朱琛（2010）[8]认为当前城乡居民收入、基础设施建设和公共服务水平之间的巨大差异导致了上述差距的存在。

苑春荟等（2014）[9]从信息需求意识、信息价值评价、信息获取能力、信息理解能力和信息共享能力共 5 个方面，对于农村居民信息消费进行了研究，发现信息价值评价在所有五个因素中排在第一位，认为提升农民信息价值评价可能是推进农村信息化建设过程中极为重要的一步，在提升农民信息素质的过程中，应从意识和能力两个角度出发，在提升农民信息意识的同时，循序渐进，逐步提高农民对信息的获取、理解及共享能力。

崔海燕（2014）[10]对农村居民的信息消费行为进行了实证分析，认为我国农村居民的信息消费变动呈现出对收入变动的过度敏感性和显著的内部习惯形成，同时，城镇居民的信息消费行为对农村居民产生了显著的示范效应，认为要通过进一步健全农村社会保障制度，提高农村居民收入，加大农村信息基础设施建设，建立农村信息消费安全监管机制，提高农民的文化素质等措施，刺激农村居民的信息消费需求。

石志恒和许克元（2014）[11]在对甘肃地区农户样本调查数据进行多重线性回归分析的基础上，得出农户人均收入水平、耕地面积、农田水利条件等因素对农户认知农业农村信息化有重要的促进作用，从进一步减轻农民负担，增加收入，尝试针对不同收入水平的农户提供差异化的信息服务、扩大政府对地理位置偏远地区基础设施建设的投入和扶持、提高农民科学文化水平、成立农民信息技术服务小组，定期检验并完善与农户密切相关的业务信息系统、更加重视中年及老年人群体对农业农村信息的认知和需求等角度提出了相关政策建议。

郭道猛和周寅（2014）[12]从农业信息商品消费客体的质量和价格弹性维度探讨了农业信息商品消费的影响因素，认为信息商品的质量是制约我国农业信息商品消费的主要因素，且新型农业经营主体将成为我国农业信息商品消费的主力军。

三、城乡信息资源

城市化背景下，存在信息资源分布不均与占有不均的问题，一方面王知津等（2011）[13]认为信息资源主要掌握在政府部门，另一方面如于良芝（2005）[14]认为我国城乡间存在信息资源公共获取的差距，陈传夫和姚维保（2004）[15]认为农村地区信息获取成本很高，同时城市内部也存在信息分化（李勇，2008），导致了信息资源的占有不均现象（Lievrouw，2003）[16]，城乡之间也表现出数字鸿沟（Norris，2003；Selwyn，2004）[17,18]。当然信息化的不断加强也能提升城乡居民获取信息化公共服务资源的能力，如有研究发现网络信息和城镇人口比重的提升有利于实现城乡基本公共服务均等化（刘成奎，2012）[19]，基于数字、信息和网络技术等高新信息传播技术的应用也有助于建设数字化城乡公共文化服务体系（高福安，刘亮，2012）[20]。

四、城乡信息消费关系

城市化进程的推进，所造成的区域经济发展差异（黄水清、沈洁洁，2011）[21]、城乡收入差距（王小鲁、樊纲，2005）[22]、城乡家庭财产性收入的二元特征（何丽芬、潘慧峰，2011）[23]、城乡金融发展非均等化（鲁钊阳等，2012）[24]、消费差距（朱诗娥、杨汝岱，2012）[25]、城市偏向的教育经费投入政策（陈斌开、张鹏飞，2010）[26]与城市倾向的经济政策（陆铭、陈钊，2004）[27]等均会影响到城乡居民的信息消费能力（Hargittai，2002）[28]，导致城乡信息消费的差距，特别是导致农村居民存在信息获取劣势（于良芝、谢海先，2013）[14]。

实际研究中，田凤平等（2013）[29]、郑英隆和王勇（2009）[30]、肖婷婷（2010）[7]等专门从城乡视角分析了城乡居民信息消费的差距、原因与影响因素，得出了丰富的结论。如田凤平等（2013）[29]认为地区经济发展水平仅对农村信息消费支出有显著影响，而居民受教育水平、居民总消费支出以及价格水平均对城乡居民信息消费支出有显著影响，价格水平对农村居民信息消费支出的负效应要大于总消费支出对信息消费支出的正效用，应而城镇居民信息消费中没有表现出这一特征。黄诚（2007）[31]认为城乡间存在着信息消费水平、信息消费能力和信息消费条件的分化，导致了城乡间存在信息消费的差距。郑英隆和王勇（2009）认为，要促进城乡间信息消费的协调发展，需要在城乡之间，构建贯通城乡的信息网路图，着力推进城乡信息集散点的公共信息产品开发，打通集散点到家庭的"最后一公里"。肖婷婷（2010）分析了 2000 年—2007 年间我国城乡居民信息消费，通过进行对比，发现农村信息消费仅大约相当于城镇 10 年前的水平，我国信息消费发展城乡不平衡，数字鸿沟显著。

五、评述

通过对现有研究的梳理，可以发现对于信息消费、居民信息消费等问题已经有了较多的研究，研究视角也比较丰富，这些研究对于深化对信息消费的理解有着重要的意义。在城市化的大背景下，伴随着城市化的推进，人口从农村向城市的大规模流动、人口的跨区域横向流动、人口在城市的集聚、政府部门在政策制定过程中的城市偏向等现象，与居民信息消费之间是一个什么样的逻辑关系，值得深入探讨。本课题的研究试图从这些角度进行分析，以深化对于信息消费的理解，为政府部门制定相关政策提供相应的依据。

第二章

城乡居民信息消费现状与关系

本章研究思路导图：

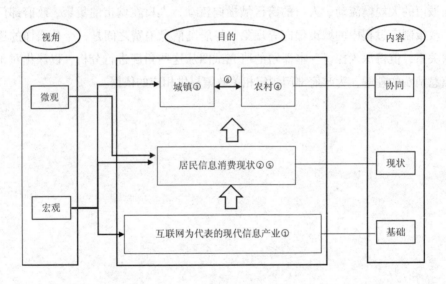

注：数字表示对该部分内容进行研究的章节编号。

本部分主要从城镇和农村视角分析了城乡居民信息消费的现状与特征。以互联网为代表的现代信息产业是信息消费迅速提高的最主要产业基础，特别是伴随着移动互联网的普及和应用，以移动支付、购物等为代表的信息消费得到极大提升，因而本部分首先分析了互联网产业的发展现状；其次分析了我国城镇、农村以及城乡整体的居民信息支出特征；最后从城乡协同的角度分析了城乡居民信息消费之间的关系。

第一节　居民信息消费基础条件①

伴随着中国通信事业的迅速发展，互联网发展水平也在迅速提升，互联网普及范围不断加大，据中国互联网信息中心的统计数据，中国的互联网用户数从 1997 年的 62 万户跃开到 2005 年底的 6.88 亿户，普及率达到 50.3%，互联网接入方式也由一开始的以窄带拨号为主，发展为如今的以固定宽带接入和移动宽带接入为主。同时随着"互联网＋"不断渗透到经济社会的每一个方面，对于互联网在经济社会各个层面影响的研究也越来越多。对互联网发展水平的客观评价与测度，以及对区域发展水平差异性的特征分析也成为较为迫切的需求。

本书基于 2006—2014 年省级面板数据，从九个方面选取了反映地区互联网发展水平的分项指标，采用熵值法进行加权处理，计算了各个省级行政区互联网发展综合水平，并在此基础上对各个地区互联网发展水平进行了排序，发现在中国互联网发展水平迅速提升的背景下，区域互联网发展差距呈现扩大趋势。通过对 σ 收敛、β 收敛和俱乐部收敛的计算，进一步证实了上述趋势。最后，基于研究结论，提出了推动区域互联网发展水平协同提升的政策建议。

一、研究基础

对互联网发展水平测度与区域发展水平评价的相关研究主要集中于两个方面，一是直接对互联网发展水平的测度，并在此基础上进行相关的区域、时间等的比较研究；另一方面部分研究仅仅测度了互联网发展水平，并没有对互联网发展中存在的区域差异性进行进一步的比较分析。

部分研究在测度基础上，比较了区域互联网发展水平的差异性，但并没有分析这种差异性随时间的变化趋势，例如王如渊和金波（2002）以 CN 域名数、WWW 网站数以及互联网用户数作为衡量互联网发展水平的指标，从这三个指标的角度分析了各个地区互联网发展水平的差异性，认为中国互联网发展水平呈现从东部到中、西部区域发展水平递减的特征[32]；刘文新和张平宇（2003）

---

① 本部分主要内容已经被《统计与决策》录用，已于 2018 年第 4 期刊出

利用千人网民数、万人拥有网站数和万人拥有域名数三个指标衡量互联网发展水平，并设计了互联网发展指数以反映区域互联网发展的综合水平，认为中国互联网发展水平存在显著的区域差异性[33]；王青华和陈棣（2005）利用了各个地区网民占人口数比、CN 域名数量占全国域名总数的比重、WWW 站点数量占全国总数的比重三个指标，并利用主成分分析法计算了各个地区的互联网发展综合水平，发现经济较发达的地区也是网络发展水平较高的地区[34]；王恩海等（2006）认为我国东中西部互联网发展水平存在数字鸿沟现象，并采用每百人上网人数、每万人域名数、每万人网站数和每百人 IPv4 地址数四个指标，设计并计算了各个地区的互联网发展指数，在此基础上对各个地区的互联网发展水平进行了评价[35]；宁进厅等（2010）采用互联网普及率和每万人 WWW 域名数作为衡量互联网发展的需求和供给情况指标，基于 Theil 指数和集中化指数，测度了区域互联网发展的状况，发现中国互联网产业发展的区域差异十分显著，但消费层面的省际差异明显小于生产层面，而且消费层面差异缩小的幅度也明显大于生产层面[36]；尹楠（2015）以网民数量、网民规模增长速度、域名数量、网站数量、IPv4 地址数比例和页面平均大小作为指标，并利用因子分析法，计算了各个地区的互联网发展综合水平，认为一个地区经济发展程度越高，其互联网发展竞争力水平也越高[37]。

部分研究在分析了在分析区域互联网发展差异性的基础上，对差异性的发展趋势进行了分析。有的研究认为区域差异性在变大，如俞立平（2005）从互联网基础设施、互联网普及、互联网初级应用、互联网高级应用等四个方面选取了 8 个二级指标，在利用层次分析法确定权重的基础上，测度了我国以及各个地区的互联网发展水平，发现区域间网民及域名不均衡程度在降低，但网站不均衡系数不稳定[38]；刘桂芳（2006）采用上网计算机数、互联网用户人数、用户分布、信息流量分布、域名注册数等指标，基于洛伦兹曲线和区位熵分析了互联网发展的区域差异，认为东部地区和中部、西部地区的发展水平在拉大，但全国各地区差异基本保持不变[39]。而有的研究认为区域差异性在变小，如冯湖和张璇（2011）采用了万人网民数、万人域名数以及万人网站数三个指标占全国平均值的简单平均数作为衡量地区互联网发展水平的综合测度指标，发现全国与东、中、西部地区网民普及率的区域差距在逐步缩小，且东、中部地区内省际网民普及率的差距缩小幅度要大于西部地区[40]。

部分研究仅仅是测度了互联网的发展水平，例如何菊香等（2015）以互联网产业增加值作为互联网产业发展的代理指标，分析了影响互联网产业发展的因素[41]；谢印成和高杰（2015）以网民数量、手机网民数、网站总数、网络购物、网民规模、城镇网民、农村网民和网络零售交易额等 7 个指标作为衡量互联网发展程度的变量，分析了互联网的发展对经济增长的影响[42]；谢莉娟和张昊（2015）采用了网民数、互联网普及率、包裹数量、快递数量四个指标，分别进行标准化处理并进行数值平均，作为互联网发展的指标，研究了互联网发展对国内市场运行效率的影响[43]。

通过对现有研究的梳理，可以发现一方面从互联网发展水平的测度来看，虽然在研究和测度中所采用的指标多种多样，但伴随着互联网信息资源的迅速提升以及基于互联网的相关产业的发展，还是需要从多个角度更好地综合测度互联网的发展水平，以客观反映近些年来互联网发展的新特点；同时，随着"互联网＋"的研究热潮，在互联网发展与经济社会的关系研究中，简单的单一指标或者几个指标已经不能满足需求，需要对互联网发展水平进行综合测度。另一方面，通过对区域互联网发展水平的测度，在发现差异性的基础上，需要进一步判断这种差异性是会进一步扩大还是会收敛，这就需要对区域互联网发展水平的收敛性进行进一步的分析。

因而本部分立足于现有研究基础，在全面客观测度各个地区互联网发展水平基础上，进一步判断中国区域间互联网发展的收敛性。

二、互联网发展水平测度

（一）指标选取

为了客观反映互联网相关产业的发展状况，需要从多个角度进行分析，如互联网基础设施、互联网产业供给、互联网需求、互联网用户、网络信息资源、基于网络的产业发展等等不同方面，基于数据可获得性的限制，选取了 9 个指标来衡量上述几个方面的发展状况。相关指标如表格 2 - 1 所示。

表格 2 - 1　互联网发展相关指标

指标名	单位	目的	数据处理
万维网网站数	个	用于衡量互联网产业发展状况	除以总人口，得到人均量

指标名	单位	目的	数据处理
互联网用户普及率	%	用于衡量互联网用户普及程度	不做处理
网页数	个	用于衡量互联网产业的发展状况以及互联网信息资源的多少	除以总人口,得到人均量
页面总字节数	KB	用于衡量互联网信息资源的多少以及丰富程度	除以总人口,得到人均量
一周以内网页更新占比	%	用于衡量互联网信息资源的时效性以及网络的活跃程度	不做处理
移动电话数	万户	用于衡量移动互联网产业的发展状况以及互联网基础设施的发展程度	除以总人口,得到人均量
长途光纤总长度	万公里	用于衡量互联网基础设施投资建设水平	除以总面积,得到光纤密度
快递业务量	万件	用于衡量网络购物为代表的基于互联网的产业发展状况	除以总人口,得到人均量
电信业务量	万元	用于衡量用户的互联网和通信服务需求	除以总人口,得到人均量

  表格 2-1 中的指标中万维网网站数、互联网用户普及率、网页数、页面总字节数、一周以内网页更新占比几个指标的原始数据均来源于中国互联网信息中心每年发布的《中国互联网络发展状况统计报告》。中国互联网信息中心从 1997 年起,每年两次对中国的互联网发展状况进行统计,并发布相关统计报告。最早期的分省数据主要是分省互联网用户数分布情况,从 1999 年 7 月起开始公布分省的域名数①,2000 年 1 月起开始公布分省 WWW 站点数,2004 年 1 月起开始公布分省互联网用户数和互联网用户渗透率,2006 年 1 月开始公布分省 IPv4 地址数,2007 年 1 月开始公布分省网页数和网页字节数相关数据。表格2-1 中其他指标的数据来源于中经网数据库。为了较为客观地反映互联网的发展状

---

  ① 1999 年 7 月公布的是截至 1999 年 6 月的数据,同理,后文中 1 月份的报告公布的是上年 12 月份的数据。

况，所采用的指标不能太少，因而本部分数据起止时间为 2006 年—2014 年共计 9 年的数据，同时由于西藏数据缺失，考虑到数据的可得性和可比性，因而涉及的地区为中国除了西藏、港澳台的 30 个省级行政区。

表格 2-1 中 9 个指标从不同角度反映了互联网发展的不同方面，为了综合测度各个地区的互联网发展水平，需要对上述 9 个指标进行加权处理。现有加权方法分为两类，一类是以德尔菲法为代表的主观加权法，另一类是以熵值法、主成分分析等为代表的客观加权法。客观加权法确定各个指标权重时，根据各个指标自身的客观变动特征确定各个指标的权重，不容易受到人的主观因素的影响。本部分采用熵值法对上述指标进行加权。

（二）熵值法原理

熵是信息论中的概念，代表了不确定性的大小。如果一个指标变动程度较大，意味着其所代表的现象存在较大的不确定性，因而在客观综合评价中其所占的比重就会越高，反之如果变动程度越小，那么比重越大。极端情况下，一个变量如果是常数，没有变动，那么认为该变量在综合评价中就所占的比重就是 0。

令 $n \times m$ 维数据矩阵 A 为：

$$A = \begin{bmatrix} X_{11} & \cdots & X_{1m} \\ \vdots & \vdots & \vdots \\ X_{n1} & \cdots & X_{nm} \end{bmatrix}_{n \times m} \qquad \text{式（1）}$$

其中 X_{ij} 为第 i 个地区第 j 个指标所对应的数值，为了计算每个指标在综合评价中所占的比重，首先对每个指标的熵值进行计算，令：

$$P_{ij} = \frac{X_{ij}}{\sum_{i=1}^{n} X_{ij}} \qquad (j = 1, 2, \cdots m) \qquad \text{式（2）}$$

其中 P_{ij} 代表了在第 j 个指标中第 i 个样本所占的比重，显然有 $0 \le P_{ij} \le 1$，则第 j 个指标的熵值为：

$$e_j = -\frac{1}{\ln(n)} \times \sum_{i=1}^{n} P_{ij} \ln(P_{ij}) \qquad \text{式（3）}$$

其中，由于 $0 \le P_{ij} \le 1$，导致 $\ln(P_{ij}) \le 0$，因而人为添加负号将信息熵 e_j 调整为非负的数值，这样根据公式可知 $0 \le e_j \le 1$，且如果指标变动程度越大，此时 e_j 就越大。根据每个指标所计算出的信息熵，计算每个指标所占比重：

$$W_j = \frac{1 - e_j}{\sum\limits_{j=1}^{m} (1 - e_j)} \quad ,j = 1,2\cdots m \qquad\qquad 式（4）$$

根据计算出的各个指标的比重，就可以对所有指标进行加权，得到：

$$S_i = \sum_{j=1}^{m} W_j * P_{ij}, i = 1,2,\cdots n \qquad\qquad 式（5）$$

S_i 即为经过对所有指标加权后的第 i 个样本的综合评价。由于权重计算依赖于各个指标的变动程度，因而基于这种方法的加权方法较为客观。

（三）计算结果

由于本部分中数据为面板数据，为了便于在不同年份之间进行比较，因而将同一指标不同年份和地区的数据进行混合，表格 2 - 2 报告了各指标的权重：

表格 2 - 2　各个指标权重

指标名	占比	指标名	占比
人均 www 网站数	0.1453	一周以内网页更新占比	0.0227
人均互联网用户数	0.0216	长途光纤密度	0.0311
人均网页数	0.2623	人均快递业务量	0.174
人均页面总字节数	0.305	人均电信业务量	0.022
移动电话普及率	0.0142		

表格 2 - 2 中可知，人均网页数字节数在整体各指标中占比最大，移动电话普及率占比最小。基于该加权指标，对各个指标进行加权，表格 2 - 3 报告了经过加权后各个地区在不同年份的互联网发展水平综合得分。

表格 2 - 3　各个省份互联网发展水平综合得分

省份	2006 年	2007 年	2008 年	2009 年	2010 年	2011 年	2012 年	2013 年	2014 年
安徽	0.0004	0.0005	0.0006	0.0007	0.0010	0.0011	0.0018	0.0018	0.0019
北京	0.0050	0.0084	0.0137	0.0207	0.0265	0.0488	0.0603	0.0744	0.1026
福建	0.0008	0.0015	0.0023	0.0027	0.0037	0.0046	0.0062	0.0050	0.0067
甘肃	0.0003	0.0006	0.0004	0.0004	0.0006	0.0005	0.0007	0.0005	0.0007
广东	0.0012	0.0020	0.0030	0.0037	0.0040	0.0050	0.0086	0.0123	0.0156
广西	0.0004	0.0006	0.0007	0.0007	0.0007	0.0009	0.0009	0.0013	0.0020

续表

省份	2006 年	2007 年	2008 年	2009 年	2010 年	2011 年	2012 年	2013 年	2014 年
贵州	0.0003	0.0004	0.0007	0.0005	0.0005	0.0005	0.0006	0.0006	0.0008
海南	0.0004	0.0007	0.0009	0.0012	0.0015	0.0026	0.0026	0.0056	0.0055
河北	0.0004	0.0006	0.0009	0.0010	0.0012	0.0016	0.0020	0.0035	0.0041
河南	0.0004	0.0005	0.0008	0.0009	0.0013	0.0019	0.0025	0.0024	0.0029
黑龙江	0.0003	0.0005	0.0007	0.0011	0.0009	0.0008	0.0010	0.0008	0.0012
湖北	0.0004	0.0006	0.0009	0.0011	0.0014	0.0016	0.0022	0.0022	0.0027
湖南	0.0004	0.0006	0.0010	0.0011	0.0010	0.0010	0.0015	0.0012	0.0015
吉林	0.0004	0.0006	0.0007	0.0007	0.0008	0.0008	0.0012	0.0016	0.0022
江苏	0.0008	0.0013	0.0018	0.0021	0.0033	0.0035	0.0053	0.0079	0.0096
江西	0.0004	0.0006	0.0008	0.0007	0.0009	0.0012	0.0016	0.0023	0.0026
辽宁	0.0006	0.0010	0.0011	0.0012	0.0014	0.0015	0.0023	0.0038	0.0032
内蒙古	0.0002	0.0005	0.0006	0.0006	0.0007	0.0006	0.0008	0.0009	0.0011
宁夏	0.0004	0.0006	0.0008	0.0009	0.0009	0.0008	0.0018	0.0008	0.0012
青海	0.0002	0.0008	0.0004	0.0005	0.0005	0.0005	0.0006	0.0006	0.0007
山东	0.0005	0.0008	0.0011	0.0012	0.0013	0.0018	0.0021	0.0032	0.0037
山西	0.0004	0.0005	0.0007	0.0007	0.0007	0.0009	0.0010	0.0050	0.0045
陕西	0.0004	0.0006	0.0009	0.0010	0.0012	0.0013	0.0017	0.0015	0.0018
上海	0.0038	0.0102	0.0122	0.0117	0.0117	0.0146	0.0222	0.0234	0.0304
四川	0.0003	0.0006	0.0008	0.0009	0.0010	0.0012	0.0017	0.0014	0.0020
天津	0.0012	0.0021	0.0033	0.0038	0.0046	0.0067	0.0071	0.0162	0.0185
新疆	0.0003	0.0005	0.0006	0.0004	0.0006	0.0006	0.0009	0.0009	0.0011
云南	0.0003	0.0005	0.0006	0.0005	0.0005	0.0005	0.0008	0.0026	0.0027
浙江	0.0010	0.0018	0.0030	0.0046	0.0051	0.0072	0.0096	0.0170	0.0238
重庆	0.0005	0.0008	0.0009	0.0012	0.0011	0.0012	0.0013	0.0015	0.0021
全国	0.0221	0.0413	0.0568	0.0686	0.0807	0.1158	0.1531	0.2023	0.2593

（四）结果分析

1. 地区互联网水平排名

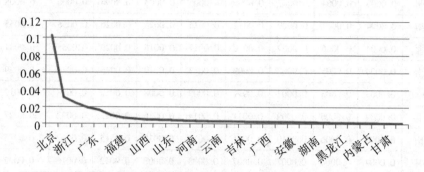

图表 2-1　2014 年全国各省区互联网发展水平排序

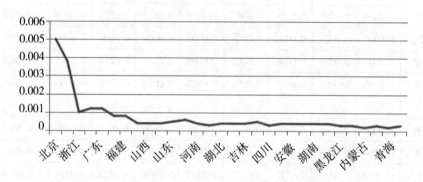

图表 2-2　2006 年全国各省互联网发展水平排序

图表 2-1 和图表 2-2 分别是 2014 年和 2006 年全国互联网发展水平的排序图，从图中可以发现，样本期排名靠前的省级行政区基本以东部沿海发达省份和直辖市为主，样本期排名靠后的地区基本上以中西部欠发达省份以及东北地区的黑龙江为主。以 2014 年为例，水平最高的北京得分为 0.1026，最低的青海仅为 0.0007，地区间发展水平差距巨大。结合表格 13 各个省份互联网发展水平综合得分中的数据，发现 2009 年之前排名前三的地区都是北京、上海和天津三个直辖市，从 2009 年起到 2014 年，浙江省超过天津，前三名的地区变为北京、上海和浙江。

2. 地区间互联网发展差距

2006 年前三名北京、上海、天津的互联网发展水平综合得分和为 0.01，最

后三名青海、甘肃、贵州三省的得分和为 0.0008，前三名是为后三名的 12.5
倍，而到了 2014 年，前三名北京、上海、浙江的发展水平得分和为 0.1568，后
三名依然为贵州、青海和甘肃，互联网发展水平得分和为 0.0022，前三名的得
分为后三名的 71 倍。从前三对后三名互联网发展水平得分的倍数来看，中国互
联网发展的地区间的差距在样本期是不断加大的，地区间的"数字鸿沟"呈现
加大趋势。为此需要进一步验证中国互联网区域发展的收敛性。

三、区域收敛性分析

衡量区域收敛性的方法有多种，主要包含了 σ 收敛、β 收敛和俱乐部收敛三
类。下文中这三个角度分别分析区域收敛性。

（一）σ 收敛性计算

σ 收敛认为区域互联网发展水平的分散程度会随着时间的推移而降低，从
数学的角度而言，表现为区域间互联网发展水平的变异系数变小。计算中 σ 的
公式为：

$$\sigma = \frac{样本标准差}{样本均值} \qquad\qquad 式（6）$$

表格 2 - 4 报告了样本期历年的 σ 值：

表格 2 - 4　样本期历年的 σ 值

时间	2006	2007	2008	2009	2010	2011	2012	2013	2014
σ 值	1.16	1.44	1.50	1.66	1.75	2.23	2.14	2.01	2.16

从表中可以看出，以 2011 年为界，2011 年之前区域互联网发展的差异性递
增，2011 年滞后基本稳定，σ 值并没有表现出趋势性的下降特征，因而可以说在
样本期中国区域互联网发展不存在 σ 收敛。

（二）β 收敛性计算

β 收敛分为两类，绝对 β 收敛和条件 β 收敛。其中，绝对 β 收敛认为不同地
区之间互联网发展水平有着相同的互联网发展水平的稳态值，因而互联网发展
水平低的地区有着更快的发展速度，最终所有的地区互联网发展水平趋同；条
件 β 收敛认为不同地区有着不同的经济、社会、文化特征，因而应当有着不同
的稳态值，在控制了这些不同的影响因素条件下，相对于各自的稳态更远的地

区有着更高的发展速度。

根据 Martin（1996）[44] 提出的计算方法，令 $Y_{i,t,t+T} = \dfrac{\log(y_{i,t+T}) - \log(y_{i,t})}{T}$，表示地区互联网发展水平从 t 到 t + T 年之间的平均增长速度，则绝对 β 收敛的计算公式为：

$$Y_{i,t,t+T} = \alpha - \beta\log(y_{i,t}) + \varepsilon_{it} \qquad 式（7）$$

其中 $y_{i,t}$ 表示地区互联网发展水平；如果是收敛的，那么 β 为大于 0 的系数。据此，由于本部分数据为 2006 至 2014 年的面板数据，因此建立面板回归模型，表格 2 - 5 给出了计算出的绝对收敛系数：

表格 2 - 5　绝对收敛系数

变量名	系数值	标准差	t 值	p 值
α	1.99	0.31	6.51	0.00
β	-0.28	0.05	-5.78	0.00

注：根据 Hausman 检验结果，建立双固定效应面板模型对系数进行计算。

根据表格 2 - 5 给出的计算结果，可知由于 β 系数在 1% 水平下显著为负，而不是为正，因而根据前文的分析，中国互联网发展水平区域之间不存在绝对收敛。

根据条件 β 收敛的定义，式（7）可以修改为：

$$Y_{i,t,t+T} = \alpha - \beta\log(y_{i,t}) + \psi X_{i,t} + \varepsilon_{it} \qquad 式（8）$$

其中 $X_{i,t}$ 为一组控制变量，即地区互联网发展水平不仅仅取决于起初值，同时还取决于其他相关影响因素。根据相关研究，本部分选取了地区人均 GDP、城市化率、产业结构以及全要素生产率四个变量作为控制变量，其中人均 GDP 根据各个地区物价水平进行了平减，城市化率采用城镇人口占总人口的比重计算，产业结构采用第二产业增加值占 GDP 比重表示，全要素生产率采用索罗余量法进行估算，计算时资本存量采用张军（2004）[45] 的方法。上述控制变量在进行计算时均进行了对数化处理。通过建立面板回归模型，表格 2 - 6 给出了计算结果。

表格2-6 条件 β 收敛计算结果

变量名	系数值	标准差	t 值	p 值
α	-5.65	3.32	-1.70	0.09
β	-0.34	0.05	-6.45	0.00
人均GDP	0.65	0.37	1.77	0.08
城市化率	0.40	0.52	0.76	0.45
产业结构	-0.04	0.23	-0.16	0.88
生产率	0.07	0.39	0.17	0.87

注：根据 Hausman 检验结果，建立双固定效应面板模型对系数进行计算

根据表格2-6中的结果可知，条件收敛系数 β 在1%水平下显著为负，即认为互联网发展水平之间不存在显著的条件收敛特征。

（三）俱乐部收敛计算

Baumol（1986）[46]提出了俱乐部收敛的概念，认为相似的地区之间有着相似的互联网发展水平，即存在某些俱乐部，在俱乐部内部互联网发展水平之间是收敛的，不同俱乐部之间收敛情况不同。由于对俱乐部的划分没有统一的标准，本部分研究中，根据中国东、中、西的区域划分标准，将中国地区分为三个俱乐部，根据式（8）建立面板回归方程，表格2-7给出了计算结果。

表格2-7 俱乐部收敛结果

地区	β 系数	标准差	t 值	p 值
中部地区	-0.69	0.13	-5.36	0.00
西部地区	-0.62	0.10	-5.92	0.00

注：根据 Hausman 检验结果，建立双固定效应面板模型对系数进行计算

根据表格2-7中报告的计算结果，发现无论是东部地区，还是中、西部地区的 β 系数在1%水平下均显著为负，表明地区互联网发展水平之间并不存在区域内的俱乐部收敛特征。

综合而言，根据 σ 收敛、β 收敛和俱乐部收敛的计算结果，可知无论根据何种方法结果计算出的收敛结果，均认为中国互联网发展水平不存在区域间的收敛特征。

四、结论与建议

本部分基于熵值法对选取的 9 个互联网发展指标进行加权，计算出了全国各个地区 2006—2014 年互联网发展水平指数的面板数据，发现从全国来看互联网发展水平在样本区间内迅速提升，互联网发展水平发达地区以北京、上海和浙江为代表的东部经济发达地区为主，水平靠后的地区以中西部经济发达地区为主，且地区间发展水平差距巨大，该差距呈现出扩大趋势；通过计算收敛性，发现无论是 σ 收敛、β 收敛还是俱乐部收敛结果均认为不存在收敛特征，进一步证实了中国互联网发展水平的区域差异扩大趋势。

基于上述研究结论，为了推动地区间互联网发展水平的协同提升，一方面需要首先推动中西部欠发达地区互联网基础设施的建设，在此基础上提升互联网用户渗透率，特别是移动网络用户数的不断提升；其次，推动东部互联网发达地区互联网信息资源的共享，提升东部地区向中西部地区的空间溢出水平，使得中西部欠发达地区能够通过互联网享受到更为丰富和及时的网络信息资源；再次，推动中西部地区产业发展与"互联网＋"的结合，借助于东部地区较为发达的网络产业，提升中西部地区传统产业的触网和转型。

第二节　居民信息消费支出特征[①]

20 世纪 90 年代以来，伴随着经济的快速发展和信息技术的不断进步，以信息产品和服务为主要消费对象的信息消费在总消费中占比不断上升。尤其是近年来，随着信息网络的普及和工业产品的智能化，信息消费规模不断取得新突破，对工业乃至国民经济的带动作用日益加大。然而，我国长期以来地区间不平衡发展状况，使得不同地区居民信息消费水平在总量和增速上也表现出较大差距，总体来看，东部地区消费水平高增速快，中部次之，西部最弱。这种差距不仅影响我国信息消费的持续增长和内需的扩大，并且制约我国区域经济的

---

① 本部分主要内容发表在《现代经济探》2017 年第 9 期。论文信息：中国居民信息消费的区域差距及影响因素——基于 Dagum 基尼系数分解方法与省际面板数据的实证研究[J]．现代经济探讨，2017（09）：92－100．

均衡发展和地区间经济结构的优化。因此，深入研究我国各地区信息消费发展水平和特征，分析地区间信息消费水平差异情况，探索影响差距形成的因素，对缩小地区间信息消费差距，提升整体信息消费水平，促进信息化协同推进，具有重要的意义。

本部分根据中国 2000—2015 年居民信息消费的省际数据，采用 Dagum 基尼系数分解法测算了我国居民信息消费的区域差距及演变态势，并构建动态面板模型对影响因素进行验证，实证表明：我国信息消费的区域差异明显但总体呈缩小趋势，东部地区的内部差距高于中、西部地区，地区间差距的贡献率在 60% 以上，一直是构成信息消费地区差异的主要原因。进一步的系统 GMM 估计结果表明消费习惯、收入水平、信息产业发展、人口年龄结构和城镇化水平是影响信息消费的主要因素，且东、中、西部三个地区影响信息消费的因素不同。

一、研究基础

文献显示，国外学者对信息消费的研究始于 20 世纪 80 年代初，侧重于信息消费者需求（TD Wilson，1981）[47]、影响因素（Chinn 等，2010）[48]、信息消费者满意度（Gorla，2014）[49]等微观问题。国内学者对信息消费的关注始于 20 世纪 90 年代，主要研究领域涉及信息消费概念、我国信息消费水平、特征以及影响因素的定性研究。目前，国内学者对信息消费的实证研究主要集中在以下两个方面：

（一）信息消费影响因素研究

多数文献显示收入水平对信息消费影响显著，如马哲明和李永和（2011）[50]的实证研究均表明收入水平的提升对农村居民信息消费具有促进作用；朱琛和蒋南平（2011）[51]借助 TVP 模型研究发现不同时期和结构的城镇居民收入对信息消费的影响程度不同；张慧芳和艾天霞（2016）[52]运用 2003 年—2012 年的省级面板数据分析发现城镇居民收入增长对信息消费结构演变的影响显著。除收入外，学者们研究发现信息消费还受到教育程度[53]、信息产业发展[54]、财政补贴[55]、消费习惯[10,56]等因素的影响。

（二）信息消费城乡和区域差距研究

在信息消费城乡差异方面，学者们基于消费倾向、消费水平和消费结构等视角比较了城乡居民信息消费的差异性（张鹏，2001[57]；王平和陈启杰，2009[58]；肖婷婷，2010[7]）。还有部分学者研究信息消费的区域差异，如郑兵云（2007）[59]研究认为东部地区城镇居民的信息消费水平和边际消费倾向最高，西部次之、中部地区最低；张红历和梁银鹤（2016）[60]基于31个省区城镇居民信息消费数据的分析发现地区间信息消费差异呈现较平缓的先发散后收敛的"倒U"型趋势；叶元龄和赖茂生（2012）[61]基于我国农村居民信息消费数据的研究亦得出区域差距较大的结论。

综上所述，国内学者关于信息消费的研究成果丰富，然而鲜有文献涉及区域差异的测算和分解以及基于省际面板数据的影响因素检验。鉴于此，本部分首先利用地理信息系统（ArcGIS）分析我国居民信息消费的空间分布特征及发展趋势，然后利用 Dagum 基尼系数测算我国信息消费的地区差异情况并按照东、中、西部三大区域对信息消费的地区差异进行分解，测算三大区域间和区域内差异对总体差异的贡献作用。在此基础上，分析影响信息消费区域差异的因素，构建动态面板数据模型，分别从全国和东、中、西三大区域的视角实证检验各项影响因素的作用效果，以讨论信息消费水平的区域差异形成机制和提升渠道。

二、测算方法及数据说明

（一）Dagum 基尼系数及其按子群分解方法

地区差距的测度方法较多，常用的有基尼系数、泰尔指数、变异系数等方法。但这些方法或是不能进行地区差距的分解或是未考虑子样本的分布状况[62]，存在一定的缺陷。而 Dagum 在 1997 年提出的基尼系数按子群分解方法能够有效地解决上述问题，因此本部分采用该方法测算我国居民信息消费的地区差距情况。

根据 Dagum（1997）对基尼系数的定义，一国划分为 k 个地区，共包含 n 个省份，c、d 分别代表不同地区，n_c、n_d 分别为 c 和 d 地区内省份个数，y_{ci} 和 y_{dj} 分别表示 c 地区和 d 地区内任意一个省份的居民人均信息消费支出，$\bar{y}$ 是全国居民人均信息消费支出，其计算公式如式（1）所示。进行 Dagum 基尼系数分解前，先要对划分地区的居民信息消费均值进行排序，即 $\bar{y}_1 \leq \bar{y}_2 \leq \cdots \leq \bar{y}_c \leq \cdots \leq \bar{y}_k$，其中 $\bar{y}_c$ 表示 c 地区居民信息消费的均值。

Dagum（1997）将基尼系数分解为三个部分：一是地区内（组内）差距贡献（G_w），二是地区间（组间）超变净值差距的贡献（G_{nb}），三是地区间（组间）超变密度的贡献（G_t），三个部分的关系满足：$G = G_w + G_{nb} + G_t$。本部分中地区间贡献 G_{nb} 表示东、中、西部地区间居民信息消费水平的差异；地区

内差距贡献 G_w 表示某一地区内部各省间居民信息消费水平的差异；超变密度 G_t 表示三大地区间信息消费水平交叉影响的一种基尼系数余数。G_{cc} 和 G_{cd} 分别表示 c 地区内基尼系数和 c、d 两个地区间基尼系数，计算公式如（2）和（3）所示，G_w、G_{nb}、G_t 的计算公式如（4）（5）（6）所示。

$$G = \frac{1}{2n^2 \bar{y}} \sum_{c=1}^{k} \sum_{d=1}^{k} \sum_{i=1}^{n_c} \sum_{j=1}^{n_d} |y_{ci} - y_{dj}| \tag{1}$$

$$G_{cc} = \frac{1}{2n_c^2 \bar{y_c}} \sum_{i=1}^{n_c} \sum_{j=1}^{n_c} |y_{ci} - y_{cj}| \tag{2}$$

$$G_{cd} = \frac{1}{n_c n_d (\bar{y_c} + \bar{y_d})} \sum_{i=1}^{n_c} \sum_{j=1}^{n_d} |y_{ci} - y_{dj}| \tag{3}$$

$$G_w = \sum_{c=1}^{k} G_{cc} p_c s_c \tag{4}$$

$$G_{nb} = \sum_{c=2}^{k} \sum_{d=1}^{c-1} G_{cd} (p_d s_c + p_c s_d) D_{cd} \tag{5}$$

$$G_t = \sum_{c=2}^{k} \sum_{d=1}^{c-1} G_{cd} (p_d s_c + p_c s_d)(1 - D_{cd}) \tag{6}$$

其中，$p_c = \frac{n_c}{n}$，$s_c = \frac{n_c \bar{y_c}}{n \bar{y}}$，c = 1，2，…，k，并且 $\sum p_c = \sum s_c = 1$，$\sum_{c=1}^{k} \sum_{d=1}^{k} p_c s_d = 1$。

$D_{cd} = \frac{d_{cd} - p_{cd}}{d_{cd} + p_{cd}}$ 表示 c 和 d 两地区间人均信息消费支出的相对影响，且 $0 \leq D_{cd} \leq 1$。d_{cd} 表示 c 和 d 地区间人均信息消费支出贡献率差值，即在 $\bar{y_c} > \bar{y_d}$ 时，在 $y_{ci} - y_{dj} > 0$ 条件下的所有样本值差距 $y_{ci} - y_{dj}$ 的加权平均数，如公式（7）所示；p_{cd} 表示超变一阶矩，可以理解为在 $\bar{y_d} > \bar{y_c}$ 时，在 $y_{dj} - y_{ci} > 0$ 条件下的所有样本值差距 $y_{dj} - y_{ci}$ 的加权平均数，如公式（8）所示。

$$d_{cd} = \iint_{0}^{\infty}{}_{0}^{y} (y - x) f_c(y) f_d(x) dx dy \tag{7}$$

$$p_{cd} = \iint_{0}^{\infty}{}_{0}^{y} (y - x) f_d(y) f_c(x) dx dy \tag{8}$$

根据以上的测算方法，我们得到我国 31 个省份 2000—2015 年居民信息消费的 Dagum 基尼系数并进行地区分解。

（二）数据来源及处理

关于信息消费的定义，迄今尚没有明确的标准。在统计口径方面，学者们有以下几种处理办法：（1）参照小松崎清提出的信息化指数法，将信息消费界定为"个人消费中除去衣、食、住以外的其他杂费消费"[59]，但这种方法囊括了较多与信息无关的消费，界定范围过宽[55]。（2）将居民交通通讯、娱乐文化教育两项消费支出加总作为居民信息消费额，此方法有一定的合理性，但界定范围较窄，不能客观反映我国居民信息消费水平。（3）采用尹世杰（2007）[63]对广义信息消费的定义，即居民信息消费由医疗保健、交通通信、文化教育娱乐用品与服务三项消费支出加总得到，使用此方法量化信息消费虽与其本意有一定的出入，但信息消费在其中占有绝对大的比重，而且随着科技进步，上述三项消费中信息含量越来越多，这样处理得到的信息消费额误差较小，也被多数国内定量研究所采用。综合考虑各种统计方法的优缺点，并兼顾数据的可获得性，本部分对信息消费的统计借鉴第三种做法。考虑到一个地区的信息消费总量一般与此地人口数量关系密切，因此本部分选择居民人均信息消费支出①分析为消除物价变动因素影响得到我国实际人均信息消费数据，笔者以 2000 年为基期的各地区居民消费价格指数，对相应地区数据进行平减。数据来源为《中国统计年鉴 2001 - 2016》和 wind 数据库。

三、居民信息消费的地区差距及分解

（一）信息消费水平空间分布的可视化描述

采用地理信息系统（ArcGIS）分别绘制 2000 年、2015 年我国人均信息消费的空间分布图，如图表 2 - 3、图表 2 - 4 所示。2000—2015 年间，伴随信息产业的发展和信息化的推进，我国居民信息消费水平有了大幅提升，但消费水平的空间差距明显。从图表 2 - 3 分布状况看，2000 年上海、北京、广东、浙江等省区人均信息消费水平在 1200 元以上，而部分中部和西南省区居民信息消费水平较低，人均不足 500 元。从图表 2 - 4 分布状况看，东部沿海地区信息消费水平最高，中部次之，西部地区最低，例如人均消费水平最高的上海是最低的西藏的 6.2 倍。

---

① 人均信息消费支出 = 城镇人均信息消费支出 × 城镇人口比重 + 农村人均信息消费支出 × 农村人口比重。

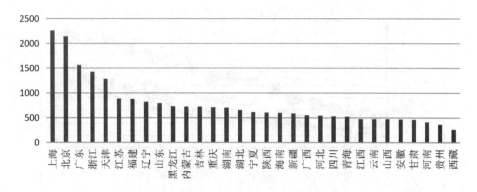

图表 2－3　2000 年中国人均信息消费支出分布

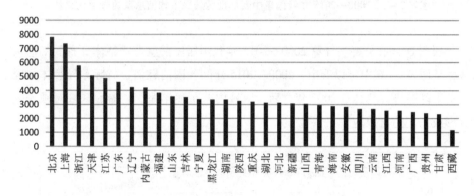

图表 2－4　2015 年中国人均信息消费支出分布

（二）信息消费的地区差异及演变态势

图表 2－5 描绘了 2000—2015 年我国三大地区人均信息消费的演变态势。总体上看，我国居民人均信息消费支出从 2000 年的 769.19 元增长到 2015 年3422.20 元，实际年均增长率为 10.46%。东、中、西部地区居民信息消费变动规律与总体变动规律类似，年均增长率分别是 9.56%、11.14%、11.50%。以2008 年为界，尤其是 2005—2008 年全国各地区的信息消费增速放缓，全国仅保持了年均 6.31% 的增幅，说明在这一时期居民信息消费需求不高。2008 年后随着国家"四万亿"计划的实施和"消费政策"的调整，东、中、西部各地区居民人均信息均呈现较大幅度的增长，中、西部 2008—2015 年年均增长率分别为11.49%、13.10%，高于东部的 6.85%，这与国家对中西部地区的政策倾斜有关。三地区之间的比较显示，信息消费额差距明显，东部最高、中部次之、西部最低，并且中部和西部地区信息消费水平均低于全国平均水平。

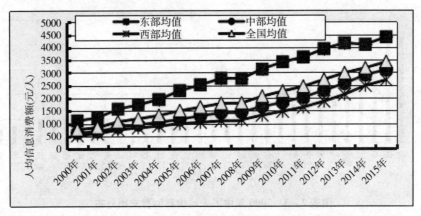

图表 2 – 5　2000—2015 年我国东中西部地区居民人均信息消费额变化趋势

根据 Dagum 分解法计算 2000—2015 年我国居民信息消费整体分布的基尼系数，从图表 2 – 6 中可以看出，2000—2015 年间我国信息消费省际差异整体呈现波动下降趋势，尤其是 2007 年之后，区域内差距逐年缩小，滞后区域对领先区域形成了"追赶效应"。

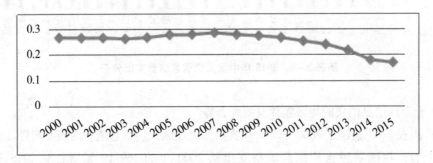

图表 2 – 6　2000 – 2015 年我国居民信息消费总体地区差异的演变

（三）信息消费的地区差异的分解

根据 Dagum 基尼系数分解法，按照东、中、西三大区域对我国居民信息消费来源分布的地区差距进行分解，结果如表格 2 – 8 所示。接下来对居民信息消费分布的地区内差距、地区间差距以及地区内和地区间差距的贡献做进一步解释。

表格 2 – 8 基尼系数分解结果

年份	总体	地区内差距			地区间差距			贡献率（%）		
		东部	中部	西部	东 – 中	东 – 西	中 – 西	地区内 Gw	地区间 Gnb	超变密度 Gt
2000	0.266	0.263	0.149	0.107	0.317	0.371	0.153	25.449	68.930	5.622
2001	0.265	0.276	0.131	0.103	0.323	0.369	0.137	25.815	68.916	5.269
2002	0.266	0.279	0.127	0.105	0.329	0.366	0.131	26.034	68.418	5.548
2003	0.262	0.269	0.127	0.094	0.324	0.367	0.129	25.318	69.653	5.029
2004	0.266	0.272	0.126	0.096	0.325	0.374	0.134	25.334	69.141	5.525
2005	0.277	0.252	0.096	0.125	0.344	0.402	0.133	23.489	70.344	6.168
2006	0.278	0.237	0.089	0.149	0.328	0.418	0.150	22.835	72.285	4.880
2007	0.285	0.245	0.091	0.134	0.333	0.432	0.150	22.593	75.089	2.318
2008	0.278	0.235	0.092	0.150	0.324	0.419	0.152	22.864	74.091	3.045
2009	0.273	0.231	0.100	0.144	0.320	0.409	0.148	22.960	73.603	3.437
2010	0.266	0.228	0.092	0.134	0.317	0.402	0.139	22.705	73.991	3.304
2011	0.252	0.215	0.084	0.138	0.298	0.382	0.138	22.760	73.136	4.104
2012	0.239	0.202	0.088	0.129	0.284	0.363	0.134	22.617	72.673	4.710
2013	0.216	0.177	0.090	0.127	0.255	0.327	0.128	22.736	67.469	9.795
2014	0.178	0.151	0.101	0.129	0.195	0.255	0.127	25.257	60.117	14.626
2015	0.168	0.140	0.077	0.127	0.188	0.247	0.116	24.491	60.737	14.772

（四）地区内差距

从地区内基尼系数来看，东部地区内差距最大，但其下降趋势明显，尤其2004—2015 年间，年均下降 5.86%，说明东部地区省际信息消费水平差距明显缩小，在一定程度上，这得益于东部地区良好的经济发展环境、密切的产业交流和区域协同发展战略的实施。中部地区内基尼系数较小，整体呈波动下降趋势，但 2005 – 2014 年间变化不大，说明中部地区内部信息消费差距较小，分布相对均衡。西部地区内基尼系数的走势与东西部不同，2000 – 2008 年呈波动上升的态势，2009 – 2015 年呈微小幅度的波动下降态势，年均降幅仅为 2.07%。从图表 2 – 7 中可以看出，东部地区内基尼系数曲线位于中、西部的上方，东部地区内差距最大。

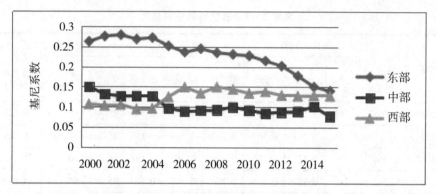

图表 2-7　地区内差距的演变趋势

（五）地区间差距

如图表 2-8 所示，东-西、东-中部地区间差距整体较大，而中-西部地区间差距较小，说明东部与中、西部地区的差距是构成整体不均衡的主要原因。尤其是在 2005—2010 年间的东-西部地区间差距均在 0.4 以上，存在比较严重的不均衡情况。从变化趋势上看，东-西部地区间差距呈"倒 U 型"，整体呈波动下降的趋势。尤其是 2012—2014 年降幅较大。东-中部地区间差距 2010 年前变化幅度不大，基尼系数均在 0.3 以上，2010-2015 年间逐年下降。中-西部地区间差距较小且波动不大。

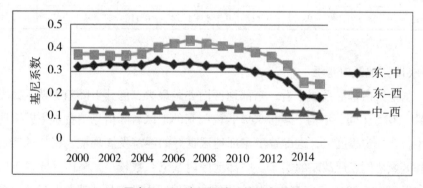

图表 2-8　地区间差距的演变趋势

（六）地区内和地区间差距贡献率

本部分中地区间贡献表示东、中、西部地区间居民信息消费水平的差异；地区内差距贡献表示某一地区内部各省间居民信息消费水平的差异；超变密度表示三大地区间信息消费水平交叉影响的一种基尼系数余数。

图表2-9描绘了地区内基尼系数贡献率（G_w）、地区间基尼系数贡献率（G_{nb}）以及超变密度贡献率（G_t）的演变态势。G_{nb}地区间差距贡献率在考察期内在60%以上，是构成我国居民信息消费差距最主要的原因，其次是地区内基尼系数贡献率G_w，对地区间差距贡献最小的是G_t。从变化趋势上看，G_{nb}贡献率经历了小幅波动上升，2007年后缓慢下降，2012—2014年大幅波动的情况。G_w地区内贡献率整体变动幅度较小，保持在相对稳定的贡献水平；而G_t从2000年的5.622%下降到2007年的最低值2.318%，但在2012、2014年出现大幅增加。

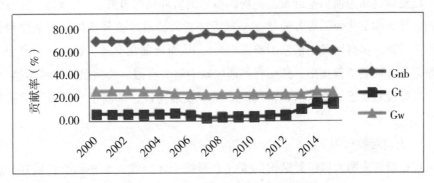

图表2-9　地区差距贡献率的演变趋势

四、信息消费地区差距的影响因素与实证检验

（一）影响因素分析

根据过往文献并结合信息消费特点，我们考虑以下可能影响我国居民信息消费的影响因素，并构建计量模型检验各因素的影响程度。

1. 信息消费主体的收入水平

收入反映了消费者对信息产品和信息服务的潜在购买能力，是影响信息消费水平的客观物质基础。根据收入消费理论，收入的增长提升了居民潜在的购买力，带来消费倾向和支出的增加，特别是在交通通信、医疗卫生、教育文化娱乐等方面支出增长，进而引起信息消费需求的增长。

2. 信息消费主体的受教育程度

与一般消费相比，信息消费受消费者信息知识技术接受能力的影响更大。对知识、信息、技术诉求较高的人群一般具有较高的受教育程度，他们通过对信息商品和服务的消费来满足自身对物质尤其是精神文化层次的需求。而信息素养不高、受教育程度较低的人群，信息意识较薄弱，信息利用能力不强，成为阻碍居民信息消费的关键因素。

3. 信息产业发展水平

信息产业发展是信息消费的前提。同时信息产业发展水平决定了市场提供的信息产品和服务的品种、数量和质量，影响了信息消费水平。不同的信息产业发展水平下，可供消费者选择的信息设备、信息内容、信息服务等会不同，消费者的信息消费水平和层次自然会有区别[8]。

4. 信息基础设施水平

已有研究认为信息基础设施是构成信息消费环境的重要指标，政府在交通、通信、教育和文化娱乐等方面增加基础设施投入，通过改善基础设施条件和公共服务质量，提高居民的信息消费需求[55]，从而增加在交通、通信、教育和文化娱乐等方面的消费支出。然而有些地区政府财力有限，公共服务体系不健全，信息基础设施缺乏，信息消费市场处于初级发展阶段，抑制了当地居民的信息消费行为。

5. 人口年龄结构

理论研究表明人口年龄结构的变化会影响个体的收入水平和消费偏好，进而导致个体消费水平和消费结构发生变化（吴海江等，2014）[64]。而国内外针对年龄结构对消费影响的实证研究并未得出一致结论。一部分学者的研究表明，人口老龄化有利于消费的增长（Loayza et al.，2000；汪伟，2009；谭江蓉和杨云彦，2012）[65-67]；另一部分学者研究表明人口老龄化会抑制消费的增长（Demery and Duck，2006；袁志刚和宋铮，2000）[68,69]；还有部分学者发现人口老龄化对消费的影响不显著（Deaton and Paxson，1997；李文星，2008）。

6. 城镇化水平

城镇化水平较高的地区更有能力进行资源集约化利用，具有较高的经济发展效率，传统农村也更易受到城市和城镇的"辐射"[21]，处于城镇化水平较高地区的农村居民也更容易受到城市、城镇的"溢出效应"，而这种溢出效应会影响农民的消费习惯、改善消费层次，有助于提高农村居民的信息消费需求。

7. 消费习惯

根据杜森贝里提出的相对收入假说消费理论，人们的消费行为一般具有惯性，消费行为会存在"棘轮效应"和"示范效应"[11]，"棘轮效应"意味着当期信息消费水平除受到当期收入水平影响外，还受过去信息消费水平影响。"示范效应"意味着如果一个地区相当一部分人最初受到某个偶然因素的影响消费了某种信息产品，并形成一种信息消费的氛围，由于消费的"示范效应"，会吸引越来越多的人加入到这个队伍中。

（二）计量模型的设定与估计方法的选择

考虑到西藏地区信息产业和信息基础设施数据缺失较多，故将西藏排除在实证考察范围之外，因此选择中国大陆 30 个省（市、自治区）区 2000—2015 年的面板数据作为研究对象，原始数据来源是相应年度的《中国统计年鉴》《中国人口与就业统计年鉴》《中国农村统计年鉴》和 wind 数据库。

结合上文影响因素分析，本部分构建基于动态面板数据的计量模型，如式（9）所示。

$$\ln IC_{it} = \alpha_{it} + \beta_1 \ln IC_{it-1} + \beta_2 \ln Inc_{it} + \beta_3 \ln Edu_{it} + \beta_4 \ln Ini_{it} + \beta_5 \ln Inf_{it} + \beta_6 Age + \beta_7 Urb_{it} + \varepsilon_{it} \quad (9)$$

其中 IC_{it} 表示第 i 省第 t 期居民人均信息消费额（IC）作为被解释变量。考虑到消费习惯因素的影响，用被解释变量滞后一期作为解释变量，表示信息消费的初始水平；此外，用居民家庭人均年收入①表示信息消费主体支付能力（Inc）；用计算得到各省区农村居民家庭劳动力人均受教育年限②代表居民受教育程度（Edu）；信息产业发展水平（Ini）以"信息产业产值"代表各省区信息产业发展水平③；信息基础设施水平（Inf）信息基础设施水平利用各省固定宽带接入用户数、固定电话普及率、移动电话普及率进行无量纲化和简单平均后得到；采用各地区居民总抚养比反映各地区人口年龄结构（Age）情况。选取非农业人口占总人口的比重来衡量各省区城镇化水平（Urb）。除人口年龄结构（Age）和城镇化水平（Urb），其他变量取自然对数以减少异方差，用 ln 表示，α 为常数项，ε_{it} 为随机扰动项。

---

① 居民人均年收入＝城镇居民家庭人均可支配收入×城镇人口比重＋农村居民家庭人均纯收入×农村人口比重

② 按照中国现行的学制赋予不同受教育程度人口相应的权重，即按受教育程度从低到高依次对文盲、半文盲、小学、初中、高中、大专及以上赋予权重 0、1、6、9、12、和 16，将每种受教育水平下的人口数乘以对应的权重后加总，再除以该省总人口，即可得到该省的人均受教育年限。

③ 借鉴刘春梅（2010）的方法，选取"电子与信息设备制造业总产值"与"邮电业务总量"两项之和作为信息产业产值。

由于模型解释变量中引入了被解释变量的一阶滞后项，构建了动态面板数据模型，模型可能存在内生性，而此时应用固定效应或随机效应模型进行估计会导致参数估计的有偏和非一致性的问题。为解决上述问题，Arellano 和 Bond（1991）[70] 提出了"差分 GMM"估计法，但差分后造成的样本量损失会引起"弱工具变量"的问题。之后 Blundell 和 Bond（1998）[71] 提出了系统 GMM 估计法，此法能够同时利用变量差分变化和水平变化的信息，提高了工具变量的有效性，在有限样本下，比差分 GMM 估计结果偏差更小，在实证研究中的应用也更广泛。因此本部分采用系统 GMM 法对上述动态面板模型进行估计，计量分析使用 Stata14.0 软件。

根据 Arellano – Bond 检验的 AR（1）和 AR（2）结果说明扰动项的差分存在一阶自相关，但不存在二阶自相关，故接受"扰动项无自相关"的原假设，可以使用系统 GMM 方法。并且 Hansen 检验结果也表明，可以接受"所有工具变量都有效"的原假设，不存在过度识别问题。因此，本部分模型的设定和估计方法选取是恰当的。下面根据系统 GMM 估计结果来进一步说明各影响因素对信息消费的影响。

（三）回归结果分析

1. 全国数据的回归结果分析

表格 2 - 9 显示，回归模型中消费习惯、收入水平、信息产业产值等三个变量通过了 1%，城镇化水平通过了 5%，人口抚养比通过了 10% 的显著性检验。消费习惯、收入水平、信息产业产值和城镇化水平的符号显著为正，说明这四个变量对信息消费的提升有显著的促进作用。信息消费受消费习惯的影响显著，与前期信息消费相关性较强，一个地区居民收入、信息产业和城镇化的水平越高，该地区信息消费支出越多。人口抚养比对信息消费的影响是显著的，但符号为负，说明从全国的角度人口年龄结构因素可以影响居民信息消费行为，人口抚养量的增加在一定程度上抑制信息消费需求，劳动人口比重越高，信息消费支出越大。还注意到受教育年限对信息消费的影响系数虽然为正但不显著，该变量对信息消费的解释能力有限。可能因为受教育程度与信息消费之间存在阶段性的线性关系，即"门限效应"，受教育程度较低时，信息品需求较少，达到某种教育水平有了一定的知识储备，对信息品的需求大大提升，而随着教育年限的持续增加，信息消费水平又进入了瓶颈期，提升幅度较小。信息基础设施水平的系数不显著且为负，表明信息基础设施改善对居民信息消费可能存在抑制作用，这违背理论和现实预期，可能由于该变量对信息消费需求的影响较弱，而且本部分限于数据可得性，所选指标不够全面。

从全国数据的估计结果看，可以确定居民收入水平和城镇化水平的提升以及信息产业的发展，能够促进信息消费增加，而人口抚养比与信息消费负相关，受教育程度和基础设施水平不是影响信息消费的主要原因。

表格2-9 动态面板模型估计结果

解释变量	变量说明	GMM 检验结果（全国）	GMM 检验结果（东部）	GMM 检验结果（中部）	GMM 检验结果（西部）
L. lnic	消费习惯	0.8063 * * * (22.34)	0.7434 * * * (8.95)	0.8765 * * * (11.99)	0.8984 * * * (11.81)
lninc	人均收入	0.2439 * * * (4.31)	0.2015 * * * (2.60)	0.1749 * * (2.37)	0.2097 * * * (3.09)
lnedu	人均受教育年限	0.0340 (0.51)	-0.2470 (-1.59)	-0.1695 (-1.28)	0.1002 (0.97)
lnini	人均信息产业产值	0.0071 * * * (3.06)	0.0003 (0.96)	-0.0086 * * (-2.02)	0.0083 * * * (2.70)
lninf	信息基础设施水平	-0.0059 (-0.71)	-0.0021 (-0.85)	-0.0177 (-1.27)	-0.0010 (-0.82)
age	人口抚养比	-0.1106 * (-1.92)	-0.0960 * (-1.74)	0.0446 (0.81)	-0.1119 * (-1.74)
urb	城镇化水平	0.1020 * * (2.39)	0.2359 (1.33)	0.1804 * (1.79)	0.3635 * * * (3.23)
cons	常数项	-0.2271 (-1.58)	0.6648 * * (2.04)	-0.1435 * * * (2.62)	-0.9794 * * * (-5.13)
A-B AR (1)	扰动项一阶自相关检验	0.001	0.003	0.019	0.025
A-B AR (2)	扰动项二阶自相关检验	0.174	0.285	0.356	0.293
Hansen	过度识别检验	0.202	0.213	0.497	0.308

注：* * *、* *、* 分别表示在1%、5%、10%的显著性水平上显著。参数估计括号内表示Z值；AR（1）、AR（2）以及Hansen检验的结果均显示为P值。

2. 东、中、西分区域的回归结果分析

为进一步分析我国居民信息消费地区非均衡的成因及影响因素，本部分分别针对东、中、西部三大地区的面板数据进行回归分析，目的是找出影响不同地区的主要因素，比较不同地区影响因素及其作用程度的差异情况。

表格 2－9 的回归结果显示，在东部地区影响居民信息消费的显著性因素包括消费习惯、收入水平、人口年龄结构。其中，存在显著正向影响的因素包括消费习惯和收入水平，说明前期信息消费水平和收入水平越高，东部地区居民的信息消费需求越高；存在显著负向影响的因素为人口抚养比，说明劳动人口比重越低信息消费越少。这与全国数据的实证结果大体相同，但也有不同之处——在东部地区城镇化对信息消费的影响并不显著，可能在东部地区城镇化水平普遍高于中、西部地区，城镇人口比重较高，对信息消费的影响不大。在中部地区影响居民信息消费的显著性因素包括消费习惯、收入水平、信息产业发展水平和城镇化水平。其中，存在显著正向影响的因素包括消费习惯、收入水平和城镇化水平，说明中部地区居民的信息消费需求主要受到消费习惯、收入状况和城市人口比重的同向影响；存在显著负向影响的因素为信息产业发展水平，在中部地区信息业的发展抑制了居民信息消费需求，这与理论预期以及全国实证的结果不同，可能因为中部地区信息产业发展相对落后，与其他行业之间相互渗透影响的能力有限，不能起到刺激信息消费的作用。在西部地区影响居民信息消费的显著性因素及影响方向与全国的实证结果完全相同。消费习惯、收入水平、信息产业和城镇化发展水平均正向影响居民信息消费支出，而人口年龄结构中 65 岁以上的老人和 15 岁以下的孩童越多，信息消费的欲望越不强烈，信息消费越少。

可以看出，东、中、西部地区居民信息消费的影响因素不尽相同，从而能在一定程度上解释我国信息消费地区差异的问题。

五、结论及启示

本部分采用 2000—2015 年中国省际居民信息消费数据，利用 Dagum 基尼系数分解法测算了信息消费的地区差距及演变趋势，进而探讨了影响信息消费地区差距的若干因素，并构建动态面板模型进行了实证检验。研究结论如下：（1）样本期间我国居民信息消费增长迅速，从空间分布看，呈现显著的非均衡特征，信息消费水平较高的省份主要位于东部沿海，较低的省份主要集中在西南地区。

（2）Dagum 基尼系数分解结果表明，信息消费省际差异整体呈下降趋势，三大地区分组情况下，东部地区内差距高于中、西部地区（但在 2004 年后呈逐年降低的趋势），区域内差距对总体差距的贡献率保持在 22%～26%，但区域间差距较大，其贡献率在 60% 以上，是造成地区差距的主要原因（东 - 中、东 - 西部地区间差距尤为明显）。地区间差异的超变密度贡献率是最小的。（3）动态面板模型的实证结果表明，从全国来看，消费习惯、收入水平、信息产业发展和城镇化水平对信息消费有显著的正向影响，劳动人口比重的降低能够显著地抑制信息消费，而受教育程度和信息基础设施水平对信息消费的影响并不显著。不同区域内影响信息消费的因素不同，这在一定程度上也决定了不同地域居民信息消费的水平不同。

从上述研究结论出发，可得到如下政策启示：（1）收入对信息消费影响显著，增加居民收入、缩小地区和城乡收入差距、完善收入分配机制是重要突破点。在提高居民收入的同时，还要注意降低信息消费成本，降低电脑、智能手机等设备的购置成本，电信部门加大加快"提速降费"步伐，完善电信普遍服务补偿机制，提高居民消费意愿[72]。（2）继续大力发展信息产业，推动移动互联网、物联网、数字文化等产业发展，信息产业"供给侧改革"的目的是丰富和创新信息产品和服务，培育居民的信息消费需求，不仅可以实现信息消费水平的提升，同时能够推动我国信息化进程和经济发展。（3）本部分实证研究结论表明人口抚养负担越重，信息消费水平越低。面对我国人口老龄化不断加剧，人口红利逐渐消失的客观局面，国家应加大对偏远地区、农村地区财政支持力度和补贴水平，建立健全公共服务体制，特别是推动社会保障体系改革，从而稳定居民的收支预期，缓解因保障水平低、抚养负担重造成的不敢消费、不愿消费的不利局面。（4）城市化发展有助于信息的渗透，消除地区间、城乡间信息鸿沟。广大农村地区应利用新型城镇化建设的契机将城镇的信息产品和服务渗透到农村，加强城乡居民间信息互动，促进农村居民信息消费观念的转变。此外，居民信息消费具有明显的"棘轮效应"，受消费习惯的影响，除上述措施外，还可通过教育、政策等加以宣传引导，逐步改变传统的消费观念，提高信息消费水平。

第三节　城镇居民信息消费①

作为消费热点，信息消费已日渐成为国民经济新的增长点。文章使用 2000—2014 年我国省级面板数据测度城镇居民信息消费水平的地区差距，考察决定地区信息消费水平的影响因素，进而运用基于回归的 Shapley 值分解法对我国地区间城镇居民信息消费水平差距进行分解研究。结果显示：城镇居民信息消费地区间的差距明显，并且有扩大的趋势；引起地区差距的首要因素是居民收入水平，但其作用逐渐减弱，信息基础设施水平和受教育程度也是重要的影响因素。

一、引言

20 世纪 90 年代以来，伴随着经济的快速发展和信息技术的不断进步，以信息产品和服务为主要消费对象的信息消费支出在我国居民消费支出结构中所占的比重不断上升。尤其在 2008 年世界金融危机后，在"保增长、扩内需、调结构"政策的积极影响下，国内信息消费快速成长，成为扩大内需、带动经济增长强劲有效的推动力。商务部研究院发布的《2014 年消费市场发展报告》指出："信息消费在政策支撑下已上升为国家战略，必将成为下一时期新的消费热点"，可见研究我国居民信息消费问题有重要的现实意义。与传统居民消费相比较，信息消费是一种享受型、发展型的消费方式，有着更广阔的发展空间，然而，我国长期以来地区间不平衡发展状况，使得不同地区居民信息消费水平在总量和增速上也表现出较大差距，总体来看，东部地区消费水平高增速快，中部次之，西部最弱。这种差距不仅影响我国信息消费的持续增长，还会造成信息鸿沟的扩大，制约区域经济的均衡发展。

国内学者对信息消费的关注始于 20 世纪 90 年代，郑英隆[73]、贺修铭[74]、蒋序怀[75]等学者在信息消费的概念、研究的理论基础以及我国信息消费发展、

---

① 本部分主要内容发表在 2017 年《南京邮电大学学报社会科学版》第 3 期。论文信息：我国城镇居民信息消费水平地区差距的演变与分解——基于 Shapley 值法的实证分析 [J].南京邮电大学学报（社会科学版），2017，19（03）：69 – 80.

特征等方面的文献为后人研究奠定了基础。2000年后，多数学者采用定量分析方法，研究的焦点集中在两个方面：一是影响信息消费水平的因素，二是测度城乡间、地区间信息消费水平差距。

信息消费影响因素方面，张同利[76]选取我国部分地区1982—2001年数据，运用回归分析发现信息消费受居民收入水平、制度变革以及信息技术与产业发展水平等因素的影响；朱琛、蒋南平[77]借助TVP模型研究发现不同时期和结构的城镇居民收入对信息消费的影响程度不同；马哲明、李永和[78]对农村居民信息消费与收入关系的实证分析同样证实不同时期两者间相互作用效果存在差异；崔海燕等人[4,10]利用城乡居民家庭收支调查数据，构建动态面板数据模型，分析表明无论是城镇还是农村居民的信息消费变动均呈现出对收入变动的过度敏感性。还有部分学者采用地区数据检验居民收入对信息消费的影响（陈燕武等[79]、杜棪[80]、陈晓华[81]）。除收入外，学者们研究发现信息消费还受财政支出政策（刘巍巍[55]）、文化素养（龚花萍、邓硕[82]）、信息产业发展水平（郑丽等[83]）等因素的影响。

信息消费差异及其形成机理研究是近年来信息消费领域研究的又一重点内容。这一类文献探讨居民信息消费的城乡差异或地区差异，学者们虽运用不同的分析方法和计量模型但研究结论一致认为在我国城乡间和地区间居民信息消费水平差异十分明显。例如，王平和陈启杰[58]建立ARMA模型分析1990—2007年的城乡居民信息消费时发现城乡信息消费倾向及消费水平差距较大；田凤萍等人[29]基于参数和半参数模型对城乡居民信息消费差异性展开量化分析发现价格水平、居民收入、基础设施投入等是造成城乡居民信息消费差异的主要因素；郑兵云[59]采用1999—2003年我国三大地区城镇居民信息消费数据，研究认为东部地区城镇居民的信息消费总体水平最高，西部次之、中部地区最低，且这种信息消费水平的差异主要来源于地区收入的差异；张红历和梁银鹤[60]采用空间统计分析和空间计量模型分析31个省域城镇居民信息消费数据，结果表明地区间信息消费差异呈现较平缓的先发散后收敛的“倒U”型趋势；叶元龄和赖茂生[61]、陈立梅等[84]，基于我国农村居民信息消费数据的研究，亦得出区域差距较大的结论。

已有的研究对笔者的启示可以归纳为以下两个方面：一是我国信息消费地区差异明显的问题已得到广泛认同；二是学者们对影响因素的研究视角与方法虽存在分歧，但对居民收入水平、受教育程度、信息消费环境等因素认可度较高。但以往对于差距形成原因的分析理论研究居多，实证研究较少，更没有涉及对引起地区间信息消费差异各因素贡献程度的定量分解，降低了分析的准确性和说服力。鉴于此，本部分基于 2000—2014 年我国省级面板数据，测算城镇居民信息消费省际差异的演变，并运用 Shapley 值分解法考察各影响因素对信息消费省际差距的贡献程度，旨在为缩小信息消费地区差距措施的实施提供新的论据，为研究提供一个新的视角。

二、城镇信息消费水平地区差距的演变趋势

（一）信息消费的界定

由于研究视角不同，目前学术界对信息消费的界定仍没有统一定论[85]。就基本含义而言，"凡是为获取信息所进行的消费均属信息消费"[86]。为了更加准确全面的统计信息消费，并兼顾数据的可获得性，本部分借鉴陈立梅（2013）[87]的方法采用日本电信与经济研究所研究人员提出的"交通通讯、文教娱乐、医疗保健、家庭设备"四项指标作为信息消费的统计口径，同时采用由马克卢普提出的加总法[88]，即将上述四项城镇居民人均消费性支出之和作为城镇居民信息消费额。为消除物价变动因素影响得到我国城镇实际人均信息消费数据，笔者以 2000 年为基期的各地区居民消费价格指数，对相应地区数据进行平减。数据来源为《中国统计年鉴2001 - 2015》和 wind 数据库。

（二）三大地区城镇居民信息消费差距及变化趋势

本部分参考吕承超和白春玲（2016）[89]的三区域分组方法，结合地理位置、经济发展水平等因素，将全国划分为东、中、西部三大地区，其中东部地区包括北京、天津、河北、辽宁、上海、江苏、浙江、福建、山东、广东、海南，中部地区包括山西、内蒙古、吉林、黑龙江、安徽、江西、河南、湖北、湖南，西部地区包括广西、四川、重庆、贵州、云南、西藏、陕西、甘肃、青海、宁夏、新疆。首先测算 2000 年—2014 年我国东、中、西部三大区域城镇居民人均信息消费额的年度变化趋势（如图表 2 - 10 所示），再进一步考察每个区域内部各省区人均信息消费在上述时间段的均值，对比各省区信息消费水平差距，结果见图表 2 - 11 及图表 2 - 13。

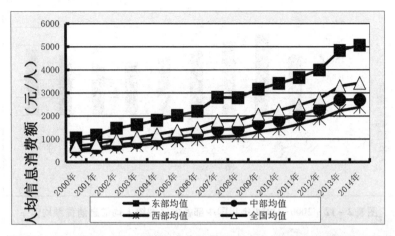

图表 2 – 10　2000—2014 年我国东中西部地区城镇人均信息消费额变化趋势

　　总体上，我国城镇居民人均信息消费支出从 2000 年的 692.54 元增长到 2014 年的 3417.66 元，实际年均增长率为 26.23%。东、中、西部地区城镇居民信息消费变动规律与总体变动规律类似，年均增长率分别是 25.45%、26.43%、27.84%，然而实际信息消费额差距明显，东部最高、中部次之、西部最低，并且中部和西部地区信息消费水平均低于全国平均水平。

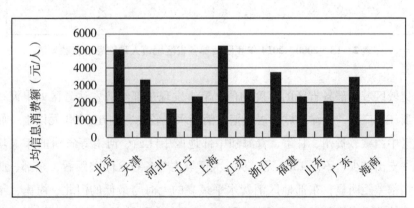

图表 2 – 11　2000—2014 年我国东部各省区城镇人均信息消费额均值

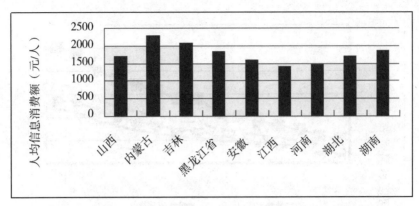

图表 2-12 2000—2014 年我国中部各省区城镇人均信息消费额均值

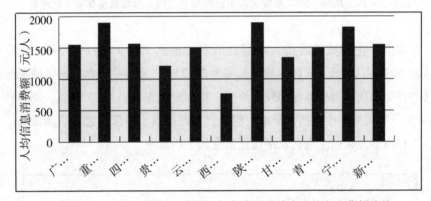

图表 2-13 2000—2014 年我国西部各省区城镇人均信息消费额均值

比较区域内部各省区的年度均值，笔者发现东部经济发达省区如上海、北京、浙江、广东、天津的城镇居民信息消费水平较高，均在 3000 元以上，而西部地区中西藏、贵州、甘肃、青海和中部地区中江西、河南等省份的年人均信息消费支出较少，不足 1500 元。从三大区域内部各省区间差距看，东部、西部地区内部差距明显，东部地区消费水平最高的上海与最低的河北、海南，年人均信息消费支出相差近 3700 元，西部地区消费水平最高的重庆与最低的西藏，年人均信息消费支出相差 1132.62 元，中部地区省区间差距相对较小。

（三）城镇居民信息消费省际差异程度的测算

为精确测算各地区城镇居民信息消费水平差异及其变化，需选取良好的反映指标，一般学界广泛使用的是泰尔（Theil）指数、基尼（Gini）系数以及对数离差均值（MLD）指数等三种指标。由于三种指标分别对于变量数据中处于较高、中等和较低水平的数据变动更加敏感，考虑到更加客观地反映差异，本部分选用三种指标综合反映省区间城镇居民人均信息消费支出的差异。本部分采用的 Gini 系数计算表达式如式（1）所示。其中，x_i 代表第 i 省区的城镇居民人均信息消费支出，n 代表选取的省区个数，u 代表以城镇居民人口数为权重的所有省区城镇居民人均信息消费支出的加权平均值。

$$Gini \text{ 系数} = \frac{\sum_{i=1}^{n} \sum_{j=1}^{n} |x_i - x_j|}{2n^2 u} \tag{1}$$

Theil 指数与 MLD 指数是广义熵指数特殊形式，广义熵指数源自泰勒 1967 年利用信息理论中的熵概念计算收入不平等。Theil 指数和 MLD 指数计算表达式分别为：

$$Theil \text{ 指数} = \sum_{i=1}^{n} p_i \frac{x_i}{u} \ln\left(\frac{x_i}{u}\right) \tag{2}$$

$$MLD \text{ 指数} = \sum_{i=1}^{n} p_i \ln\left(\frac{u}{x_i}\right) \tag{3}$$

其中，x_i、n、u 指代含义同 Gini 系数，p_i 表示第 i 省区城镇居民人口数量占全国城镇居民人口数量的比重。Gini 系数、Theil 指数、MLD 指数的取值均在 0 - 1 之间，数值越大表明城镇居民信息消费水平地区间不均等程度越高。计算结果如图表 2 - 14 所示。

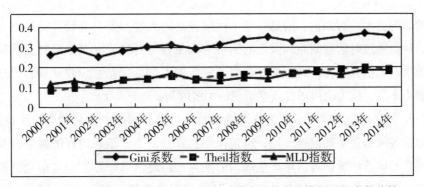

图表 2 - 14　2000—2014 年我国各省区城镇人均信息消费额差距变化趋势

图表 1 - 14 中 Gini 系数、Theil 指数、MLD 指数均一致显示 2000—2014 年间我国城镇人均信息消费水平的省际差异明显，大部分年份的 Gini 系数在 0.3 - 0.4 之间，地区间不均等程度整体呈现波动上升趋势，尤其 2007 年之后城镇居

民信息消费支出不均衡程度逐年增加，Gini 系数由 2007 年的 0.31 升至 2014 年的 0.36，Theil 指数由 0.16 升至 0.19，MLD 指数由 0.13 升至 0.18。

三、城镇居民信息消费水平的决定函数

为了探寻城镇居民信息消费区域差异的成因，在运用 Shapley 值进行分解之前，先要建立一个城镇居民信息消费水平的决定函数。模型的因变量为城镇居民信息消费水平，与前文一致，采用城镇居民人均信息消费支出作为衡量的代理指标。

（一）城镇居民信息消费决定模型的解释变量设定

一个地区的信息消费受诸多因素影响，根据已有文献的研究，本部分认为影响地区间信息消费的主要因素包含居民收入水平、受教育程度、信息产业发展水平、信息基础设施水平等方面。

1. 居民收入水平。居民收入水平是消费者对信息产品和信息服务的潜在购买能力，是影响信息消费水平的客观物质基础。根据收入消费理论，收入的增长提升了居民潜在的购买力，带来消费倾向和支出的增加，特别是在交通通信、医疗卫生、教育文化娱乐等方面支出增长，进而引起信息消费需求的增长。在我国地区间居民收入增长数量和速度方面存在差异，而这种差异同样是造成居民信息消费数量和结构差异的关键因素。

2. 受教育程度。与一般消费相比，信息消费受消费者信息知识技术接受能力的影响更大。对知识、信息、技术诉求较高的人群一般具有较高的受教育程度，他们通过对信息商品和服务的消费来满足自身对物质尤其是精神文化层次的需求。而信息素养不高、受教育程度较低的人群，信息意识较薄弱，信息利用能力不强，成为阻碍居民信息消费的关键因素。

3. 信息产业发展水平。信息消费需要信息产品和服务的供给方给予支持，既包括各种信息基础设施建设，也包括信息设备制造、信息内容的提供以及信息网络的运营和维护等信息产业部门的加入，因此信息产业发展是信息消费的前提。不同的信息产业发展水平下，可供消费者选择的信息设备、信息内容、信息服务等会不同，消费者的信息消费水平和层次自然会有区别[14]。

4. 信息基础设施水平。已有研究认为信息基础设施是构成信息消费环境的重要指标，政府在交通、通信、教育和文化娱乐等方面增加基础设施投入，通过改善基础设施条件和公共服务质量，提高居民的信息消费需求[12]，从而增加

在交通、通信、教育和文化娱乐等方面的消费支出。然而有些地区政府财力有限，公共服务体系不健全，信息基础设施缺乏，信息消费市场处于初级发展阶段，抑制了当地居民的信息消费行为。

（二）计量模型的变量设定与数据来源

本部分选取中国各地区城镇居民人均信息消费额（IC）作为被解释变量。上文分析的各影响因素作为解释变量，其中居民收入水平（INC）通过城镇居民人均可支配收入反映；受教育程度（EDU）借鉴刘巍（2003）[90]的方法，采用人均受教育年限①反映；信息产业发展水平（INI）以"信息产业产值"代表各省区信息产业发展水平，借鉴刘春梅（2010）[91]的方法，选取"电子与信息设备制造业总产值"与"邮电业务总量"两项之和作为信息产业产值；信息基础设施水平（INF）利用每万人固定电话、移动电话数量、光缆线路长度进行无量纲化和简单平均后得到。考虑到数据的可获得性及统计口径的一致性，本部分考查的时间跨度是2000 2014年，在地区选择上，由于西藏地区信息产业和信息基础设施数据缺失较多，且其数据与其他地区数据相比差异较大，故将西藏排除在实证考察范围之外，因此选择中国大陆30个省（市、自治区）区作为研究对象，原始数据来源是相应年度的《中国统计年鉴》《中国人口与就业统计年鉴》《中国工业统计年鉴》和wind数据库。

（三）计量结果分析

根据前文所分析的可能影响我国城镇居民信息消费区域差异的相关因素，我们进一步设定计量模型来检验这些因素对信息消费地区差异的解释能力。为减弱模型中变量数据的异方差问题，对所有数据取对数，建立如下的模型：

$$\ln IC_{it} = \omega_0 + \omega_1 \ln INC_{it} + \omega_2 \ln EDU_{it} + \omega_3 \ln INI_{it} + \omega_4 \ln INF_{it} + \varepsilon_{it}$$

其中，i表示不同地区的截面，t表示时间（2000 – 2014年），ω_0、ω_1、ω_2、ω_3、ω_4为待估参数，ε_{it}为随机扰动项。

根据截距项的不同，面板模型被分为三种类型：混合模型、固定效应模型和随机效应模型，而估计方法的选择要建立在确定模型类型的基础上。因此，首先进行F似然比检验、Hausman检验，根据检验结果确定模型的具体形式。F

---

① 按照中国现行的学制赋予不同受教育程度人口相应的权重，即按受教育程度从低到高依次对文盲、半文盲、小学、初中、高中、大专及以上赋予权重0、1、6、9、12、16，将每种受教育水平下的人口数乘以对应的权重后加总，再除以该省总人口，即可得到该省的人均受教育年限。

似然比检验对应的 P 值为 0.0000，拒绝建立混合回归模型，Hausman 检验值为 39.22，对应的 P 值为 0.0000，支持建立固定效应模型。考虑到截面数据可能存在异方差，利用基于 White 异方差稳健标准误进行修正，得到修正的固定效应模型（如表格 2 - 10（4）列所示）的估计结果。为了便于比较，表格 2 - 10 中还分别列出了混合模型 OLS 估计、随机效应模型和固定效应模型的回归结果，基于以上检验分析，最终选择修正的固定效应模型作为本部分的估计方程。

表格 2 - 10　城镇居民信息消费影响因素的回归结果

解释变量	OLS（1）	随机效应模型（2）	固定效应模型（3）	修正的固定效应模型（4）
lnINC	0.746 * * * （9.69）	0.701 * * * （17.66）	0.746 * * * （16.89）	0.746 * * * （20.62）
lnEDU	0.466 * * * （4.14）	0.383 * * * （3.92）	0.124 （0.89）	0.124 * （1.85）
lnINI	0.013 * （1.72）	0.003 （0.56）	0.018 * * （2.23）	0.018 * （1.91）
lnINF	0.185 （0.133）	0.263 * * * （3.71）	0.289 * * * （3.94）	0.289 * * （2.22）
C	- 1.156 * * * （ - 5.15）	- 0.782 * * * （ - 4.85）	- 0.529 * * * （ - 2.92）	- 0.529 * * （ - 1.98）
F 检验	—		14.41 [0.000]	
Hausman 检验	—	39.22 [0.000]		
R^2	0.927	0.922	0.866	0.866
截面样本数	30	30	30	30
N	450	450	450	450

　　注：* * * 表示 1% 水平上显著，* * 表示 5% 水平，* 表示 10% 水平；（ ）中为 t 值，[ ]中为 p 值。

　　从各项系数的回归结果看均通过了显著性检验，说明回归结果稳健，修正后的固定效应模型的拟合优度 R^2 = 0.866，说明模型整体的解释力度良好。回归模型中各变量的系数显著为正,印证了前文的假设预期。从具体影响因素看,城镇居民人均可支配收入、受教育程度、信息产业产值以及信息基础设施水平的提高,能够在一定程度上促使人均信息消费水平提升,这也符合已有研究的结论,马哲明和李永和[92]、杜棪[80]研究认为居民人均收入的提高是支持信息消费迅速成长的经济基础条件,人均受教育年限增长使信息消费的支出额增加;王平和陈启杰[58]、朱琛和孙虹乔[93]认为基础设施建设和信息产业发展的差距是引起居民信息消费分化的重要原因。同时,模型各解释变量系数估计值的显著性水平均在10%以上,满足 Shapley 值分解的要求。

四、城镇居民信息消费水平省际差异分解

(一) Shapley 值分解方程的确定

诺贝尔经济学奖得主 Shapley (1953)[94]提出了用于解决多个主体合作问题的博弈分析方法,即 Shapley 值法。Shorrocks (1999)[95]利用 Shapley 值过程来计算收入方程中每一个解释变量对收入差距的贡献,之后在 Wan (2002)[96]的改进下,Shapley 值法能够分解任何不平等指标并对回归模型限制较少。目前,该方法在经济研究领域应用广泛,除收入不平等分解外,还有碳排放分解、产业发展不平等分解等。

使用 Shapley 值进行分解之前,首先需要考察自变量对因变量的解释程度,解释程度越高,即残差项的影响越小越好。在考察方法的选取上我们采用万广华等 (2005)[97]的做法,将城镇居民人均信息消费支出实际值的不均衡指标与假设残差等于 0 时的不均衡指标间的差距作为残差项对实际不均衡指标的影响,残差项的绝对值与不均衡指数的比值可以看作修正的固定效应模型中自变量没有解释的信息消费差异的部分,而 1 减去该比值,即为能够被自变量解释的差异部分。以 Gini 系数为例,如表格 2 – 11 所示,本部分选取的影响因素在考察年度内的解释程度除 2000、2002、2010 三年,其余年份均在 85%上,说明模型中各影响因素对城镇居民信息消费省际差异的解释力较强,可进行 Shapley 值分解。

表格 2－11　各影响因素对城镇居民信息消费省际差异的解释程度

年份	自变量	残差	自变量解释比重（%）
2000	0. 310	－0. 050	80. 93
2001	0. 333	－0. 043	85. 22
2002	0. 200	0. 050	79. 93
2003	0. 255	0. 025	91. 22
2004	0. 262	0. 038	87. 41
2005	0. 340	－0. 030	90. 45
2006	0. 252	0. 038	86. 97
2007	0. 276	0. 034	88. 91
2008	0. 313	0. 024	92. 74
2009	0. 311	0. 038	89. 13
2010	0. 252	0. 076	76. 68
2011	0. 364	－0. 029	91. 31
2012	0. 386	－0. 036	89. 7
2013	0. 395	－0. 027	92. 55
2014	0. 309	0. 048	86. 64

　　其次，根据前文计量分析的结果确定用于分解的回归方程。模型（4）中，不同地区城镇居民信息消费的差异并未受到共同截距项的影响，对于固定效应的截面虚拟变量，其差异反映了各省区间固定的地域差异（地区固有因素）。借鉴以往研究通用的做法，利用回归中得到的各省区的截面虚拟变量值构造了一个新的变量 D_i，目的是分析地区固有因素对城镇居民信息消费水平的影响，并且认为其影响系数为 1。这符合已有的研究结论，认为"适度的地区差异构成是信息消费结构成长的动力之一"[98]。这样，根据表格 2－10 回归分析的结果，得到城镇居民信息消费区域差距分解的回归方程：

$$\ln IC_{it} = -0.529 + 0.746\ln INC_{it} + 0.124\ln EDU_{it} + 0.018\ln INI_{it} + 0.289\ln INF_{it} + D_i$$

（二）分解结果

信息消费水平地区差距的分解计算，在不失一般性的同时，为了考虑结果的稳健性，本部分的分解同时考虑 Gini 系数、Theil 指数和 MLD 指数，并参考田士超和陆铭[34]的做法，使用Stata14.0软件自行开发的程序计算，得到四项影响因素对城镇居民信息消费区域差异的分解结果，详见表格2-12。

表格2-12 2000—2014年城镇居民信息消费水平区域差距分解结果

年份	收入水平（%）	受教育程度（%）	信息产业发展水平（%）	信息基础设施水平（%）	地区固有因素（%）
2000年	43.25	11.24	18.38	20.99	6.14
	(1, 1, 1)	(4, 4, 4)	(3, 3, 2)	(2, 2, 3)	(5, 5, 5)
2001年	46.83	14.20	19.51	20.24	-0.78
	(1, 1, 1)	(4, 4, 4)	(2, 3, 3)	(3, 2, 2)	(5, 5, 5)
2002年	47.93	15.29	18.11	18.98	-0.31
	(1, 1, 1)	(4, 3, 4)	(3, 4, 2)	(2, 2, 3)	(5, 5, 5)
2003年	50.06	16.05	17.74	19.65	-3.50
	(1, 1, 1)	(4, 4, 3)	(2, 2, 4)	(3, 2, 2)	(5, 5, 5)
2004年	52.49	17.81	15.36	19.09	-4.75
	(1, 1, 1)	(3, 3, 2)	(4, 4, 4)	(2, 2, 3)	(5, 5, 5)
2005年	50.85	16.17	14.04	19.17	-0.23
	(1, 1, 1)	(3, 2, 3)	(4, 4, 4)	(2, 3, 2)	(5, 5, 5)
2006年	52.69	14.7	13.69	22.18	-3.26
	(1, 1, 1)	(3, 4, 3)	(4, 3, 4)	(2, 2, 2)	(5, 5, 5)
2007年	49.37	16.66	15.06	23.51	-4.60
	(1, 1, 1)	(4, 3, 3)	(3, 4, 4)	(2, 2, 2)	(5, 5, 5)
2008年	45.05	17.35	13.88	23.36	0.36
	(1, 1, 1)	(3, 3, 3)	(4, 4, 4)	(2, 2, 2)	(5, 5, 5)
2009年	48.76	18.26	13.94	24.27	-5.23
	(1, 1, 1)	(3, 3, 3)	(4, 4, 4)	(2, 2, 2)	(5, 5, 5)
2010年	50.81	19.08	11.77	22.55	-4.21
	(1, 1, 1)	(3, 3, 2)	(4, 4, 4)	(2, 2, 3)	(5, 5, 5)
2011年	51.70	18.22	12.04	23.39	-5.35
	(1, 1, 1)	(3, 3, 3)	(4, 4, 4)	(2, 2, 2)	(5, 5, 5)
2012年	50.21	16.57	11.63	25.83	-4.24
	(1, 1, 1)	(3, 4, 3)	(4, 3, 4)	(2, 2, 2)	(5, 5, 5)

年份	收入水平（％）	受教育程度（％）	信息产业发展水平（％）	信息基础设施水平（％）	地区固有因素（％）
2013 年	52.33	16.08	10.81	26.99	−6.21
	(1, 1, 1)	(3, 3, 4)	(4, 4, 3)	(2, 2, 2)	(5, 5, 5)
2014 年	52.89	14.85	11.18	29.92	−8.84
	(1, 1, 1)	(3, 4, 3)	(4, 3, 4)	(2, 2, 2)	(5, 5, 5)
平均结果	49.68	16.17	14.48	22.67	−3.00
	(1)	(3)	(4)	(2)	(5)

注：分解结果中，上一行表示根据 Gini 系数、Theil 指数和 MLD 指数三项指标计算出的各影响因素贡献度的简单平均值，下一行括号中依次是上述三项指标计算得到的各影响因素的贡献度排序。

从表格 2−12 的分解结果可以看出，根据三种指标进行的贡献排序以及三种指标的变化趋势基本保持一致，说明本部分对城镇居民人均信息消费支出省际差异的分解具有内在稳健性。在考察期内，收入水平历年贡献度均排在首位，其中 2006 年贡献度最高为 52.69%，2000 年最低为 43.25%，年均贡献度达49.68%，特别是 2008—2014 年期间呈现递增趋势，是造成信息消费水平区域差距首要的推动因素。根据凯恩斯的绝对收入假说，收入水平是决定消费水平的主导因素，在我国不同地区经济发展水平的差异直接造成了居民信息消费量的差距。信息基础设施水平对城镇居民信息消费地区差异的贡献率均值排在第二位，达到 22.67%，在考察期相对贡献率呈现波动增长的趋势。在交通、通信等基础设施条件完善和发达的地区，居民在交通、通信、教育和文化娱乐等方面的消费需求往往更高，消费质量好、技术含量高的信息产品的能力更强，与信息基础设施条件落后地区居民的"数字鸿沟"被进一步拉大。平均贡献度排在第三位的是受教育程度，达到 16.17%，特别在 2000—2010 年其贡献度排名呈波动上升趋势，这一方面源自考察期内各省人口受教育水平逐年扩大，另一方面也说明信息消费对其消费主体的文化素养依赖程度加深，但 2010 年后，贡献率逐年降低。排在第四位的信息产业发展水平平均贡献度为 14.48%，且存在显著降低趋势，说明随着中西部地区产业发展和政策红利的释放，省际产业发展差距逐渐缩小，但仍是造成信息消费地区差距的主要因素。排在第五位的是地区固有因素，平均贡献率为 - 3.00%，负值表示推动地区间信息消费差距缩小的力量，地区固有因素反映了地区资源禀赋和长期政策倾斜等条件，国家对中西部地区教育、卫生、基础设施等公共资源的长期倾斜性投入成为弥补信息消费空间失衡的主要推动力量。

五、结论与启示

本部分基于 2000—2014 年省际面板数据，发现城镇居民信息消费地区分布呈现显著的非均衡特征，信息消费较多的省份主要集中在东部沿海地区；根据 Gini、Theil、MLD 三种不均等指标测算结果，在所有考察期间我国城镇居民信息消费的省际差距有逐渐扩大的趋势。回归结果表明收入水平、受教育程度、信息产业发展水平和信息基础设施水平的提升能够促使信息消费水平上升。运用基于回归的 Shapley 值分解法对我国地区间城镇居民信息消费水平差距进行分解研究，结果显示引起地区差距的首要因素是居民收入水平，但其作用逐渐减弱，信息基础设施水平和受教育程度也是重要的影响因素。

从上述研究结论出发，可得得到如下政策启示：首先，从整体上看，我国城镇居民信息消费省区差距受居民收入水平的影响最大，而收入水平受到多方面因素的制约，主要是各地区经济发展水平和动力，因此在政策制定时应充分考虑不同地区资源禀赋、人口因素、地理条件、历史条件等方面的差异，对基础薄弱、发展水平相对落后的中西部地区应有所侧重、重点扶持，努力实施财政均等化、公共服务均等化等发展战略。同时，完善信息基础设施建设，积极推进"三网融合""宽带中国"战略，特别是落后地区网络建设和改造的力度，加快"4G"技术推广应用，为各地区缩小差距平等发展提供必要的基础设施条件。其次，受教育程度是重要的影响因素，因此提高居民信息文化素质能有效激发信息消费主体的需求，政策和教育经费支持上需要向经济落后、教育基础薄弱的地区和低收入阶层人群倾斜，针对知识水平较低的民众可开展多种方式的信息素质培训，宣传信息消费安全知识，树立正确的信息消费观念，提高辨别信息真伪的能力。最后，继续大力发展信息产业，推动移动互联网、物联网、数字文化等产业发展，信息产业"供给侧改革"的目的是丰富和创新信息产品和服务，培育居民的信息消费需求，不仅可以实现信息消费水平的提升，同时能够推动我国信息化进程和经济发展。

第四节　农村居民信息消费①

信息消费对推动消费结构的优化和升级具有重要意义。基于 2000—2014 年我国省级面板数据，测算农村居民信息消费省际差异的演变，运用 Shapley 值分解法考察各影响因素对信息消费省际差距的贡献程度。结果表明：农村居民信息消费地区间的差距明显，但落后地区对领先地区存在"追赶效应"；推动差距扩大的影响因素依次为农村居民收入水平、信息设备拥有量、城镇化水平和人口抚养比，居民受教育程度和地区固有因素成为促使地区间差距缩小的力量。针对实证结论就如何提升农村居民信息消费水平、缩小信息鸿沟提出了相关建议。

一、引言

近年来，伴随着信息技术的创新和信息产品日趋丰富，信息消费迅速发展为我国新消费的重点领域和消费升级的重要方向。作为一种新兴业态，农村信息消费凭借其低成本、高效率优势，正成为推动我国"三农"发展的驱动力。然而我国长期以来实施"城市偏向型与区域不平衡"的发展战略，致使城乡间及区域间居民信息消费鸿沟较大，制约着信息消费的增长和农村经济的健康发展。因此研究我国各地区农村居民信息消费现状，比较省际农村居民信息消费水平的差距，对提升农村信息消费、推动农村信息化建设、促进区域协调发展具有积极意义。

文献显示，国外学者对信息消费的研究始于 20 世纪 80 年代初，侧重于信息消费者需求（TD Wilson，1981）[47]、影响因素（Chinn 等，2010[48]；Gutiérrez 等，2010[72]）、信息安全（Albrechtsen，2007[99]；Jubb，2014[100]）、信息消费者满意度（Gorla，2014[101]）等微观问题。国内学者对信息消费的关注始于 20 世纪 90 年代，郑英隆（1994）[73]、贺修铭[74]、蒋序怀[75]等学者在信息消费的

---

① 本部分主要内容发表在《情报科学》2017 年第 8 期。农村居民信息消费省际差异的影响因素与贡献测度——基于 Shapley 值过程的实证分析 [J]．情报科学，2017，35（08）：146 – 152.

概念、研究的理论基础以及我国信息消费发展、特征等方面的文献为后人研究奠定了基础。2000 年后，多数学者采用定量分析方法，研究的焦点集中在两个方面：一是影响信息消费水平的因素，二是测度城乡间、地区间信息消费水平差距。

信息消费影响因素方面，张同利（2005）[102]选取我国部分地区 1982—2001 年数据，运用回归分析发现信息消费受居民收入水平、制度变革以及信息技术与产业发展水平等因素的影响；朱琛、蒋南平（2011）[103]借助 TVP 模型研究发现不同时期和结构的城镇居民收入对信息消费的影响程度不同；马哲明、李永和（2011）[92]对农村居民信息消费与收入关系的实证分析同样证实不同时期两者间相互作用效果存在差异；崔海燕等人[4,10]利用城乡居民家庭收支调查数据，构建动态面板数据模型分析表明无论是城镇还是农村居民的信息消费变动均呈现出对收入变动的过度敏感性。还有部分学者采用地区数据检验居民收入对信息消费的影响（陈燕武等，2006[79]；杜栎，2011[80]；陈晓华，2012[104]）。除收入外，学者们研究发现信息消费还受财政支出政策（刘巍巍[55]）、文化素养（龚花萍和邓硕，2011[82]）、信息产业发展水平（郑丽等，2016[83]）等因素的影响。

信息消费差异及其形成机理研究是近年来信息消费领域研究的又一重点内容。国内研究热点主要集中在对信息消费城乡差异的方面，如王平和陈启杰（2009）[58]、郑英隆等（2009）[30]、肖婷婷（2010）[7]等分别从消费倾向、消费水平、消费能力、消费结构等方面比较了城乡居民信息消费的差异性，研究表明城乡信息消费差距明显。还有部分学者研究信息消费的区域差异，郑兵云（2007）[59]研究认为东部地区城镇居民的信息消费水平和边际消费倾向最高，西部次之、中部地区最低；张红历和梁银鹤（2016）[60]基于 31 个省区城镇居民信息消费数据的分析，发现地区间信息消费差异呈现较平缓的先发散后收敛的"倒 U"型趋势；叶元龄和赖茂生（2012）[61]、陈立梅等（2013）[84]，基于我国农村居民信息消费数据的研究亦得出区域差距较大的结论。

已有的研究对笔者的启示可以归纳为以下两个方面：一是学者们对影响因素的研究视角与方法虽存在分歧，但对居民收入水平、受教育程度、信息消费环境等因素认可度较高；二是我国信息消费地区差异明显的问题已得到广泛认同。同时，笔者注意到关注农村信息消费区域差异问题的学者较少，更没有涉及对引起地区间信息消费差异各因素贡献程度的定量分解，降低了分析的准确性和说服力。鉴于此，本部分基于2000—2014年我国省级面板数据，测算农村居民信息消费省际差异的演变，并运用Shapley值分解法考察各影响因素对信息消费省际差距的贡献程度，进而为缩小农村信息消费的地区差距及有针对性地制定和调整相关信息消费政策提供借鉴。

二、农村居民信息消费的省际差异及变化特征

（一）信息消费的界定

目前我国尚未针对信息消费进行专门统计，学者们对信息消费的量化有以下几种处理办法：（1）参照国外研究的统计标准，将信息消费界定为"个人消费中除去衣、食、住以外的其他杂费消费"[59]，但这种方法囊括了较多与信息无关的消费，界定范围过宽[55]。（2）将居民交通通信、娱乐文化教育两项消费支出加总作为居民信息消费额，此方法有一定的合理性，但界定范围较窄，不能客观反映我国居民信息消费水平。（3）采用尹世杰对广义信息消费的定义，即居民信息消费由医疗保健、交通通信、文化教育娱乐用品与服务三项消费支出加总得到，使用此方法量化信息消费虽与其本意有一定的出入，但信息消费在其中占有绝对大的比重，而且随着科技进步，上述三项消费中信息含量越来越多，这样处理得到的信息消费额误差较小，也被多数国内定量研究所采用。综合考虑各种统计方法的优缺点，并兼顾数据的可获得性，本部分借鉴第三种做法，将我国农村居民人均消费性支出中的医疗保健、交通通信、教育文化娱乐服务三项消费支出的加总作为农村人均信息消费支出的替代。为消除物价变动因素影响得到我国农村实际人均信息消费数据，笔者以2000年为基期的各地区居民消费价格指数，对相应地区数据进行平减。数据来源为《中国统计年鉴2001—2015》和wind数据库。

考虑到一个地区的信息消费总量一般与此地人口数量关系密切，因此本部分选择农村居民人均信息消费支出分析不同省区农村信息消费水平差距。

（二）三大区域农村居民信息消费差距及变化趋势

将全部地区划分为东、中、西部①，测算2000—2014年我国东中西部三大

---

① 东部地区包括：北京、天津、河北、辽宁、上海、江苏、浙江、福建、山东、广东、海南；中部地区包括：山西、内蒙古、吉林、黑龙江、安徽、江西、河南、湖北、湖南；西部地区包括：广西、四川、重庆、贵州、云南、西藏、陕西、甘肃、青海、宁夏、新疆。

区域农村居民人均信息消费额的年度变化趋势（如图表 2 - 15 所示）。结果显示：我国农村居民人均信息消费支出从 2000 年的 393.17 元增长到 2014 年 1861.18 元，实际年均增长率约为 11.75%。东、中、西部地区农村居民信息消费变动规律与总体变动规律类似，年均增长率分别是 10.01%、13.05%、13.80%。以 2008 年为界，尤其是 2005—2008 年全国各地区农村的信息消费增速明显放缓，全国仅保持了年均 4.38% 的增幅，说明在这一时期农村居民信息消费需求不高。2008 年后随着国家"四万亿"计划的实施和"消费政策"的调整，特别是对农村消费市场的开拓，东、中、西部各地区农村居民人均信息均呈现较大幅度的增长，中、西部 2009—2014 年年均增长率分别为 18.21%、20.33%，高于东部的 11.78%，这与国家对中西部地区的政策倾斜有关。三地区之间的比较显示，信息消费额差距明显，东部最高、中部次之、西部最低，并且中部和西部地区信息消费水平均低于全国平均水平。

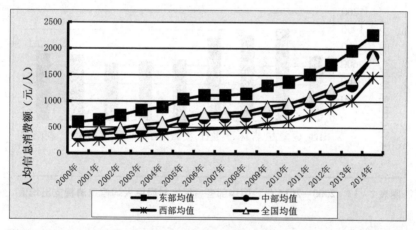

图表 2 - 15　2000—2014 年我国东中西部地区农村居民人均信息消费额变化趋势

进一步考察每个区域内部各省区人均信息消费在上述时间段的均值，对比区域内省际农村居民信息消费差距（结果见图表 2 - 16 至 2 - 18）。笔者发现东部经济发达省区如上海、北京、浙江、江苏、天津的农村居民信息消费水平较高，均在 1000 元以上，上海甚至超过 2000 元，而西部地区中西藏、贵州、云南、广西和甘肃以及东部的海南等地区的年人均信息消费支出较少，不足 600 元。从三大区域内部各省区间差距看，东部、西部地区内部差距明显，东部地区消费水平最高的上海与最低的海南，年人均信息消费支出相差近 1500 元，西部地区消费水平最高的陕西与最低的西藏，年人均信息消费支出相差 528.02元，中部地区省区间差距相对较小。

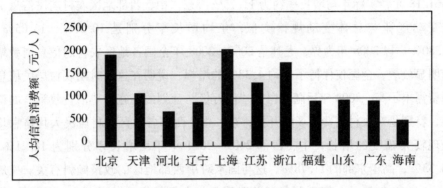

图表 2 - 16　2000—2014 年我国东部各省区农村居民人均信息消费支出均值

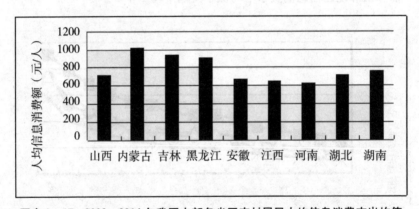

图表 2 - 17　2000—2014 年我国中部各省区农村居民人均信息消费支出均值

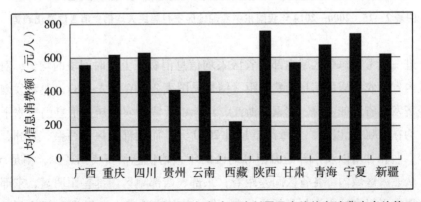

图表 2 - 18　2000—2014 年我国西部各省区农村居民人均信息消费支出均值

（三）农村居民信息消费省际差异程度的测算

为精确测算各地区农村居民信息消费差异程度及其变化，需选取良好的反映指标，一般学界广泛使用的是泰尔指数（Theil）、基尼系数（Gini）以及对数偏差均值指数（MLD）等三种指标。由于三种指标分别对于变量数据中处于较高、中等和较低水平的数据变动更加敏感，考虑到更加客观地反映差异，本部分选用三种指标综合反映省区间农村居民人均信息消费支出的差异。本部分采用的 Gini 系数计算表达式如式（1）所示。其中，x_i 代表第 i 省区的农村居民人均信息消费支出，n 代表选取的省区个数，u 代表以农村居民人数为权重的所有省区农村居民人均信息消费支出的加权平均值。

$$Gini = \frac{\sum_{i=1}^{n} \sum_{j=1}^{n} |x_i - x_j|}{2n^2 u} \tag{1}$$

Theil 指数与 MLD 指数是广义熵指数特殊形式，广义熵指数源自泰勒 1967 年利用信息理论中的熵概念计算收入不平等。Theil 指数和 MLD 指数计算表达式分别为：

$$Theil = \sum_{i=1}^{n} p_i \frac{x_i}{u} \ln\left(\frac{x_i}{u}\right) \tag{2}$$

$$MLD = \sum_{i=1}^{n} p_i \ln\left(\frac{u}{x_i}\right) \tag{3}$$

其中，x_i、n、u 指代含义同基尼系数，p_i 表示第 i 省区农村居民人口数量占全国农村居民人口数量的比重。Gini 系数、Theil 指数、MLD 指数的取值均为 0 ~ 1，数值越大表明农村居民信息消费水平地区间不均等程度越高。从测算结果看（图表 2 - 19），2000—2014 年间我国农村居民信息消费水平的省际差异明显，但整体呈现波动下降趋势，无论是 Gini 系数、Theil 指数、MLD 指数，信息消费差异程度有所缩小，滞后区域对领先区域形成了"追赶效应"。

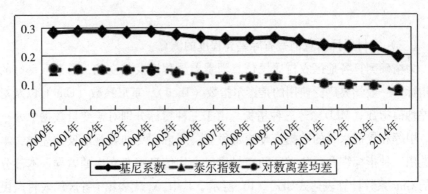

图表 2 − 19　2000 − 2014 年我国各省区农村人均信息消费额差距变化趋势

三、农村居民信息消费省际差异影响因素及实证检验

（一）农村居民信息消费省际差异的影响因素

1. 农村居民信息消费省际差异的影响因素

根据过往文献并结合农村信息消费特点，我们考虑以下可能影响我国农村居民信息消费的因素，并构建计量模型检验各因素的影响程度。

（1）收入水平

居民收入水平反映了消费主体的支付能力，是影响信息消费水平的客观物质基础。根据收入消费理论，收入的增长提升了居民潜在的购买力，带来消费倾向和支出的增加，特别是在交通通信、医疗卫生、教育文化娱乐等方面支出增长，进而引起信息消费需求的增长。但另一方面，在我国地区间居民收入增长数量和速度方面存在差异，而这种差异同样是造成居民信息消费数量和结构差异的关键因素[92]。

（2）受教育程度

与一般消费相比，信息消费受消费者信息知识技术接受能力的影响更大。对知识、信息、技术诉求较高的人群一般具有较高的受教育程度，他们通过对信息商品和服务的消费来满足自身对物质尤其是精神文化层次的需求。而信息素养不高、受教育程度较低的人群，信息意识较薄弱，信息利用能力不强，成为阻碍居民信息消费的关键因素[105]。

（3）信息产业发展水平

信息消费需要信息产品和服务的供给方给予支持，既包括各种信息基础设施建设，也包括信息设备制造、信息内容的提供以及信息网络的运营和维护等信息产业部门的加入。信息产业发展是信息消费的前提。同时信息产业发展水平决定了市场提供的信息产品和服务的品种、数量和质量，影响了信息消费水平。不同的信息产业发展水平下，可供消费者选择的信息设备、信息内容、信息服务等会不同，消费者的信息消费水平和层次自然会有区别[54]。

（4）信息基础设施水平

已有研究认为信息基础设施是构成信息消费环境的重要指标，政府在交通、通信、教育和文化娱乐等方面增加基础设施投入，通过改善基础设施条件和公共服务质量，提高居民的信息消费需求[18]，从而增加在交通、通信、教育和文化娱乐等方面的消费支出。然而有些地区政府财力有限，公共服务体系不健全，信息基础设施缺乏，信息消费市场处于初级发展阶段，抑制了当地居民的信息消费行为。信息基础设施水平（Inf）通过各地区农村人均固定资产投资完成额反映。

（5）信息消费设备拥有量

不同于其他消费，信息消费需要借助一定的信息技术手段实现，信息技术设备是进行信息消费的必备条件，居民持有信息消费设备的数量直接影响消费水平。目前，居民信息消费统计体系还不完备，而信息消费设备的拥有量和使用频率成为观测居民信息消费水平与结构成长的重要指标[106]。

（6）人口年龄结构

理论研究表明人口年龄结构的变化会影响个体的收入水平和消费偏好，进而导致个体消费水平和消费结构发生变化（吴海江等，2014）[64]。而国内外针对年龄结构对消费影响的实证研究并未得出一致结论。一部分学者的研究表明，人口老龄化有利于消费的增长（Leff，1969[107]；Loayza et al.，2000[65]；汪伟，2010[66]；王宇鹏，2011[108]；谭江蓉和杨云彦，2012[109]）；另一部分学者研究表明人口老龄化会抑制消费的增长（Kelley and Schmidt，1996[110]；Demery and Duck，2006[68]；袁志刚和宋铮，2000[69]；李春琦和张杰平2009[111]；陈冲，2011[112]）；还有部分学者发现人口老龄化对消费的影响不显著（Deaton and Paxson，1997[113]；Horioka and Wan，2007[114]；李文星，2008[115]）。

（7）城镇化水平

城镇化水平较高的地区更有能力进行资源集约化利用，具有较高的经济发展效率。传统农村也更易受到城市和城镇的"辐射"，处于城镇化水平较高地区的农村居民也更容易受到城市、城镇的"溢出效应"[116]，而这种溢出效应会影响农民的消费习惯、改善消费层次，有助于提高农村居民的信息消费需求。

（二）变量选取和数据来源

表格 2－13 变量定义及说明

变量名称	变量符号	单位	变量计量	预期影响
收入水平	Inc	元	农村居民家庭人均纯收入	正向
受教育程度	Edu	年	计算得到各省区农村居民家庭劳动力人均受教育年限①	正向
信息产业发展水平	Ini	元	信息产业产值＝电子与信息设备制造业总产值＋邮电业务总量	正向
信息基础设施水平	Inf	元	农村人均固定资产投资完成额	正向
信息消费设备拥有量	Equ	台	农村每百户家用计算机、彩色电视机和电话拥有量之和	正向
人口年龄结构	Age	%	农村居民总抚养比	不确定
城镇化水平	Urb	%	非农业人口占总人口的比重	正向

考虑到数据的可获得性及统计口径的一致性，本部分考查的时间跨度是 2000—2014 年，在地区选择上，由于西藏地区信息产业和信息基础设施数据缺失较多，且其数据与其他地区数据相比差异较大，故将西藏排除在实证考察范围之外，因此选择中国大陆 30 个省（市、自治区）区作为研究对象，原始数据来源是相应年度的《中国统计年鉴》《中国人口与就业统计年鉴》《中国农村统计年鉴》和 wind 数据库。

---

① 按照《中国农村统计年鉴》中各地区"劳动力文化程度"的分组数据为依据，以受过各级教育的人数占总人数的比重为系数，计算得到各省区农村居民家庭劳动力人均受教育年限，公式如下：$AYS = \sum_{i=1}^{6} p_i y_i$，其中 AYS（average years of schooling）为人均受教育年限；i 为文化程度分组数，i＝1，2，3，4，5，6 分别代表不识字或识字很少、小学程度、初中程度、高中程度、中专程度和大专及以上，y 为各文化程度的受教育年限，本部分对上述文化程度定义的受教育年限分别为 0、6、9、12、12、16，p 为权重系数，为各组人数占总人数的比重。

（三）模型的构建与回归

根据以上指标，本部分最终建立的面板模型如下：

$$\ln IC_{it} = \alpha + \beta_1 \ln Inc_{it} + \beta_2 \ln Edu_{it} + \beta_3 \ln Ini_{it} + \beta_4 \ln Inf_{it} + \beta_5 \ln Equ + \beta_6 Age + \beta_7 Urb_{it} + \varepsilon_{it}$$

其中，α、β_1、β_2、β_3、β_4、β_5、β_6、β_7 分别为各项系数，ε_{it} 为残差项，其中，i 表示不同地区的截面，t 表示时间（2000 – 2014 年），上式中自变量除人口抚养比、城镇化水平外均为绝对指标，需要对绝对指标取对数处理以减少异方差。

根据截距项的不同，面板模型被分为三种类型：混合模型、固定效应模型和随机效应模型，而估计方法的选择要建立在确定模型类型的基础上，需要通过 F 统计量、BP – LM 检验、Hausman 检验确定模型的具体形式。表格 2 – 14 的检验结果支持建立固定效应模型。根据固定效应模型（模型（2））的回归结果，我们发现仅有收入水平、信息消费设备拥有量、人口年龄结构和城镇化水平四个变量通过了 5% 的显著性水平检验，这一结果与理论预期有较大差距，并不理想。考虑到本部分使用的数据属于 N 大 T 小的短面板，进一步对模型残差进行异方差（Modified Wald Test）、序列自相关（Wooldridge Test）和截面自相关（Pesaran Test）检验。从表格 2 – 14 报告的检验结果看，模型存在异方差和序列自相关问题，为避免上述问题可能导致的估计结果失真，可以采用可行广义最小二乘法（FGLS）。估计结果见表格 2 – 14 模型（4）。但在模型（4）中我们发现基础设施投资、信息产业产值两个变量系数并不显著，且符号为负，表明信息产业发展和基础设施改善对农村居民信息消费可能存在抑制作用，违背理论和现实预期，可能由于两者与农村居民信息消费没有直接相关性，信息产业产值通常表示一个地区信息产业收入，对农村居民信息消费需求影响较弱，而且地方政府对农村固定资产投资规模并不能直接反映其对农村居民信息消费行为的影响。因此在最终模型中选择剔除上述两个变量，实证分析采用模型（5）的 FGLS 估计。

表格 2 – 14　估计结果

解释变量	混合 OLS (1)	FE (2)	RE (3)	FGLS (4)	FGLS (5)
lnInc	0.7761*** (17.16)	0.8831*** (17.66)	0.9077*** (17.09)	0.7908*** (21.41)	0.7571*** (13.86)

续表

解释变量	混合 OLS (1)	FE (2)	RE (3)	FGLS (4)	FGLS (5)
lnEdu	0.1039** (2.71)	0.0505 (0.21)	−0.2150 (−1.28)	0.2142 (1.27)	0.2390** (2.37)
lnIni	−0.0126** (−2.80)	−0.0076 (−0.92)	−0.0153* (−1.65)	−0.0122 (−1.14)	—
lnInf	0.0041 (0.99)	0.0047* (1.71)	0.0196 (0.77)	−0.0221 (−0.65)	—
lnEqu	0.1911** (1.97)	0.1990*** (4.01)	0.2427** (2.25)	0.1911*** (2.65)	0.1655* (1.76)
Age	−1.3219*** (−5.28)	1.3705*** (4.41)	−0.7032** (−2.36)	−0.1691 (−1.52)	−1.4426*** (−6.24)
Urb	0.1243 (0.53)	1.2760*** (4.46)	1.2259*** (4.83)	0.8226*** (2.83)	0.2804*** (3.05)
Cons	0.4987 (1.51)	−0.1958*** (−2.88)	−0.0951 (−0.26)	0.1362** (2.06)	0.8025*** (2.66)
调整后的 R^2	0.8793	0.8871	0.8685	—	—
F 统计量	393.17	190.97	—	—	—
Wald	—	—	1372.42	2202.02	3041.51
模型选择的检验					
F 检验	—	190.97 [0.0000]	—	—	—
BP – LM 检验	—	—	388.89 [0.0000]	—	—
Hausman 检验	—	293.55 [0.0000]	—	—	—
序列相关	—	6.329**	—	—	—

续表

解释变量	混合 OLS (1)	FE (2)	RE (3)	FGLS (4)	FGLS (5)
异方差	—	1495.74***	—	—	—
截面相关	—	1.63 [0.1100]	—	—	—
样本数	450	450	450	450	450

注：***表示1%水平上显著，**表示5%水平，*表示10%水平；（ ）中为 t 值，[ ] 中为 p 值。

模型（5）估计结果分析：除信息消费设备拥有量通过10%，受教育程度通过5%的显著性水平检验外，其余影响因素均通过1%的显著性检验。收入水平、受教育程度、城镇化水平的符号显著为正，说明这三个变量能够正向影响农村居民信息消费水平，印证了前文的理论预期，这也符合已有研究的结论：居民人均收入的提高是支持信息消费迅速成长的经济基础条件[12][16]，人均受教育年限增长使信息消费的支出额增加[28]，城镇化进程有助于提高农村居民的信息消费需求[29]。人口抚养比对农村信息消费的影响显著为负，说明从全国角度看，人口年龄结构因素可以影响农村居民信息消费行为，人口抚养量的增加在一定程度上抑制信息消费需求，劳动人口比重越高，信息消费支出越大。同时，模型（5）各解释变量系数估计值的显著性水平均在10%以上，满足 Shapley 值分解的要求。

四、农村居民信息消费省际差异的分解

（一）Shapley 值分解方程的确定

诺贝尔经济学奖得主 Shapley 提出了用于解决多个主体合作问题的博弈分析方法，即 Shapley 值法。Shorrocks 和 Wan（2004）[117]利用 Shapley 值过程来计算收入方程中每一个解释变量对收入差距的贡献，之后在 Shorrocks（2013）[95]的改进下，Shapley 值法能够分解任何不平等指标并对回归模型限制较少。目前，该方法在经济研究领域应用广泛，除收入不平等分解外，还有碳排放分解、产业发展不平等分解等。

使用 Shapley 值进行分解之前，首先需要考察自变量对因变量的解释程度，解释程度越高，即残差项的影响越小越好。在考察方法的选取上我们采用万广华等（2005）[97]的做法，将农村居民人均信息消费支出实际值的不均衡指标与假设残差等于 0 时的不均衡指标间的差距作为残差项对实际不均衡指标的影响，残差项的绝对值与不均衡指数的比值可以看作模型（5）中自变量没有解释的信息消费差异的部分，而 1 减去该比值，即为能够被自变量解释的差异部分。以基尼系数为例，如表格 2－15 所示，本部分选取的影响因素在考察年度内的解释程度除 2005、2010 两年，其余年份均在 80% 上，说明模型（5）中自变量对农村居民信息消费省际差异的解释力较强，可进行 Shapley 值分解。

表格 2 – 15　自变量对因变量差异解释程度

年份	自变量	残差	自变量解释比重
2000	0.332	－0.049	82.76
2001	0.231	0.056	80.59
2002	0.268	0.018	93.68
2003	0.307	－0.025	91.22
2004	0.321	－0.036	87.41
2005	0.207	0.066	75.93
2006	0.244	0.019	92.85
2007	0.222	0.036	86.18
2008	0.244	0.015	94.24
2009	0.234	0.028	89.13
2010	0.303	－0.051	79.68
2011	0.224	0.011	95.31
2012	0.209	0.019	91.70
2013	0.268	－0.040	82.55
2014	0.219	－0.024	87.64

其次，根据前文计量分析的结果确定用于分解的回归方程。半对数模型中，不同地区农村居民信息消费的差异并未受到共同截距项的影响，对于固定效应的截面虚拟变量，其差异反映了各省区间固定的地域差异（地区固有因素）。借

鉴以往研究通用的做法，利用回归中得到的各省区的截面虚拟变量值构造了一个新的变量 D_i，目的是分析地区固有因素对农村居民信息消费水平的影响，并且认为其影响系数为1。这符合已有的研究结论，认为"适度的地区差异构成是信息消费结构成长的动力之一"[98]。这样，根据表格 2 - 14 回归分析的结果，得到农村居民信息消费区域差距分解的回归方程：

$$\ln IC_{it} = 0.8025 + 0.7571\ln INC_{it} + 0.2390\ln EDU_{it} + 0.1655\ln Equ_{it} - 1.4426 Age_{it}$$
$$+ 0.2804 Urb_{it} + D_i$$

（二）分解结果

信息消费水平地区差距的分解计算，在不失一般性的同时，为了考虑结果的稳健性，本部分的分解同时考虑基尼系数、泰尔指数和对数离差均值，参考田士超和陆铭（2007）[118]的分解方法，使用 Stata 14.0 软件自行开发的程序计算，得到各项影响因素对农村居民信息消费省际差异的分解结果，详见表格 2 - 16。

表格 2 - 16　2000 - 2014 年农村居民信息消费区域差距分解结果

年份	收入水平（%）	受教育程度（%）	设备拥有量（%）	人口年龄结构（%）	城镇化水平（%）	地区固有因素（%）
2000 年	54.59 (1, 1, 1)	5.25 (5, 5, 5)	25.14 (3, 2, 2)	14.38 (4, 4, 4)	20.27 (2, 3, 3)	- 19.63 (6, 6, 6)
2001 年	53.17 (1, 1, 1)	3.19 (5, 5, 5)	27.52 (2, 2, 3)	13.41 (4, 4, 4)	22.92 (3, 3, 2)	- 20.21 (6, 6, 6)
2002 年	50.21 (1, 1, 1)	2.61 (5, 5, 5)	25.57 (3, 2, 2)	15.29 (4, 4, 4)	24.86 (2, 3, 3)	- 18.54 (6, 6, 6)
2003 年	49.73 (1, 1, 1)	1.74 (5, 5, 5)	28.64 (2, 2, 2)	15.74 (4, 4, 4)	18.84 (3, 4, 3)	- 14.69 (6, 6, 6)
2004 年	48.25 (1, 1, 1)	0.15 (5, 5, 5)	30.83 (2, 2, 2)	16.03 (3, 4, 4)	17.99 (4, 3, 3)	- 13.25 (6, 6, 6)
2005 年	46.06 (1, 2, 1)	- 1.05 (5, 5, 6)	31.68 (2, 1, 2)	18.58 (4, 4, 3)	17.30 (3, 3, 4)	- 12.57 (6, 6, 5)
2006 年	43.60 (1, 1, 1)	- 0.85 (5, 5, 5)	27.24 (3, 2, 2)	20.02 (4, 4, 3)	25.43 (2, 3, 4)	- 15.44 (6, 6, 6)

年份	收入水平（%）	受教育程度（%）	设备拥有量（%）	人口年龄结构（%）	城镇化水平（%）	地区固有因素（%）
2007 年	42.73 (1, 1, 2)	-1.19 (5, 5, 5)	28.51 (3, 2, 1)	20.84 (4, 3, 4)	23.92 (2, 4, 3)	-14.81 (6, 6, 6)
2008 年	45.89 (1, 1, 1)	-1.81 (5, 6, 5)	27.99 (2, 2, 4)	19.63 (4, 4, 3)	22.19 (3, 3, 2)	-13.89 (6, 5, 6)
2009 年	48.91 (1, 1, 1)	-2.15 (5, 5, 5)	29.03 (2, 2, 3)	21.2 (4, 3, 2)	18.06 (3, 4, 4)	-15.05 (6, 6, 6)
2010 年	46.45 (1, 1, 1)	-2.14 (5, 5, 5)	31.28 (2, 2, 2)	18.56 (4, 3, 3)	18.24 (3, 4, 4)	-12.39 (6, 6, 6)
2011 年	48.26 (1, 1, 1)	-1.93 (5, 5, 5)	29.49 (2, 3, 2)	21.65 (3, 2, 4)	15.7 (4, 4, 3)	-13.17 (6, 6, 6)
2012 年	50.11 (1, 1, 1)	-0.78 (5, 5, 5)	31.07 (2, 2, 2)	19.85 (3, 3, 3)	11.37 (4, 4, 4)	-11.62 (6, 6, 6)
2013 年	48.42 (1, 1, 1)	-1.01 (6, 5, 5)	30.09 (2, 2, 2)	19.74 (4, 3, 3)	12.49 (3, 4, 4)	-9.73 (5, 6, 6)
2014 年	49.07 (1, 1, 1)	-1.42 (5, 4, 5)	32.93 (2, 2, 2)	20.25 (3, 3, 3)	9.32 (4, 5, 4)	-10.15 (6, 6, 6)
平均结果	48.36 (1)	-0.09 (5)	29.13 (2)	18.34 (4)	18.59 (3)	-14.34 (6)

注：表格中的贡献排序从左到右依次是基尼系数、泰尔指数和对数离差均值三项指标；分解结果中，上一行是三项指标的简单平均，下一行是三项指标的排序。

从表格 2-16 的分解结果可以看出，根据三种指标进行的贡献排序以及三种指标的变化趋势基本保持一致。平均看来，在各因素中，收入水平的影响贡献最大占 48.36%，排在第二位的是信息消费设备拥有量，平均贡献比重为 29.13%，第三、四位的分别是城镇化水平和人口年龄结构，平均贡献比重分别为 18.59% 和 18.34%，对形成地区差距贡献最少的分别是受教育程度和地区固有因素，平均贡献比重分别为 -0.09% 和 -14.34%。负值表示推动地区间信息消费差距缩小的力量，地区固有因素反映了地区资源禀赋和长期政策倾斜等条件，国家对中西部地区教育、卫生、基础设施等公共资源的长期倾斜性投入成为弥补信息消费空间失衡的主要推动力量。

从变化的趋势看，不同因素表现不同。其中，收入水平对信息消费差距的贡献程度呈"U"型特征，总体上贡献程度略有下降。受教育程度和城镇化水平因素对信息消费差距的贡献程度呈波动降低的趋势，说明两者对省际信息消费差异的解释力有所减弱，随着教育均等化和城乡一体化进程的加快，省际间农村居民文化素养的差距以及接触信息产品的品种和渠道的差距在缩小，居民对信息产品需求的地区差异程度降低，可以看出教育因素和城镇化水平在影响农村居民信息消费方面的重要性在逐渐下降。而信息设备拥有量、人口年龄结构和地区固有因素对差距的贡献整体呈上升走势，说明农村居民信息消费对信息技术设备的依赖程度增强，同时不同地区"人口红利"、"老龄化"等人口条件的差异引起了居民信息消费需求的不同，信息消费水平的省际差距进一步拉大。

五、结论与启示

本部分基于2000—2014年省际面板数据，发现农村居民信息消费地区分布呈现显著的非均衡特征，信息消费较多的省份主要集中在东部沿海地区；根据Gini系数、Theil指数、MLD指数三种不均等指标测算结果，在所有考察期间我国农村居民信息消费的省际差距有逐渐缩小的趋势，滞后区域对领先区域存在"追赶效应"。收入水平、受教育程度、信息设备拥有量、人口年龄结构、城镇化水平都是影响省际农村居民信息消费差距的因素。Shapley值分解表明，收入水平对差距的贡献率最高，信息设备拥有量、人口抚养比对差距的贡献整体呈上升趋势，但城镇化的贡献程度逐渐降低，受教育程度和地区固有因素成为推动地区间差距缩小的力量。

从上述研究结论出发，我们到如下政策启示：

1. 促进农民增收，改善收入分配机制，降低信息消费成本

收入是制约农村居民信息消费水平最主要最重要的因素，地方政府应加大力度采取措施提高农村居民的收入水平。一方面，强化科技创新驱动，引领农业转方式调结构，培育农村发展新动能；另一方面，继续完善农业补贴政策，广泛开辟农民增收渠道，尤其是向中西部地区、贫困地区倾斜。此外，国家应深化收入分配体制改革，合理调节地区间农村居民收入差距，促进欠发达地区

信息消费水平的提升。在提高农民收入的同时，还要注意降低信息消费成本，建立"信息产品下乡"制度，降低电脑、智能手机等设备的购置成本，提高设备普及率，有关商家可以针对农民信息需求特点，制定价廉物美的手机、宽带、有线电视等套餐，优化计费方式，使农村居民信息消费成本降低，提高消费意愿。

2. 开展多种方式教育，提升农村信息消费者的信息素质

政府应加大对农村的教育投资力度，提升教育水平，从根本上解决居民信息文化素质偏低的问题，并开展多种方式针对不同群体的信息素质培训。例如，普及计算机、智能手机和互联网使用基础知识，建设形式多样信息消费的村镇文化，宣传信息消费安全知识，提高农村居民信息消费素质，树立正确的信息消费观念，提高辨别信息真伪的能力。

3. 建立健全农村公共服务体制，推动社保体系改革

本部分实证研究结论表明人口抚养负担越重，信息消费水平越低。面对我国人口老龄化不断加剧，人口红利逐渐消失的客观局面，国家应加大农村地区财政支持力度和补贴水平，建立健全农村公共服务体制，特别是推动社会保障体系改革，加快建立包括合作医疗、医疗保险和大病统筹在内的多层次农村医疗保障制度，从而稳定农民的收支预期，缓解因保障水平低抚养负担重造成的不敢消费不愿消费的不利局面。

4. 继续推动新型城镇化建设

城镇化水平的提升对农村居民信息消费增加有促进作用。城市化发展有助于信息的渗透，消除地区间、城乡间信息鸿沟。广大农村地区应利用新型城镇化建设的契机将城镇的信息产品和服务渗透到农村，加强城乡居民间信息互动，促进农村居民信息消费观念的转变。

此外，加强信息消费环境建设，如发展信息产业，增强信息产品供给能力；继续完善信息基础设施，推进光纤到村建设，加快实现4G网络农村全覆盖，特别是对贫困落后地区的网络建设以及改造力度，使这些地区的农村居民享受到现代信息服务的便利；政府应规范和健全农村地区信息消费的相关法律、法规，为农村居民提供一个安全的信息消费环境。

第五节　居民信息消费调查分析：南京城镇居民视角①

南京市城镇居民信息消费影响因素分析主要包括 3 个结构性实体要素，即南京市城镇居民、信息消费产品及信息消费服务（客体）和信息消费宏观环境[119-121]。南京市城镇居民是信息消费的实施者，分为南京市城镇个体和组织消费者；南京市内容和服务供应商提供的信息消费产品及服务是信息消费的客体，也是信息消费的最终产品；南京市的信息消费环境指的是影响南京市城镇居民信息消费活动的一切自然、社会因素的总和[122]。

一、主体因素

（一）信息消费需求因素

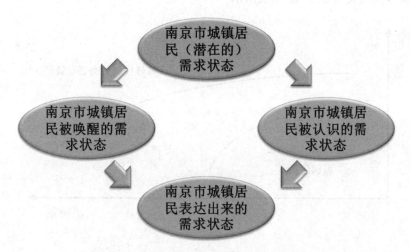

图表 2-20　南京市城镇居民信息消费需求三层次

南京市城镇居民的信息需求，是南京市城镇居民个体和组织消费内容和服务供应商提供的信息产品及服务的需要与能力。信息消费需求是信息消费行为

①　本部分内容已形成本科毕业论文 1 篇，论文题目《南京市城镇居民信息消费影响因素及提升对策研究》。

的直接原因。可以将南京市城镇居民信息需求分为三个层次，如图表2－20 所示。在南京市城镇居民潜在的需求状态转化为表达出来的需求状态过程中，需要经历被唤醒和被认识这两个中间环节，因此，南京市城镇居民信息消费水平的提高关键在于潜在需求的发现，挖掘出南京市城镇居民信息消费的潜在需求成为运营商提升自身竞争力的有效途径。

（二）信息消费偏好因素

南京市城镇居民的信息消费偏好是指南京市城镇居民依据自己个人的想法和意愿对现有的信息消费产品及服务进行排序和选择。南京市城镇居民的信息消费偏好属于个人行为，受城镇居民的信息素质、时间支付能力、经济支付能力等多方面的影响，并且，南京市城镇居民信息消费的行为仍然由其偏好决定。在短期内对同一信息产品的反复消费，偏好强的南京市城镇居民与偏好弱的南京市城镇居民边际效用变化趋势大致相同，基本符合边际效用递减规律，但偏好强的南京市城镇居民的边际效用减少速度比偏好弱的南京市城镇居民的边际效用减少速度慢些[123]。如图表所示：

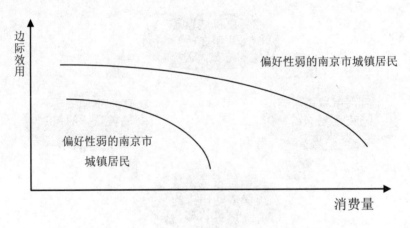

图表2－21　短期内对同一信息产品消费的边际效应

（三）信息素质因素

所谓南京市城镇居民信息素质，是指南京市城镇居民明确信息需求、选择信息源、检索信息、分析信息、综合信息、评估信息和利用信息的能力[120,124,125]。与普通的物质消费相比，信息消费对信息消费者自身获取信息的能力提出了较高的要求。同样的信息商品，不同的南京市城镇居民有不同的信息素质，信息素质的差别很可能导致不同的效用，信息素质的提升需要南京市城镇居民进行有意识的培训和教育。

（四）信息支付能力因素

信息支付能力包括经济支付能力和时间支付能力。经济支付能力由个人的收入水平和家庭收入水平来体现。人们的收入水平和时间支付能力在一定时间内是相对固定的，信息消费的支出直接受信息消费支付能力的影响，在家庭收入水平和预算约束一定的情况下，南京市城镇居民信息消费的支出和其他方面的支出存在此消彼长的关系，信息消费更多地属于精神方面的消费，对南京市城镇居民的经济支付能力、时间支付能力都提出了较高的要求，而经济承受能力和时间支付能力直接影响着南京市城镇居民信息消费的质量，与信息消费质量成正比关系。

二、客体因素

（一）信息基础设施建设水平

众所周知，南京市的信息网络是南京市信息传输的主要渠道，高速、广泛的宽带信息网络设施是信息消费规模发展的前提，"宽带网络是信息消费的基础"这一点早已成为世界各国政府的共识。目前，全世界100多个国家制定国家级宽带战略，对宽带战略极其重视。我国在工信部"宽带普及提速工程"推动下，南京市政府及相关电信企业不断加大信息基础设施，尤其是宽带设施的投入力度，以满足南京市城镇居民对基于高速信息通道基础上的高质量信息消费的日益增长的需求[126]。

（二）信息服务水平及其满意度

南京市信息消费满意度是指南京市城镇居民从信息消费的角度来考察内容和服务供应商所提供的信息服务的质量是否符合标准。信息消费满意度考察范围不仅包括信息消费的内容还包括信息消费的服务水平。信息服务水平的提高直接影响着南京市城镇居民信息消费的满意度。比如说，在淘宝上购物，琳琅满目的商品在销售过程中必然会涉及顾客与客服人员的沟通，客服人员解答问题的态度好坏直接影响消费者对本次网上购物体验的满意度。

三、环境因素

（一）信息消费法律法规及政策

南京市信息消费市场中存在的信息不对称以及服务问题迫切要求南京市政府为南京市信息市场提供健康有序的法律环境。南京市政府有必要建立和完善相应法律规范及程序规范，用法律来规范南京市信息市场中的城镇居民或组织行为。安全和快捷的南京市信息产品，南京市信息服务企业的合法权益，互联网产业和软件产业的创新都与南京市政府提供的法律法规及其监督效果密切相关。

（二）信息消费市场

南京市信息消费市场是南京地域内信息提供者和消费者进行信息交流、互换、加工处理生成有效信息的场所，南京市城镇居民的信息消费质量与其密不可分。南京市城镇居民和信息内容和与服务供给者在信息市场进行交换信息活动，传播知识和信息，并由南京市城镇居民对已获得的信息进行过滤，把自身所拥有的信息应用到经济生活的每一个领域，最后成为生产力。因此南京市城镇居民信息消费水平与南京市信息市场的繁荣程度密切相关。南京市政府在供给层次的拓宽、合理信息市场的建立、健康合理的信息市场、科学信息消费观念的树立这几方面积极出台法律法规，南京市的信息消费进程将大大加速。

（三）其他影响因素

南京市信息消费水平与南京市的公共基础设施紧密联系，南京市公共基础设施的完善与否直接影响到南京市城镇居民信息消费的总体质量。南京市信息消费的文化氛围对南京市城镇居民信息消费也有一定的影响，积极的信息消费文化氛围促进南京市城镇居民信息消费水平的提高，反之，消极的信息消费文化氛围将起到相反的作用，攀比和跟风就是生活中常见的不良文化氛围。

四、居民信息消费指标体系

（一）体系构成

信息消费活动过程主要包括3个结构性实体要素，即信息消费者（主体）、信息消费产品及信息消费服务（客体）和信息消费环境。

1. 信息消费主体测度指标

信息消费主体是信息消费的实施者，分为个体消费者和组织消费者。对信息消费主体的测度主要从影响信息消费主体消费质量的因素切入。信息消费水平直接受信息消费的内容、人口统计特征、消费者的思想观念、支付能力影响。信息消费的内容包括很多方面，比如工作、学习和娱乐等。人口统计特征属于统计学范畴术语，性别、年龄、学历、行业等都包含在内。主体的思想观念可以由信息道德、信息消费观念、消费习惯等来测度。支付能力指信息消费主体的时间、金钱支付情况，这里的金钱支付能力可以通过个人和家庭收入相结合来体现。

2. 信息消费客体测度指标

信息消费客体指的是信息产品和信息服务，其中信息产品包括基于内容的信息产品和基于工具的信息产品，基于内容的信息产品有传统的信息产品和基于网络的信息产品。信息服务通过信息消费主体对所接受的信息服务的满意度来体现，信息服务度的测度可以由硬件设施配备、电子商务服务、搜索引擎服务等来系统测度。

3. 信息消费环境测度指标

信息消费环境指的是影响人类信息消费活动的一切自然、社会因素的总和。通常我们熟知的宏观环境包括信息市场、信息法律法规、公共基础设施、信息文化氛围等。信息市场的测度涉及信息产品质量和性价比以及信息服务业的创新。信息法律法规、公共基础设施、信息文化氛围分别是用相关信息法规满意度、对附近公共设施基础满意度、社会人文环境影响信息消费程度来测度。

（二）体系结构图

基于文献参考、对上述信息消费影响因素的总结、专家咨询和对南京市城镇居民访谈，本文把南京市城镇居民信息消费影响因素包括在如下的 3 个结构要素中，即信息消费主体、信息消费客体和信息消费环境[120]。信息消费主体是信息消费的实施者；信息消费的客体指的是信息消费产品及服务；信息消费环境指的是影响人类信息消费活动的一切自然、社会因素的总和[120]。在信息消费过程中，信息消费者的消费力、信息消费产品及服务的质量和信息消费环境质量相互影响相互作用。信息消费内容、人口统计特征、主体思想观念、支付能力包含于信息消费主体因素[120]。信息消费客体因素包括基于内容的信息产品、基于工具的信息产品和信息服务满意度[120,127]。信息消费环境因素包括信息市场、信息法律法规、公共基础设施和信息文化氛围[120,127]，以图表框架图的形式展现。

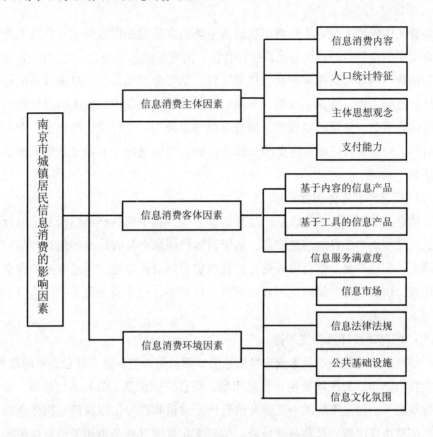

图表 2-22 南京市城镇居民信息消费影响因素结构框架

五、问卷设计、调查与分析

(一) 对南京市城镇居民进行访谈

本文的调查对象是南京市城镇居民,以南京市 11 个市辖区居民为调查对象进行预调研,在南京市栖霞区、江宁区、鼓楼区、秦淮区四个市辖区随机抽取 5 人进行访谈。其余的市辖区访谈工作则是通过加入南京西祠胡同各个板块的官方群进行聊天完成的。本次访谈对象的基本情况见表格 2-17。

表格 2-17 访谈对象基本情况表

访谈对象基本情况		人数
性别	男	31
	女	24

访谈对象基本情况		人数
年龄	20（及以下）岁	17
	21~30 岁	13
	31~40 岁	15
	41~50 岁	6
	51 岁及以上	4
学历	专科及以下	27
	本科	21
	硕士	5
	博士	2

根据访谈的结果，结合前人所阐述的信息消费影响因素的理论研究，整理出 11 个市辖区居民指出的能够影响他们选择信息消费的因素，并进行归类，分为信息消费主体因素，信息消费客体因素（包括产品和服务），信息消费环境因素。

（二）探索性调查

探索性调查主要是以问卷的形式展开，首先向南京 4 个市辖区城镇居民进行小规模的问卷发放。发放问卷总数 25 份，回收 20 份，其余的市辖区交流工作则是通过加入南京西祠胡同各个板块的官方群进行聊天完成的，总计 55 份。在探索性调查中发现如下的问题：

1. 调查问卷语言有个别专业术语居民理解相对困难，对于信息消费的概念理解不全面，所以笔者把调查问卷中涉及专业术语题项的语言作简单通俗化修改，并在调查问卷的前面注明信息消费定义，以便调查对象更清楚的填写问卷。

2. 在对调查对象发放问卷过程中，居民普遍反映问卷题项设置过多，所以笔者把调查问卷问题数目进行删减，最终确立为 28 道问题，以保证调查问卷填写的有效性。

基于上述存在的主要问题，笔者对指标进行重新修改，方便南京市城镇居民能够清楚地填写问卷，确保问卷的有效性。经过修改后的指标体系如下表所示。

表格 2 - 18 南京市城镇居民信息消费调查指标体系设计

一级指标	二级指标	三级指标
信息消费主体因素	信息消费内容	工作
		娱乐休闲
		学习
	人口统计特征	性别
		年龄
		行业
		学历
		信息检索能力
	主体思想观念	信息道德
		信息消费观念
		消费习惯
		示范效应
	支付能力	时间支付能力
		个人月收入
		家庭月收入
		硬件设备配备
		信息消费量
信息消费客体因素	基于内容的信息产品	传统信息产品
		网站信息搜索
		休闲娱乐
		网络不良现象影响度
	基于工具的信息产品	硬件设施配备
	信息服务满意度	电子商务服务
		搜索引擎服务
		网络服务质量
		网络信息服务

续表

一级指标	二级指标	三级指标
信息消费环境因素	信息市场	信息产品质量
		信息产品性价比
		企业技术创新
	信息法律法规	对相关信息法规满意度
	公共基础设施	对附近公共设施基础满意度
	信息文化氛围	社会人文环境影响信息消费程度

南京市城镇居民信息消费调查的指标体系的一级指标包括信息消费主体因素、信息消费客体因素和信息消费环境因素[120]。信息消费主体是信息消费的实施者；信息消费的客体指的是信息消费产品及服务；信息消费环境指的是影响人类信息消费活动的一切自然、社会因素的总和[120]。二级指标中的信息消费内容、人口统计特征、主体思想观念、支付能力可以用来测度信息消费主体因素[120]。信息消费客体因素可以由基于内容的信息产品、基于工具的信息产品和信息服务满意度来测度[120]。最后，信息消费环境因素由信息市场、信息法律法规、公共基础设施、信息文化氛围来测度[120]。

（三）问卷正式调查

问卷调查的发放与回收工作是本文的一项重要工作，以下就调查问卷的发放细节做说明：问卷来源主要分为两方面，一方面是在问卷星平台上制作网站链接，电子回收，通过网络，转发链接地址；另一方面就是找老师同学帮忙以及在公共场所发放问卷。问卷链接地址在南京西祠胡同各个板块的官方群里发放、本校各大社团群、南京官方兼职群、风禾餐饮公司群里转发链接。电子问卷的发放很明显存在一个问题，年龄层次不均匀，绝大部分都是在校大学生，而且在职业方面，事业单位和行政单位人数非常少，于是笔者通过纸质问卷的发放调整年龄、职业、学历等人群比例。其他的问卷就是在地铁、肯德基、麦当劳、奶酪时光、公交站台等公共场所发放，保证了问卷数据来源的科学性和随机性。

（四）调查问卷的初步分析

本书主要采用实证研究的方法，即先通过对样本调查问卷的回收，将收集到的问卷中的相关信息进行整理分析。再对问卷调查获取的数据进行收集和整理，并依据相应的规则进行处理，最终利用分析软件得出结论。

本次问卷调查共发放1200份，回收问卷总计965份，剔除无效问卷235份，进入问卷分析环节的有965份，回收率为80.42%，有效率为80.42%，详见表格2-19。

表格2-19 问卷回收情况汇总表

问卷总数1200		
	有效样本数	无效样本数
回收样本数	965	235
回收比例	80.42%	19.58%

1. 描述性统计分析

描述性统计分析是对样本的基本资料例如性别、年龄、学历等问题进行频次、频率、百分比等的基本统计分析，从而了解样本在各变量和问项的分布情况，说明样本的资料结构，阐述各调查项的整体情况，详见表格2-20。

表格2-20 调查样本特征分析汇总表

编号	变量	具体类别	频次	所占比例
1	性别	男	447	46.3
		女	518	53.7
2	年龄	20岁及以下	205	21.2
		21~30岁	529	54.8
		31~40岁	123	12.7
		41~50岁	83	8.6
		51岁及以上	25	2.6
3	行业	制造业	53	5.5
		信息技术业	108	11.2
		建筑业	44	4.6
		零售业	83	8.6
		行政事业单位	119	12.3
		其他	557	57.7

编号	变量	具体类别	频次	所占比例
4	学历	专科及以下	24	25.2
		本科	658	68.2
		研究生	353	5.5
		博士	11	1.1
5	个人月收入	2000 元及以下	524	54.3
		2001~3000 元	149	15.4
		3001~5000 元	130	13.5
		5001 元及以上	160	16.6
6	家庭月收入	3000 元及以下	107	11.1
		3001~6000 元	191	19.8
		6001~9000 元	481	49.8
		9001~12000 元	118	12.2
		12001 元及以上	63	6.5

N = 965

本次调查问卷样本男女比例协调，年龄集中 20~40 岁阶段，在生命阶段中，不同年龄的信息消费者，其时间和精力等要素的投入量不同，引起了信息消费量的不同。时间越充足，精力越充沛，信息消费量越大[120]。对于行业这一影响因素，不同行业所需要承担的工作责任不同，对信息的消费量自然不同，调查发现，信息技术业和行政事业单位的信息消费量最高[120]。信息消费是一种知识型和智力型的消费，信息消费者的文化教育水平体现着信息消费者对信息的获取及利用能力，研究发现信息消费质量与信息消费者的受教育程度同方向变动。对于经济收入影响因素，根据马斯洛的需求层次理论，人们首先要满足基本的物质消费需要，当基本的物质消费需要得到满足以后，才会去满足高层次的信息消费需要[14]。在消费主体收入水平不高的情况下，这种高层次的信息消费需求被抑制[14]。本次调研通过个人月收入和家庭月收入数据分析得出经济收入水平与信息消费量成正相关的结论。

2. 信度效度分析

信度（reliability），即可靠性，是反映测量的稳定性与一致性的一个指标[25]。调查问卷的信度，就是指问卷调查结果的稳定性和一致性，一般认为，a 系数值 0～1，a 值越大，信度越高。当 a 值大于 0.6 时，就表示问卷有一般信度，可进行下一步研究，当 a 值大于 0.8 时，就表示问卷有很好的信度，内部一致性很强。一般来说 Cronbach's Alpha 系数大于 0.6 即表示问卷具有较不错的信度，可以用来进行下一步研究。

效度（Validity）即有效性，它是指测量工具或手段能够准确测出所需测量的事物的程度，即指所测量到的结果反映所想要考察内容的程度，测量结果与要考察的内容越吻合，则效度越高，反之，则效度越低[30]。KMO 是做效度分析的检验指标之一，如果 KMO 的值小于 0.5，则说明量表数据不宜进行因素分析即因子分析；若 0.5 < KMO < 0.6，表示不太适合做因子分析；若 0.6 < KMO < 0.7，表示可勉强做因子分析；若 0.7 < KMO < 0.8，则表示较适合做因子分析；若 0.8 < KMO < 0.9，表示很适合做因子分析；KMO > 0.9，表示非常适合做因子析。

（1）信度分析

对影响南京市城镇居民信息消费的影响因素（15 个问项）进行信度分析，其结果显示，Cronbach's alpha 系数分别为 0.626，说明问卷中数据有一般的信度，可以用来做下一步研究。

（2）效度分析

信息消费的影响因素效度分析中，显示 KMO 系数为 0.813，因此，很适合做因子分析。问卷中的影响因素使用的数据具有相当高的效度。

（五）因子分析

因子分析是通过研究多个变量间相关系数矩阵（或协方差矩阵）的内部依赖关系，找出能综合所有变量主要信息的少数几个随机变量，这几个随机变量不可直接测量，通常称为因子。公共因子间互不相关，所有变量都可以表示成公共因子的线性组合。因子分析的目的就是减少变量的数目，用少数因子代替所有变量去分析整个问题。设有 N 个样本，P 个指标，X =（X1，X2，X3，…，XP）T 为随机向量，要寻找的公因子为 F（F1，F2，…，FM）T，则模型为：

$$X1 = a11F1 + a12F2 + \cdots a1mFm + e1$$

$$X2 = a21F1 + a22F2 + \cdots a2mFm + e2$$

·

·

·

$$Xn = ap1F1 + ap2F2 + \cdots apmFm + ep$$

这被称为因子模型。矩阵 A =（aij）称为因子载荷矩阵，e 为特殊因子，代表公共因子以外的影响因素所导致（不能被公共因子所解释的）的变量变异。

下面我们对信息消费影响因素进行因子分析。

表格 2 - 21　KMO and Bartlett's Test

Kaiser - Meyer - Olkin Measure of Sampling Adequacy.		0. 813
Bartlett's Test of Sphericity	Approx. Chi - Square	1. 629E3
	df	105
	Sig.	0. 000

在表格 2 - 21 中，KMO and Bartlett's Test 表明，p < 0. 0001，即相关矩阵不是一个单位矩阵，故可考虑用因子分析；KMO 是用于比较观测相关系数值与偏相关系数值的一个指标，其值越接近于 1，表明对这些变量进行因子分析的效果越好，在该检验中，KMO 的值 0. 748 > 0. 7，基本符合条件，可以放心进行因子分析。根据调研数据，我们对南京市城镇居民信息消费影响因素作出调查，其中包括信息检索能力、电子商务服务、搜索引擎服务、信息产品质量、示范效应、信息文化氛围、信息消费观念、相关法律法规满意度、公共基础设施、网络服务质量、信息产品性价比、企业技术创新、传统信息产品、信息道德、信息消费习惯和网络不良影响度 16 个方面的影响因素。通过因子分析，我们归纳出以下几个主要影响因素。从解释的总方差表格 2 - 22 中可以看出，特征值大于 1 的 6 个公共因子的累计贡献率达 59. 748%，解释量较高，相关的参考书籍认为，在社会科学中，累计贡献率达到 60%，可以进行下一步研究，所以我们尝试着考虑接受这六个公共因子。

表格 2 - 22 解释的总方差

成份	初始特征值			提取平方和载入			旋转平方和载入		
	合计	方差的%	累积%	合计	方差的%	累积%	合计	方差的%	累积%
1	3.160	19.748	19.748	3.160	19.748	19.748	2.115	13.218	13.218
2	1.492	9.323	29.072	1.492	9.323	29.072	1.791	11.195	24.413
3	1.369	8.558	37.629	1.369	8.558	37.629	1.555	9.720	34.133
4	1.353	8.454	46.083	1.353	8.454	46.083	1.548	9.677	43.810
5	1.132	7.078	53.161	1.132	7.078	53.161	1.324	8.274	52.083
6	1.054	6.586	59.748	1.054	6.586	59.748	1.226	7.664	59.748

提取方法：主成份分析。

表格 2 - 23 旋转成份矩阵

	成份					
	1	2	3	4	5	6
信息检索能力	0.721	0.236	-0.162	-0.090	0.139	0.087
电子商务服务	0.705	0.273	0.102	-0.045	-0.090	0.195
搜索引擎服务	0.679	0.036	0.107	0.284	-0.089	-0.245
信息产品质量	0.575	-0.093	0.249	0.458	0.148	-0.046
示范效应	0.134	0.728	0.085	0.151	-0.178	0.089
信息文化氛围	0.165	0.698	0.162	0.203	-0.002	-0.065
信息消费观念	0.143	0.503	0.093	-0.321	0.320	-0.461
对相关法律法规满意度	0.009	0.201	0.699	0.016	0.073	0.030
公共基础设施	-0.108	0.031	0.655	0.266	-0.078	0.116
网络服务质量	0.260	-0.016	0.652	-0.268	-0.032	-0.022
信息产品性价比	0.052	0.164	0.027	0.724	0.092	-0.102
企业技术创新	0.024	0.378	$-5.037E-5$	0.483	-0.032	0.352
传统信息产品	0.304	0.364	-0.067	0.405	0.026	0.022
信息道德	-0.127	-0.176	0.093	0.070	0.801	-0.088
信息消费习惯	0.218	0.079	-0.163	0.072	0.674	0.338
网络不良现象影响度	0.044	0.012	0.141	-0.086	0.119	0.789

提取方法：主成分分析法。

旋转法：具有 Kaiser 标准化的正交旋转法。

从旋转成分矩阵这张表中可以看出第一个因子与信息检索能力、电子商务服务、搜索引擎服务、信息产品质量密切相关，将其命名为消费者信息消费能力；第二个因子与示范效应、信息文化氛围、信息消费观念关系紧密，命名其为信息消费文化；第三个因子与对相关法律法规满意度、公共基础设施、网络服务质量密切相关，将其命名为信息消费宏观环境；第四个因子与信息产品性价比、企业技术创新、传统信息产品有较密切的联系，将该因子命名为信息产业的发展；最后把五六两个合并为一个因子，将其命名为信息道德[120]。综上所述，影响南京市城镇居民信息消费的影响因素主要是消费者信息消费能力、信息消费文化、信息消费宏观环境、信息产业的发展、信息道德[120]。

六、城镇居民信息消费现状分析

(一) 信息消费主体现状

1. 支付能力现状

消费主体的支付能力包括时间精力支付能力和货币支付能力两个方面，这两个方面都会对消费主体的信息消费行为产生影响[28]。

表格 2 – 24　南京市城镇居民信息消费支付能

	Frequency	Percent	Valid Percent	Cumulative Percent
很弱	82	8.5	8.5	8.5
较弱	144	14.9	14.9	23.4
一般	334	34.6	34.6	58
较强	331	34.3	34.3	92.3
很强	74	7.7	7.7	100.0

N = 965

如表格 2 – 24 所示，本文用南京市城镇居民每月花费在信息消费上的货币支付来度量其支付能力，所花费的货币越多，暗含着所花的时间也较长。把居民每月的信息消费（手机话费，上网费，网站会员下载等）在 60 元以下的界定为很弱，60~80 元为较弱，80~120 元为一般，120~200 元为较强，200 元以上为很强。南京市城镇居民支付能力主要集中在一般和较弱这两种能力之间，在现代的信息社会，人们的生活节奏逐渐加快，对文娱类信息产品的消费自然减少，需求没有得到足够的满足。由此可见，南京市城镇居民的信息消费支付能力需要政府政策的引导[120]。

2. 需求偏好现状

信息消费的需求偏好是指南京市城镇居民依据自己个人的想法和意愿对现有的信息消费产品及服务进行排序和选择。

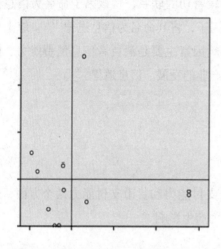

图表 2-22　手机上网内容的定位散点图　　图表 2-23　多维偏好图

由南京市城镇居民偏好空间中的手机上网内容的定位散点图可以看见上网内容大致可以被分为四大类：第一类以新闻为代表，占据了空间的正上方；第二类以社交网络和文学作品为代表，占据了空间的右下方；第三类以视频、音乐、手机应用游戏为代表占据了空间的左方，稍偏上；第四类以学习资料、地理位置、生活类信息、购物类信息为代表，占据了左下方的空间。右图即多维偏好图，从图中我们可以清晰地看到南京市城镇居民对于手机上网的内容的关注点，大致可以分为四类群体：关注新闻和社交网络；关注社交网络和文学作品；关注工作、学习和生活类信息；关注手机娱乐 APP。四类群体的关注群体人数依次递减。

据以上分析，新闻类和人际交往网络的内容和服务最受南京市城镇居民关注，近年来南京市城镇居民对于购物和旅游等信息关注也较多，因此，作为运营商，充分考虑南京市城镇居民信息消费的关注点，提升其信息消费的热情，压低资费价格来吸引南京市城镇居民的流量使用[37]。

3. 信息道德现状

信息道德指人们在信息活动过程中应遵循的道德规范，是调节信息创造者、传递者、信息服务者、信息消费者之间行为规范的总和，信息道德可以使信息消费主体遵循一定的信息伦理与道德准则，规范其信息消费行为，提高知识产权保护意识，促进信息消费良性发展[120][1,28]。

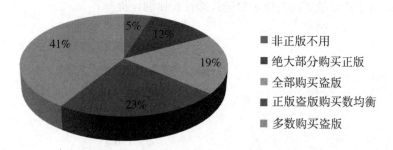

图表 2 - 24 南京市城镇居民信息道德情况

如图表 2 - 24 南京市城镇居民信息道德情况所示，本书用南京市城镇居民使用盗版软件和书籍的实际情况来测度其信息道德情况。信息道德的 5 种情况：非正版不用、绝大部分购买正版、正版盗版购买数均衡、多数购买盗版和全部购买盗版。南京市城镇居民多数购买盗版软件和书籍，这一现象显示了南京市城镇居民信息意识信息道德亟待提高。在我国，使用盗版书籍，盗版软件已成为常态，这体现了人们的信息意识未被唤醒，仍然处在传统的思想观念中，认为信息属于公共品，最好不收费[120]。解决这一现象的根本对策在于国民教育。

（二）信息消费客体现状

1. 南京市城镇居民对宽带以及无线网速的评价

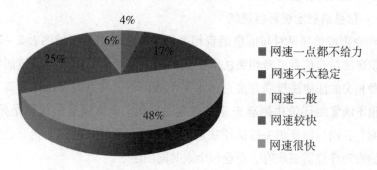

图表 2 - 25 南京市城镇居民对宽带以及无线网速的评价

南京市城镇居民对宽带以及无线网速的评价集中在网速一般，这一评价比例接近50%，这体现了运营商在提高网速的道路上还有很大的进步空间。认为网速较快的评价比例高于网速不太稳定的比例，网速很快的评价比例高于网速一点都不给力的比例，这一现象是对运营商业务的肯定。加快4G的应用推广，推进智能终端的普及和更新换代值得考虑[120]。

2. 南京市城镇居民对电子智能终端性价比的评价

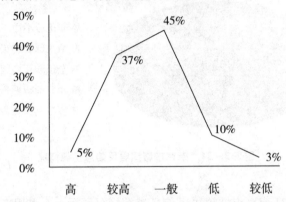

图表2-26　南京市城镇居民对电子智能终端性价比的评价

根据数据统计可知，南京市城镇居民对电子智能终端性价比比较满意，接受调查的87%的南京市城镇居民能够接受目前市场上电子智能终端的质量水平，同时也能够对钟爱的智能终端进行货币支付[120]。这是一个良好的社会现象，但是在调查过程中也发现，绝大部分人们虽然有能力支付智能终端价格，但老年人获得的效用远远不如年轻人，在年轻人中，学历较高的群体从同一款智能终端中所获效用远远高于低学历群体。信息企业可以利用这一现象开发出适合各个年龄学历层次的智能终端[120]。

（三）信息消费宏观环境现状

1. 南京市城镇居民对与信息消费相关的法律法规满意度如图表2-27　南京市城镇居民对与信息消费相关法律法规的满意度所示，南京市城镇居民对与信息消费相关的法律法规满意度总体水平不高，不太满意的评价比率高于比较满意，很不满意的评价比例高于非常满意的比例，非常满意的比例是最少的，可以表明，我国与信息相关的法律法规的完善有一段较长的路要走，良好的信息消费的宏观环境需要政府、企业和个人共同创建[120]。

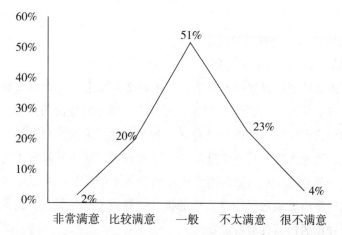

图表 2 – 27　南京市城镇居民对与信息消费相关法律法规的满意度

2. 南京市城镇居民对公共基础设施的满意度

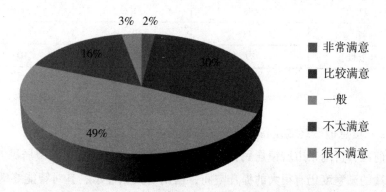

图表 2 – 28　南京市城镇居民对公共基础设施的满意度

　　如图表 2 – 28　南京市城镇居民对公共基础设施的满意度所示，南京市城镇居民对公共基础设施满意度是较为理想的，比较满意和非常满意所占比例高达32%，远远高于不太满意和非常不满意的比例。近两年来，南京举办过青奥会和亚青会，国家出台科教兴国战略，给高校大量的财政资金支持，南京云集着众多高校，这一优势使得南京的公共基础设施有所改善。随着信息科技的日益发达，公共基础设施的建设也需要与时俱进[1]。

七、居民信息消费存在的问题

（一）信息素质总体水平不高

由南京市城镇居民调查样本学历分布表格 2 - 25 显示，南京市城镇居民的处于本科及以上学历的比例低于 50%。信息消费属于高层次的消费，信息素质相对较低的南京市城镇居民由于自身知识的局限性，无法充分利用、吸收传递过来的信息，因此无法感受到信息带来的巨大效用，这样就降低了南京市城镇居民信息消费的意愿，从而制约南京信息消费水平的发展。而低层次的消费水平又会抑制南京市城镇居民信息素质的提升，导致了恶性循环。因此，必须要提升南京市城镇居民信息消费素质。

表格 2 - 25　南京市城镇居民调查样本学历分布

Level	Frequency	Percent	Cumulative Percent
专科及以下	498	51.6	51.6
本科	378	39.2	90.8
研究生及以上	89	9.2	100

N = 965

（二）信息消费终端设备未能满足有效需求

之前在分析南京市城镇居民信息消费现状就指出，南京市城镇居民对电子智能终端的满意度仍有很大的提升空间，据调研数据显示，其对智能终端提供

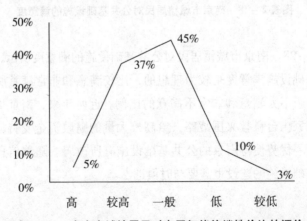

图表 2 - 29　南京市城镇居民对电子智能终端性价比的评价

的服务满意度较高的比例才达37%，满意度高的比例才超过满意度低的比例的2%，说明南京存在信息消费终端设备未能满足南京市城镇居民的需求的问题。

（三）信息消费基础设施拖累无线网速

南京市城镇居民对宽带以及无线网速的评价集中在网速一般，这一评价比例接近50%，这体现了运营商在提高网速的道路上还有很大的进步空间。本文用宽带和无线网速评价来体现信息消费基础设施，上面的饼状图明显地表明南京市的信息消费基础设施需要政府加大基础设施的建设完善力度，具体见图表2－30。

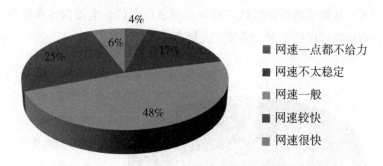

图表 2 - 30　南京市城镇居民对宽带以及无线网速的评价

（四）信息支付能力相对偏弱

把南京市城镇居民每月的信息消费（手机话费，上网费，网站会员下载等）在60元以下的界定为很弱，60~80元为较弱，80~120元为一般，120~200元为较强，200元以上为很强。南京市城镇居民支付能力主要集中在一般和较弱这两种能力之间。南京市的经济情况微观上可以从南京市城镇居民的信息消费支付能力来体现，与上海杭州等城市相比，南京市的经济发展速度相对缓慢，具体见表格2－26。

表格 2 - 26　支付能力现状

		Frequency	Percent	Valid Percent	Cumulative Percent
	很弱	82	8.5	8.5	8.5
	较弱	144	14.9	14.9	23.4
Valid	一般	334	34.6	34.6	58
	较强	331	34.3	34.3	92.3
	很强	74	7.7	7.7	100.0

N = 965

（五）信息资源供给鱼龙混杂

如图表 2 – 31 所示，南京市城镇居民对网络信息资源比较满意比例不足 30%，不太满意与比较满意所占比例基本持平，比较极端的完全不满意仍然要高于完全满意的比例。目前互联网上的信息粗劣甚至虚假的现象颇多，而有价值的信息减少，由于建立网站的简单性，某些网站发布的信息可信用度较低，网上的信息良莠不齐，如一些黄色、暴力、封建迷信、反动言论、黑客信息等也趁虚而入。从调研数据分析结果可知：南京市的信息消费内容和服务不能够达到南京市城镇居民的要求，需要大大提高和改善。

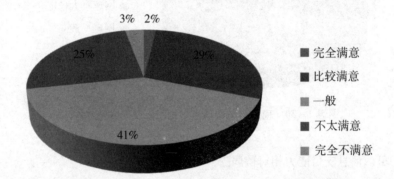

图表 2 –31　南京市城镇居民对网络信息资源总体满意度

八、制约因素

（一）信息消费认知能力有待提升

信息消费能力是南京市城镇居民进行有效信息消费的必备要素之一，能否快速获取、分析、利用信息直接影响到信息消费的质量水平。本文据调研数据进行详细阐述。上图为不同学历对信息效用获得的分箱图，从图表 2 – 32 中可以看出本科及以下学历的南京市城镇居民相对来说获取的信息效用偏低，而研究生及以上的学历南京市城镇居民获取的信息效用水平较高。

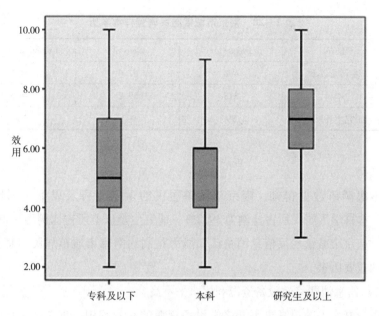

图表 2 – 32 不同学历层次在信息效用中的差异

表格 2 – 27 不同学历的信息效用差异

	学历层次			统计量
效用	专科及以下	均值		5.5676
		均值的 95% 置信区间	下限	5.1726
			上限	5.9625
	本科	均值		5.3700
		均值的 95% 置信区间	下限	5.0641
			上限	5.6759
	研究生及以上	均值		6.6265
		均值的 95% 置信区间	下限	6.2792
			上限	6.9738

N = 965

从表格 2 – 27 中可以得到定量数据，就信息效用而言，专科及以下得分为 5.57，本科得分为 5.37，研究生及以上得分为 6.63，明显偏高。

表 2 - 28　南京市城镇居民调查样本学历

	Level	Frequency	Percent	Cumulative Percent
Valid	专科及以下	498	51.6	51.6
	本科	378	39.2	90.8
	研究生及以上	89	9.2	100

N = 965

由本次调研数据得知，南京市城镇居民的学历专科及以下占据比例为51.6%，本科学历居民所占比例为39.2%，研究生及以上所占比例为9.2%。由此可见，南京市城镇居民信息消费认知能力是制约南京市城镇居民信息消费质量水平的重要因素。

（二）信息消费终端设备资源利用水平不高

信息消费水平的提高离不开终端设备资源的有效利用，本文通过终端使用结构来体现。

表格 2 - 29　不同终端使用频率

频率（%） / 种类	低	较低	一般	较高	高
移动终端	5	8	22	40	25
传统终端	8	11	30	32	19
纸质产品	5	41	19	26	9

从表格 2 - 29 中可以发现，移动终端、传统终端和纸质产品使用频率在较高以上的分别为65%、51%、35%，虽然纸质媒介传递信息的使用频率远远低于现代通信设备的使用频率，在现代通信设备中，以手机为代表的移动互联网的使用频率高于以个人 PC 为代表的传统互联设备使用频率，但是以手机为代表的移动互联网的使用频率仅高于以个人 PC 为代表的传统互联设备使用频率14%。比起农村的信息消费设备资源利用率高很多，但是南京市城镇居民与长三角地区城镇居民终端设备资源利用水平仍然有较大的差距，仍然需要奋起直追。

（三）信息基础设施建设需要加强

从图表2-33可知，南京市城镇居民对南京信息消费基础设施表示非常满意的人很少很少，而表示不太满意的比例仅仅略低于比较满意的比例，这说明一个很大的问题。南京市的信息基础设施建设需要加快步伐，信息消费基础设施的建设没有跟上南京市城镇居民信息消费的需求。

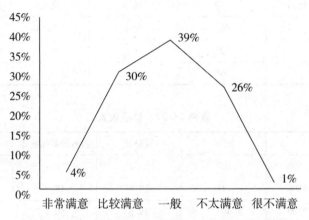

图表2-33 南京市诚镇居民对信息消费基础设施满意度

（四）南京市城镇居民收入水平有待提高

本文通过南京市城镇居民的个人月收入和家庭月收入状况来反映南京市城镇居民的整体收入情况。因为本次样本学生占一定的比例，学生的收入即以每月生活费来体现，所以要综合家庭收入来真实反映经济情况。由表格2-30可以明显看出，月收入均值在3500元的城镇居民所占比例超过月收入均值是5000元的城镇居民，高出2%以上，月收入在6500元以上人群所占比例还不到20%；在表格2-31所示的家庭收入中明显看出7500元约占50%的比例，在南京这样的城市，7500元的家庭收入只能是一般的经济水平，4500元的家庭收入情况的居民所占比例远高于家庭收入在10500和13500元水平的比例。通过这两张表我们可以总结出：南京市城镇居民的经济收入水平有待提高。信息消费更多地属于精神层次的消费，据马斯洛需求理论，只有在物质方面得到满足之后，人们的需求才会向精神方面转移，对于信息消费的成本支出才不会"吝啬"。

表格 2-30　个人月收入

		频率	百分比	占有效数据比重	总比重
有效数据	1500	524	54.3	54.4	54.4
	3500	149	15.4	15.5	69.9
	5000	130	13.5	13.5	83.4
	6500	160	16.6	16.6	100.0
	总和	963	99.8	100.0	
缺失		2	0.2		
总和		965	100.0		

表格 2-31　家庭收入

		频率	百分比	占有效数据比重	总比重
有效数据	1500	107	11.1	11.1	11.1
	4500	191	19.8	19.9	31.0
	7500	481	49.8	50.1	81.1
	10500	118	12.2	12.3	93.4
	13500	63	6.5	6.6	100.0
	总和	960	99.5	100.0	
缺失		5	0.5		
总和		965	100.0		

（五）信息消费内容与服务有待丰富和提高

我们从表格2-32可以看出，南京市城镇居民在音乐电影和学习资料上愿意付费的比例相对较高，但也都低于40%，而软件、网站会员、游戏愿意付费的比例都在10%左右徘徊，表现出南京市城镇居民对于信息的付费还存在一定排斥心理。从上表比例显示：相关内容提供商从音乐、电影、学习资料等南京市城镇居民愿意付费的内容着手，但是提供的内容并没有带动南京市城镇居民信息消费的积极性，对于软件和网站会员方面的服务等有待提高质量，这样才能逐步激起南京市城镇居民信息消费的热情。

表格 2－32　愿意为信息付费比例

	软件	网站会员	音乐电影	学习资料	游戏
比较愿意和愿意付费	12.3%	11.9%	39.3%	35.6%	10.4%

根据上述一系列调查显示，虽然南京市城镇居民信息消费发展的趋势很好，但是仍有很多瓶颈和制约因素，仍有很多的问题需要逐渐的去解决，才能真正地发挥信息消费的作用，拉动内需，促进产业结构优化升级。

第六节　城乡信息消费差距与协同发展①

要辩证看待城乡间存在的信息消费差距。一方面它反映了农村居民在信息消费中的劣势地位，但另一方面，城乡差距的存在反而可能为农村居民的信息消费提升提供动力。

一、我国城乡居民信息消费现状

从消费经济学的视角来看，信息消费是人们为了满足生活的需要，对信息产品和服务进行消费的过程。狭义的信息消费以净信息产品和信息服务为消费对象，广义的信息消费还包括信息含量比较高的产品和服务消费。信息消费作为一种享受型、发展型的消费方式，随着其不断地扩大，正在不断渗透入人民日常生活中的衣食住行中，同时也必将随着我国经济的持续增长和城乡居民收入水平的不断提高而快速发展。

然而，就目前情况来看，我国长期以来的"重城轻乡"的发展模式以及与之相伴随的"城市偏向"的经济和社会政策，导致了城乡居民在收入水平、基础设施条件等方面存在较大差距，也使我国城乡居民的信息消费在总体水平、能力、条件等方面差距明显。

（一）城市信息消费相对发达

随着我国经济的飞速发展，我国城市信息消费有了较大的提高，其中，中产阶级逐渐成了信息消费的主力军，2013 年，年收入在 2.5 万元～4 万元之间

---

① 本部分主要内容已经发表在《江苏科技信息》2014 年第 15 期

的中产阶层人数达到约 3 亿人，成为中国市场最大的购买力。这类人群收入水平较高，有能力和经济基础进行信息消费。同时，互联网特别是移动互联网的发展又极大地推动了信息消费的需求。中国在进入消费经济时代的过程中，跟其他发达国家最大的不同点就是以网络媒体为代表的新媒体迅速发展。互联网已经成为城市居民生活不可或缺的工具和平台，随着互联网信息技术的快速应用发展，城市居民用于通信、网络等方面的消费逐步支撑了消费需求的快速增长，并持续成为新的消费增长点。

（二）农村信息消费相对滞后

在城市信息消费迅速提升的同时，中国农村信息消费也有了很大程度的提高，但是仍然存在着信息消费的渠道获取单一、农村的收入水平较低等不利于信息消费全方面推广的种种不利因素，农村和城市的经济水平相比较仍有一定差距。同时，农村居民的信息消费内容与城镇居民间也存在着明显的差距，在城镇居民逐步将网络作为基本的生活必需品的时候，大量的更高层次的信息需求被派生出来，而此时，稳定和实惠的互联网接入在农村仍然是一项奢侈品，互联网在农村更多的是一种通讯手段，而非消费手段。互联网是重要的信息消费载体，城乡间对于互联网的使用，也反映出了城乡信息消费的差异，所谓城乡间的"数字鸿沟"也反映了这种城乡间的信息消费水平方面的差距。

二、城乡信息消费差距的表现

（一）信息资源不对等

我国长期以来形成的城乡二元社会结构，使得城乡居民在社会分配中存在着信息获取上的不平等。我国的信息资源的分布存在两大特征，一是信息资源主要掌握在政府手中，二是信息资源主要分布在城市当中，而同时政府部门又历来存在着"城市偏向"的政策。当前，农村居民在信息消费水平、信息消费能力、信息消费环境和条件等方面与城市居民存在的巨大差异，实际上是社会资源分配的城乡不平等在信息消费领域的具体体现，它归根到底是一直以来国家对信息资源在城乡分配上不平等的结果。这种不平等在结果上就表现为农村居民在信息消费领域方面的种种劣势，而这种趋势的加深将导致城乡居民之间产生一种新的不平等即"信息的富有者与信息贫乏者"，进而形成一个新的城乡二元悖论，并最终对我国城乡社会的协调发展产生不利影响。

（二）信息消费环境不同

城市具有较完善的基础设施和较安全的消费环境。虽然农村居民消费环境及消费条件也有较大的改观，但整体上不如城镇。交通设施、商业网点、文化体育、生活环境等都明显滞后于城市，无法形成规模效应，这些都直接影响着农村信息消费环境的形成。

（三）信息消费观念不同

农村居民由于受传统的消费观念的影响，比城镇居民有更浓重的传统节俭消费观念和习惯。从近几年农村和城市居民消费倾向看，虽然年轻群体有着与城镇居民类似的消费行为，但整体来看，农村居民消费倾向比城镇居民低得多，表明农村居民比城镇居民的消费更加谨慎，而这种谨慎的消费观念很大程度上抑制了信息消费在农村的发展。

三、城乡之间信息消费的互动影响

城乡间信息消费虽然存在差距，表现为数字鸿沟，导致城乡信息占有的不平等，但从另外一个角度来看，城乡间的这种差距，恰恰是反映了信息消费的发展规律，这种差距的存在，反而可能为农村的信息消费提供了一种外部动力。随着城市与农村间的联系越来越紧密，两者之间所存在的互动影响也会日益彰显出来，一个有趣的现象是，诸如QQ、微博、微信等信息沟通工具，最先在城市中流行，而后，随着时间的推移，农村也开始流行。这说明了尽管存在城乡差距，但城乡间也存在着紧密的联系，这种联系使得农村居民信息消费不断向城镇靠拢。

（一）城市对农村的影响

1. 扩宽农村信息消费的获取渠道。农村由于地域限制和收入水平限制等，互联网应用还处在硬件接入的普及阶段，电视等基本娱乐设施仍然是农村单向获取信息的最大渠道。而城市的信息基础设施相对农村而言齐全很多，随着城市与农村的联系越来越紧密，借助于城市这条路径，农村的信息获取渠道会拓宽，如伴随着网络的不断完善，农村居民可以借助于互联网访问和检索分布在城市中的信息资源，如城市中的数字图书馆、科技资源、文化资源等，因而城市中信息资源的集中，虽然会导致信息资源的城乡分布不均，但却可以在一定程度上拓展农村居民的信息获取渠道。

2. 激发农村居民的信息消费意识。受知识水平、收入水平、风俗习惯等的影响，农村居民采用信息化手段为自己的生产和生活服务的现实需求还不强烈，信息消费意识还有待激发，加之居民在获取和辨别信息的可靠程度等方面有着明显的弱势，而伴随着城乡交流的不断进行，城市的生产生活方式向农村的扩散，城市先进新颖的消费意识和消费习惯，通过城乡间的不断交流和农村的不断模仿，却可以唤醒农村居民的信息消费意识，使他们更容易接受这种新型的消费形式。

3. 提升农村信息消费的能力。城市中信息消费相关产业的发展，所形成的市场竞争和取得的规模经济，降低了城市居民的信息消费成本，同样也使得农村居民能够以较低的代价，获取相应的信息消费终端、内容和服务等，从而提升了农村居民的信息消费能力。城市中信息资源的不断开发和利用，在首先满足了城镇居民的信息需求后，必然寻求向农村的扩散，因而也拓展了农村居民的信息资源占有量。

4. 缩小区域间农村居民消费水平差异。由于我国东西部区域间发展不平衡，我国东部农村的消费水平要远远高于中西部的消费水平，相应的信息消费水平也存在着明显差距。但由于我国的城市化进程中，存在大量的人口跨区域流动，特别是以湖北、四川、湖南、江西等为代表的地区的农村剩余劳动力向东部沿海发达城市的迁移和流动，而这些人口必然会受到东部地区的生活方式的影响，随着人口的回流，会将东部地区的生活和消费方式带入西部地区，就信息消费而言，这必然会提升中西部地区的信息消费水平和方式，从而在一定程度上缩小东西部地区间的信息消费差异。

（二）农村对城市的影响

城市对农村的信息消费有着积极的拉动作用，同时农村的信息消费发展也对城市有着重要的现实意义。农村的信息消费的增长会促进对城市的信息资源需求，推动城市中信息消费相关产业的发展，即农村信息市场的开发和利用，为城市相关资源的开发和利用产业提供了更为广阔的市场。同时，伴随着物流体系的不断完善和电子商务渗透率的不断提升，农村可以为城市信息消费相关产业提供人力和资源支持，成为城市信息消费相关产业发展的支撑。

（三）城乡间影响的非对称性

城乡间的相互作用是不对称的，城镇对农村居民信息消费的正向拉动效应大于农村对城市的影响，并且更长更稳定。由于城市信息消费的聚集性和产业结构的高级化和开放性的特征，使得城市成为信息消费经济的增长极，在区域信息消费的发展中起到核心和推动力的作用，因而城市信息消费的水平、方式、内容、消费者行为等领先于农村，是信息消费的领跑者，而农村更多的是一个跟跑者的角色，在跟跑中随着农村信息消费的不断发展，农村可以更好地实现对城市的腹地支撑。因而在城乡信息消费的发展过程中，城乡间的相互作用是非对称的。

四、启示

（一）合理规划改善城乡信息消费环境

努力改善城乡信息消费环境，是引导和促进城乡居民信息消费的一项迫切任务。但城乡信息消费环境的建设重点是不同的，城市信息消费环境的建设重点在于不断深入开发和利用信息消费资源，推动政府部门所掌握的信息资源的社会化应用，通过政策引导，推动信息消费相关产业的健康发展。对于农村而言，重点在于拓展农村居民信息消费的渠道，推动信息消费基础设施和基础产业的发展，引导农村居民的信息消费意识，逐步培养农村居民的信息消费需求和消费习惯。

（二）推动城市对农村信息消费的辐射

面对城乡间信息消费影响的非对称性，应继续保持城市对农村的辐射效应，通过促进城乡间的产业协调、人口流动、信息交流等路径，推动城市信息消费的辐射效应，在城镇带动农村信息消费提升的过程中，应当不断消除阻碍城乡信息交流的障碍，推进城镇信息产品、信息服务、信息资源和信息应用向农村的推广和普及，推动交通、医疗、餐饮等行业的信息化基础设施在农村的建设，通过城镇示范，引导农村居民生活向信息化的生活方式的不断转变。

第三章

城市化与城乡居民信息消费

本部分研究思路导图：

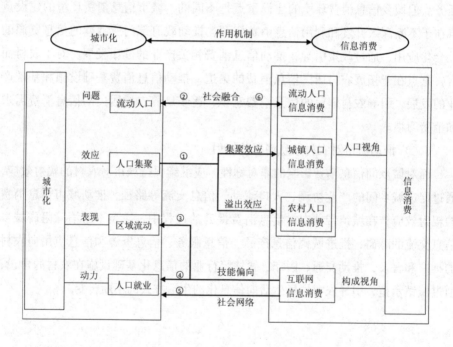

注：图中箭头表示影响机制的方向，箭头上的数字表示对该机制进行研究的章节编号。

本部分的研究主要分析城市化与居民信息消费之间的关系。一方面城市化进程中人口在城市的集聚以及中国人口的大规模跨区域流动，使得显著的集聚与溢出效应产生。同时大量的流动人口在城市中工作生活，他们的信息消费问题也值得关注，本部分主要从上述角度分析了城市化对于居民信息消费的影响机制。

另一方面，以互联网为代表的现代信息消费通过提升劳动者生产技能、拓展劳动者社会网络和社会资本等对于人口的流动和就业产生了重要的影响，本部分主要从上述角度分析信息消费对于城市化进程的影响机制。

第一节　城市化中的人口流动与城乡居民信息消费①

为了分析中国城乡居民信息消费迅速增长的动因，基于 2001—2014 年的省级面板数据，建立空间面板回归模型，本部分从城市化进程中人口在城市的集聚所导致的集聚效应以及区域和城乡间的溢出效应的角度，分析了城镇和农村居民信息消费的影响因素。研究发现：人口在城市的集聚能够通过集聚效应显著提升城镇居民的信息消费，但是不利于农村居民的信息消费；人口的集聚通过空间溢出效应会对城镇居民的信息消费产生显著的正向影响，而对农村居民信息消费产生不利影响；城镇居民信息消费在区域间存在显著为正的空间溢出效应，使得区域间城镇居民信息消费产生相互的正向促进作用，农村居民信息消费也存在类似的正向空间溢出效应；从城乡之间的溢出效应角度，发现城镇居民信息消费存在对于农村居民信息消费的显著正向溢出。基于上述研究结论，最后提出了相应的政策建议。

一、引言

近些年中国的人口城市化率不断提升，根据国家统计局《2016 年国民经济和社会发展统计公报》，按照常住人口统计口径，截至 2016 年底中国城镇人口数已经达到 79298 万人，从 1996 到 2016 的二十年间，常住人口城镇化率为已经由 1996 年的 30.49% 迅速增长为 57.35%。中国人口城市化的进程，从人口流动方向看，存在两大主流：一是从城乡来看，农村地区人口向城镇集聚；二是从区域来看，中西部地区人口向东部发达地区迁移流动。上述两个方向的人口流动会产生两种经济效应：一方面，人口在城镇集聚，城镇人口数量和密度的增加会产生集聚效应，这种集聚效应使得区域内产生规模经济，经济效率提升、

---

① 　本部分主要内容已发表在《消费经济》2018 年 1 月第 1 期上

创新活动增加、创新扩散增强等等；另一方面，人口的跨区域流动，以及与之紧密相关的区域间要素的流动，会产生溢出效应，这种溢出效应表现为地区间经济、社会的发展会相互影响和相互依赖，相关统计指标表现出空间相关性。

与城市化进程相呼应，中国的信息消费产业迅速发展，信息消费既包含了对于信息本身的消费，又包含了基于现代化信息通信手段的消费，典型之一就是中国的互联网产业的发展。根据互联网信息中心发布的第 39 次《中国互联网络发展状况统计报告》，截至 2016 年底中国互联网用户数达到 7.31 亿，其中农村互联网用户数达到 2.01 亿，占比达到 27.4%，而根据第 1 次《中国互联网络发展状况统计报告》，二十年前的 1997 年中国互联网用户数仅仅为 62 万户。与此同时，截至 2015 年 12 月，根据《2015 年农村互联网发展状况研究报告》我国网络购物用户规模在 2015 年底达到 4.13 亿，增长速度超过了互联网用户数的增长速度，全国网络零售交易额达到 3.88 万亿，占当年社会消费品零售总额 12.9%。可以说基于现代信息通信技术的信息消费近些年取得了飞速的发展。

那么中国信息消费迅速发展的背后，原因是什么？从人口流动角度，人口的城乡流动与跨区域流动的叠加所产生的集聚效应、溢出效应是否会对中国的信息消费的发展产生重要的推动作用？本部分将在文献梳理的基础上，建立计量模型对该问题进行研究。

二、文献回顾

目前学界对于信息消费问题的研究主要集中于对信息消费的测度、区域差异性、城乡差异性、信息消费与收入的关系等方面。如张肃（2017）从城乡和区域差异性的角度，对 2002—2013 年中国城乡居民信息消费进行了研究，认为从全国范围内看，城乡居民仍有较大的差异，但是长期趋势在缩小；东部地区的城乡居民差异不大，但是中、西部地区农村居民和城镇居民仍有较大差异[128]。郑丽等（2016）从信息消费与收入的关系方面，选取了中国 2005—2012 年各省区的相关数据，使用面板门限模型，研究发现，在不同的信息产业发展水平下，人均收入对居民信息消费的影响存在着明显的门槛效应，随着信息产业不断跨越门槛值，两者之间的正相关性呈现出明显加强的趋势[54]。唐天伟和欧阳瑾（2016）从城乡信息消费差距的角度，利用 1993—2013 年我国城乡居民人均信息消费支出及人均收入的时间序列数据，实证发现表明我国城乡居民人均信息消费差距与人均收入差距存在着一种长期稳定的均衡关系[129]。

也有研究开始从溢出效应的角度研究信息消费，例如张红历和梁银鹤（2016）采用空间统计分析和空间计量模型，对中国省域城镇居民信息消费差异进行了实证分析，发现信息消费具有显著的空间集聚性和异质性[60]。张肃（2016）在对中国居民信息消费的区域收敛性进行研究时发现，信息消费增长自身的空间溢出效应虽为正值但并不显著，控制变量中仅有收入存在显著的负向空间溢出效应[130]。虽然目前从集聚效应角度分析信息消费的文献并没有发现，但是学界已经对集聚效应进行了长期的研究，发现集聚效应对中国的技术创新[131]、产业发展[132]、生产率[133]等均存在显著性的影响，这些研究为本部分的研究提供了思路。

三、理论分析

（一）人口集聚与城乡居民信息消费

城市化过程中，一方面人口向城市集聚，导致城镇人口不断增加，城市面积扩张，而农村地区则相反，人口总量和人口密度不断减少；另一方面由于迁移和流动人口构成以年轻劳动力为主，导致从城乡来看，农村地区人口的年龄结构趋于老龄化，而城市人口年龄结构则趋于年轻化，从区域来看，东部地区人口年轻化而中西部地区老龄化。上述影响会对城乡居民信息消费产生截然相反的影响。

人口的集聚效应使得城市中创新活动更为活跃、创新扩散更为迅速，同时城镇人口中年轻人学习和接受新鲜事物的能力更快，因而以信息通信技术为代表的现代信息消费很容易在城市得到迅速发展。因而可以做出如下研究假设。

研究假设1：城市化过程中，人口的集聚效应有助于提升城镇居民信息消费。

对于农村人口而言，由于人口的减少，导致创新扩散的能力降低，同时由于青壮年劳动力的外出，导致留守人口年龄偏大，接受新鲜事物的能力降低，因而城市化进程导致的人口在城市的集聚，不利于农村信息消费的提升。因而做出研究假设2。

研究假设2：城市化过程中，人口在城市的集聚不利于提升农村居民信息消费。

（二）溢出效应与城乡居民信息消费

溢出效应一方面表现为区域间溢出，另一方面表现为城乡溢出。

由于区域间的经济、贸易联系以及人口的区域间流动，导致区域间信息消费行为存在模仿，例如东部地区居民的信息消费行为会影响到中西部地区，反过来中西部地区信息消费水平的提升也能够助推东部地区信息消费水平的提升，特别是东西向人口的跨区域流动过程中，以流动人口为例，这部分人口在东部地区工作生活，信息消费行为受到东部地区信息消费的影响，同时他们与中西部地区又存在千丝万缕的联系，例如通过外出务工人口的回流，无疑会提升中西部地区的信息消费。人口的流动除了在东西部地区之间流动以外，临近的地区也往往会成为流出的目的地，因而临近地区之间的信息消费也会存在相互的影响。从城乡来看，亦是如此，城乡间的经贸联系、人口流动会使得农村居民的信息消费行为受到城镇居民信息消费行为的影响，且由于城市居民信息消费水平相对较高，有对江苏省城乡居民信息消费的研究发现存在单向的城镇向农村的溢出效应（王子敏、黄卫东，2013）[134]。

因而做出研究假设3和4。

假设3：地区间信息消费存在显著为正的溢出效应。

假设4：我国城乡间信息消费存在显著为正的城市向农村的溢出效应。

四、计量分析

为了对上述假设进行检验分析，特别是空间溢出效应的检验，理论上需要建立空间计量模型，而在建立空间计量模型前，需要对数据进行空间相关性检验，以确定从技术上能否采用空间计量模型。为此本部分收集了我国2001—2014年30个省级行政区域的城乡居民信息消费以及相关指标的面板数据，基于数据获得性考虑，没有收集西藏自治区以及港澳台地区的数据。其中，由于信息消费目前没有统一的统计数据，参照张红历和梁银鹤（2016）等的方法，采用我国统计部门公布的居民消费支出中信息含量比较高的交通通信、教育和文化娱乐消费支出作为居民信息消费支出的代理变量。人口集聚情况采用各个地区人口城市化作为指标来进行衡量。

（一）空间相关性检验

空间相关性检验指标有全域空间相关性检验和局域空间相关性检验指标两类。本部分采用全域 Moran'I 指标对城乡信息消费指标和城市化指标进行了空间相关性检验。Moran'I 的计算公式为：

$$Moran's \quad I = \frac{\sum_{i=1}^{n} \sum_{j=1}^{n} W_{ij}(Y_i - \bar{Y})(Y_j - \bar{Y})}{S^2 \sum_{i=1}^{n} \sum_{j=1}^{n} W_{ij}}$$

其中，$S^2 = \frac{1}{n} \sum_{i=1}^{n} (Y_i - \bar{Y})^2$，$\bar{Y} = \frac{1}{n} \sum_{i=1}^{n} Y_i$，$Y_i$表示第$i$个地区的观测值（如居民信息消费水平），$n$为地区总数，W为二进制的邻近空间权重矩阵，$W_{ij}$表示其中的任一元素。本部分在进行计算时，空间权重矩阵采用一阶邻近权重矩阵，第i个地区与第j个地区如果地理上是接壤的，那么取值为1，否则取值为0。计算结果如表格3-1所示：

表格3-1 主要变量的空间相关性检验

代表性年份	城镇居民人均信息消费	p 值	农村居民人均信息消费	p 值	城市化水平	p 值
2001	0.2659	0.0138	0.0630	0.4162	0.2503	0.0210
2005	0.1993	0.0445	0.1221	0.1846	0.2771	0.0113
2010	0.2102	0.0442	0.1445	0.1339	0.2732	0.0124
2014	0.2006	0.0453	0.1477	0.1314	0.2468	0.0221

表格3-1报告了主要年份城市、农村居民信息消费以及城市化水平指标的空间全域相关性指标 Moran' I 的数值和显著性水平。从表中可以发现在代表性年份，在5%水平下城镇居民信息消费水平均存在显著的空间正相关性，但农村居民信息消费水平在代表性年份却并不显著，同时城市化水平指标在代表性年份也显著为正。

（二）计量模型设定

由于城镇居民信息消费水平存在显著的空间相关性，因而需要建立空间计量模型。而农村居民信息消费水平虽然没有存在显著的空间相关性，但是由于城市化指标表现出显著的空间相关性，如果将该指标作为自变量建立计量模型时，那么也需要建立空间计量模型。

常用的空间计量模型主要包括空间滞后模型、空间误差模型和空间杜宾模型三类，与常用的空间滞后模型以及空间误差模型相比，空间杜宾模型是更为一般的模型，在特定条件下会转化成空间滞后模型或者空间误差模型，因此 Elhorst（2010）[135]建议首先建立空间杜宾模型，之后再根据检验结果再确定是否需要建立其他模型。因而设定空间杜宾计量模型，如式（1）所示：

$$y_{it} = \delta \sum_{j=1}^{N} w_{ij} y_{jt} + x_{it}\beta + \sum_{j=1}^{N} w_{ij} x_{jt}\theta + \mu_i + \lambda_t + \varepsilon_{it}, i = 1,2,\ldots,N; t = 1,2,\ldots,$$
$$T \tag{1}$$

其中y_{it}为因变量城镇或者农村居民信息消费水平，w_{ij}为空间权重矩阵第 i 行 j 列的数值，δ用于捕捉因变量间的空间影响，x_{it}为自变量和控制变量，β为x_{it}的系数向量，θ也为系数向量，用于捕捉自变量和控制变量对因变量的空间影响，μ_i和λ_t分别表示可能的区域和时间固定效应，ε_{it}为随机误差项，i 表示区域个体数，t 表示时间。

（三）变量选取

被解释变量：采用我国统计部门公布的居民消费支出中信息含量比较高的交通通信、教育和文化娱乐消费支出作为居民信息消费支出的代理变量，计算时针对城镇和农村地区，分别设定城镇居民信息消费指标和农村地区居民信息消费指标。

解释变量：集聚效应，从两个方面来衡量，即采用人口城市化率以及人口城市化率的平方项，人口集聚效应的影响可能是一种非线性的影响，随着人口在城市的集聚，人与人之间的交流机会更加频繁，创新及其扩散也将呈现出加速的趋势，伴随着新的信息消费形式的出现，集聚效应会使得这种创新得到迅速扩散，从而形成新的信息消费热点，因而引入城市化的二次项来衡量这种非线性关系。

控制变量：采用经济增长和产业结构两个指标作为控制变量。其中，经济增长指标主要通过影响居民收入水平，进而影响居民的信息消费水平，同时经济增长还可能会通过其他一系列途径影响居民的信息消费行为、信息消费意识、信息消费能力等等。在计算时，经济增长指标采用各个地区的人均 GDP 来衡量。产业结构指标反映了社会产业发展状况，用于衡量不同产业的发展对于居民信息消费影响的差异性，通常意义上第三产业的发展对于信息消费的拉动作用最大，第二产业次之，第一产业最后。在计算时采用第二产业增加值占国内生产总值的比重来衡量。

考虑到通货膨胀因素，上述所有价值型指标在进行计算前均平减为以 2000 年为基准的可比价格，并且为了消除经济增长带来的数据异方差现象，所有数据均在计算前均取对数处理。

（四）计算结果

表格 3 - 2　计算结果

变量	城镇居民信息消费空间杜宾模型	城镇居民信息消费空间滞后模型	城镇居民信息消费空间误差模型	农村居民信息消费空间杜宾模型 1	农村居民信息消费空间杜宾模型 2
城市化	- 4. 250 * *	- 4. 808 * *	- 4. 905 * *	6. 857 * *	5. 983 * *
城市化的平方	0. 729 * *	0. 807 * *	0. 818 * *	- 0. 910 * *	- 0. 759 * *
人均 GDP	0. 789 * *	0. 617 * *	0. 728 * *	0. 344 * *	0. 525 * *
产业结构	- 0. 239 * *	- 0. 246 * *	- 0. 270 * *	- 0. 469 * *	- 0. 493 * *
W * 城市化	- 0. 459			13. 984 * *	16. 973 * *
W * 城市化的平方	0. 096			- 2. 414 * *	- 2. 890 * *
W * 人均 GDP	- 0. 741 * *			1. 542 * *	1. 110 * *
W * 产业结构	0. 180			- 0. 335 *	- 0. 151
城镇居民信息消费					- 0. 227 * *
W * 城镇居民信息消费					0. 443 * *
被解释变量的空间自回归系数 δ	3. 113 * *	0. 183 * *		0. 044 * *	0. 162 * *
误差项的空间自回归系数			0. 205 * *		
空间滞后模型的 Wald 检验	7. 865 *			112. 845 * *	134. 299 * *
空间误差模型的 Wald 检验	5. 342			115. 152 * *	131. 427 * *
固定效应	随机效应	随机效应	随机效应	双固定效应	双固定效应

注：*表示在 10 水平下显著，* * 表示在 5% 水平下显著。

表格 3 - 2 第 2、3、4 列对于城镇居民信息消费进行了分析。其中根据一般性原则，第 2 列中首先建立面板杜宾回归模型，但是空间滞后模型的 Wald 检验值为 7. 865，只在 10% 水平下才显著，5% 水平下并不显著，而空间误差模型的

Wald 检验值 5% 水平下也不显著，因而根据 Elhorst（2010）的建议分别建立空间滞后模型和空间误差模型，表格 3-2 中第 3、4 列列出了相关计算结果。

表格 3-2　第 5、6 列对于农村居民信息消费进行了分析。其中第 5 列建立了面板杜宾模型，根据 Wald 检验结果，发现空间滞后模型和空间误差模型的 Wald 检验值在 5% 水平下均显著，表明对于农村信息消费而言更适合建立空间杜宾模型，因而第 5 列报告了基于面板杜宾模型的计算结果。第 6 列与第 5 列的区别在于，第 6 列的模型为了计算城市对于农村信息消费影响的溢出效应，加入了城镇居民信息消费作为自变量，如果自变量的影响显著，那么认为存在城市对于农村的溢出效应。

但是要准确计算自变量的影响，不能根据表格 3-2 报告的自变量的系数以及显著性作为判断依据。以空间杜宾模型为例，根据式（1）给出的模型公式，自变量 X 对于因变量 Y 的影响有三条路径，一是通过 β 直接产生影响，二是通过 θ，即通过自变量的空间溢出效应对于因变量产生影响，三是因变量各个地区的 Y 之间还会通过 δ 产生滞后的影响，即通过因变量的空间溢出效应，对于自身产生影响，因而自变量 X 对于 Y 的影响是多渠道的、多路径的。因而 LeSage 和 Pace（2009）[136] 给出了相应的计算方法，用于衡量 X 对于 Y 的总影响效应，表格 3-3 根据此方法给出了相应的计算结果。

表格 3-3　自变量的集聚与溢出效应

效应名称	变量	城镇居民信息消费空间杜宾模型	城镇居民信息消费空间滞后模型	城镇居民信息消费空间误差模型	农村居民信息消费空间杜宾模型 1	农村居民信息消费空间杜宾模型 2
集聚效应	城市化	-5.777**	-5.908**	-4.905**	21.790**	27.434**
	城市化的平方	1.016**	0.992**	0.818**	-3.471**	-4.3624**
溢出效应	城市化	-1.468**	-1.077*	-	14.838**	20.774**
	城市化的平方	0.275**	0.180*	-	-2.544**	-3.490**
	城市信息消费对农村信息消费					0.262**

注：*表示在 10 水平下显著，**表示在 5% 水平下显著，"-"表示该模型无法计算溢出效应。

五、计算结果分析

（一）人口集聚效应

1. 城镇居民信息消费

表格 3–3 中第 3、4、5 列计算分别报告了基于空间杜宾模型、空间滞后模型以及空间误差模型的计算结果，发现在这三个模型中，对于城镇居民信息消费而言，城市化以及城市化的二次方两个变量的系数并没有显著性的差异，均表明城市化水平的发展所产生的集聚效应存在显著性的非线性关系。以空间杜宾模型为例，在控制其他因素不变的前提条件下，可以建立如下的回归方程，即：

$$y_u = 1.016 x^2 - 5.777x + c(2)$$

其中 y_u 为城镇居民信息消费，x 为城市化率。该函数是一个开口向上的二次函数，最低点在 $x = 2.843$ 处，由于本部分在计算时对城市化率取对数进行了计算，因而可以计算出此时的城市化率实际为 17.2%，我国目前人口城市化率约为 53%，该城市化水平位于上述二次函数的最低点右侧，可知随着城市化的逐步推进，城市化过程中的人口集聚所引起的集聚效应，将会更加迅速地推动城镇人口的信息消费。同理以空间误差模型和空间滞后模型为基准，也可得出类似的研究结论。

因而基于上述分析，我国城市化进程中的人口集聚，能够加速推进城镇居民的信息消费，前文理论分析部分所提出的研究假设 1 得证。

2. 农村居民信息消费

表格 3–3 中第 6、7 列给出了城市化的集聚效应对于农村居民信息消费的影响，其中第 7 的模型中除了城市化以外，还加入了城镇居民信息消费作为解释变量。以第 6 列空间杜宾模型 1 为例，在其他变量不变的前提条件下，可以建立其与式（2）类似的农村居民信息消费的二次函数：

$$y_r = -3.471x^2 + 21.790x + c(3)$$

其中 y_r 为农村居民信息消费，x 为城市化率。但是与式（2）不同，该函数式一个开口向下的二次函数，可以计算出最高点位于 $x = 3.14$ 处，由于本部分在计算时对城市化率取对数进行了计算，因而可以计算出此时的城市化率实际为 23.1%，结合目前我国城市化水平的现状，可知由于目前我国城市化率位于上述函数的右侧，因而可以得出如下支持前文研究假设 2 的结论：今后城市化水平的提升，所产生的集聚效应将会更加不利于农村居民信息消费水平的提升。

（二）城乡溢出效应

相关研究发现我国存在城市对农村的单向溢出效应，表格 3 – 3 第 6 列报告了城镇居民信息消费对于农村居民信息消费的影响，表中城镇居民信息消费的影响系数为 0.262，在 5% 水平下显著。由于计算时相关变量取对数处理，因而该系数的含义表示弹性，即城镇居民信息消费水平每提升 1%，那么会导致农村居民信息消费提升 0.26%。因而研究假设 4 得到证明。

结合上文的分析，人口在城市的集聚所导致的集聚效应虽然不利于农村居民信息消费的提升，但是由于城乡间存在的千丝万缕的联系，城镇居民信息消费的提升也会通过溢出效应促进农村居民信息消费的提升。因而城市化是一把双刃剑，它在对农村进行"撇脂"，抽走年轻人和劳动力的同时，也存在这对农村信息消费的正向影响。

（三）区域溢出效应

区域溢出效应表现为两个方面：因变量的区域溢出与自变量的区域溢出。

从因变量的区域溢出来看，计算中，从城市和农村的角度，因变量分别设定为城镇居民信息消费与农村居民信息消费。表格 3 – 1 中 Moran'I 指标只是表明城镇居民信息消费存在区域相关性，而农村居民信息消费不存在，但是并不能定量计算居民信息消费间的区域溢出效应。表格 3 – 2 中被解释变量的空间自回归系数 δ 则给出了空间溢出效应的数值，以空间杜宾模型为例，城镇居民信息消费的空间溢出效应为 3.113，在 5% 水平下显著，证明了区域城镇居民消费之间存在正向的溢出效应，区域城镇居民消费之间的正反馈，会互相促进，使得出现高信息消费水平地区呈现空间集聚的格局。表格 3 – 2 中，无论是哪个模型，农村居民信息消费的空间溢出效应 δ 也是显著为正，与表格 3 – 1 中基于 Moran'I 指标认为不存在区域相关性的结论是不一致的。

从自变量的区域溢出来看，无论采用哪种模型，对于城镇居民而言城市化指标的空间溢出效应可以建立起与式（2）类似的函数，得到类似的结论，即目前的城市化率会加速产生正向的空间溢出效应，某地区城市化水平的提升，会使得与其邻近的地区城镇居民信息消费水平提升。以此类推，也可以得出城市化对于农村地区居民信息消费的影响，发现无论哪种模型，都支持认为城市化的推进对于邻近地区的农村居民信息消费产生显著的负向空间溢出效应。

因而前文的研究假设 3 应当进行修正，即区域信息消费之间存在显著为正的空间溢出效应，但是城市化的推进对于城市和农村地区居民信息消费会产生截然不同的空间溢出效应，即存在对城镇的正向溢出但是对农村的负向溢出效应。

六、结论与启示

本部分基于面板空间计量模型，从中国城市化进程中的人口集聚效应以及与之相关的溢出效应的角度分析了城乡居民信息消费，研究发现中国城市化进程中人口在城市的集聚能够产生显著的集聚效应，该效应显著提升了城镇居民信息消费，但降低了农村居民信息消费。同时从溢出效应角度而言，城乡居民信息消费自身之间均存在显著为正的区域间溢出效应，人口在城市的集聚能够对城镇居民信息消费产生显著的正向影响，对农村产生显著的负向影响。同时，从城乡来看，城市居民信息消费的提升还会通过城乡溢出效应，对于农村居民信息消费的提升产生显著的正向影响。

基于上述研究结论，笔者认为为了推进城乡居民信息消费水平的协同提升，一方面要在人口城市化过程中推进信息消费在城市中的提升，促进对于信息的消费以及基于信息的消费形式在城市中的不断创新、扩散，使得城市不断成为信息消费新热点出现的策源地，充分利用好城市中人口集聚所带来的集聚效应；另一方面，促进区域间人口、物流、资本等的流动，强化区域间经贸联系，降低区域物流成本，从而增强城市间信息消费的溢出效应，使得区域间信息消费能够协同提升；第三，推进城乡信息消费的协同，推进城乡间要素流动，使得新的信息消费新热点不断向农村扩散，以城市信息消费的不断发展和扩散，带动农村居民信息消费的提升。

第二节 城市化中的社会融合与居民网络信息需求①

一、引言

（一）研究背景

流动人口的社会融合问题一直是人口领域研究的重要方面。流动人口在城

---

① 本部分主要内容已经发表在《南京邮电大学学报社科学版》2017 年第 3 期，论文相关信息为：社会融合与流动人口网络信息需求的关系研究［J］．南京邮电大学学报（社会科学版），2017（03）：58－68，120．

市化进程中，构成了城市化的重要推动力量，这些人离开原来的社会圈，进入一个相对陌生的生存环境，在不断融入当地生活的过程中，面临着来自流入地城市中经济、社会、文化、习惯等外部环境以及自身生理、心理、感知等内在因素的持续冲击。而流动人口的社会融合是一项长期的、复杂的、动态的过程，这种过程对于流动人口的经济、社会生活产生了各种各样的复杂性的影响，为了应对这种影响，他们有着迫切和强烈的各类相关信息需求（Lloyd et al, 2013）[137]。在信息消费成为中国今后拉动经济增长的新的战略方向背景下，有必要关注在社会融合进程中，流动人口这一特殊群体的网络信息需求问题，特别是需要关注在他们逐步融入流入地生活进程中，他们的网络信息需求水平是否能够相应地提升、结构是否能够优化，信息消费行为能否由低水平向高水平演进，这构成了本部分研究的出发点。

（二）文献回顾

国外对流动人口的网络信息需求问题已经有较多的研究，一方面有研究认为网络信息需求是社会融合过程中的重要需求。如 Chib and Aricat（2016）[138] 基于微观调查数据，研究了新加坡外来移民人口社会融入中对移动电话的需求，认为移动电话扩大了外来人口的融入空间；Dekker et al（2015）[139] 对欧洲四个移民目标国以及三个移民来源国的移民对于网络在线媒体的需求进行了分析，认为移民人口在跨国流动中对于在线媒体有着非常强烈的需求；Dekker and Engbersen（2014）[140] 认为以互联网为媒介的社会媒体在保持了外来人口的原有社会联系的同时，大大降低了人口流动成本；Caidi et al（2011）[141] 对美国流动人口社会融合的研究，认为流动人口在社会融合过程中所面临的问题在一定程度上就是相关信息缺失的问题；Ngan and Ma（2008）[142] 对中国珠三角外来务工流动人口的移动电话使用行为与工作流动性之间的关系进行了分析，认为二者之间存在显著相关性，流动人口会通过移动电话寻求更好的工作条件和更高的收入机会。另一方面有研究在反思网络信息需求中存在的问题，如 Lášticová（2014）[143] 分析了在英国生活的斯洛伐克移民利用新媒体建立社会资本的行为，认为 Facebook 更多的是一种情绪宣泄渠道，并不能形成社会网络并分享有用的信息；Kennan et al（2011）[144] 从流动人口的迁移过程中、定居过程以及定居后三个阶段分析了流动人口的信息需求，认为在这三个阶段流动人口的信息需求存在很大不同，信息技术的应用会加剧流动人口信息获取的复杂性；Komito（2011）[145] 通过对爱尔兰的外来人口的社会化媒体使用行为的研究，认为社会化媒体的使用会导致更分散的社会交往；Zinnbauer（2007）[146]认为只有那些拥有社会资本以及高信息素养的流动人口才能享受信息通信技术带来的好处；Koning and Gelderblom（2006）[147]认为信息通信技术的使用水平与工作绩效正相关，相对于年轻劳动者而言，年长的外来劳动者在信息通信技术应用方面处于劣势。

国内学者也从不同角度关注到了流动人口的社会融合与网络信息需求间的重要关系，如李全喜（2014）[148]研究了新生代农民工社会融合中的信息诉求问题，认为新生代农民工的城市融入是一个时刻都需要与外界进行信息交换的复杂系统，认为新生代农民工在城市融入过程中必然有着多元的信息诉求，他把新生代农民工城市融入的信息需求大致分为"基本生存型信息"和"持续发展型信息"两大类；何晶（2014）[149]研究了广州市新生代农民工的互联网需求在其城市生活中的作用，认为互联网已在新生代农民工的城市生活与工作中扮演着不可或缺的角色，但新生代农民工对于互联网的使用仍处于"初级阶段"，即能够运用其基本功能，也对互联网的巨大潜力有所感知和期待，却缺乏方法与路径上的更进一步，来实现对互联网更多元和深入的运用，以更好地服务于个人职业发展和提升生活质量，刁松龄（2009）[150]对珠三角10个城市2400名外来农民工的研究，从农民工类型的角度，涉及到了流动人口的信息需求特征，并提出了面向农民工提供信息服务的政策建议。

另一方面也有国内学者反思网络信息需求在农民工社会融合中的阻碍作用，如杨嫚（2011）[151]通过对武汉新生代农民工的深度访谈，从手机消费的角度研究了流动人口的信息消费，认为手机消费给新生代农民工以表达自我身份的主动性，对信息产品的消费也仅仅是农民工心理状态某种表征，受到其日常生活与生活情境的影响，而无法从根本上建构其城市社会身份，信息商品消费给他们一种融入城市的假象，但却有可能让他们与城市社区更为分隔。

不同于国外主要针对于移民人口的研究，国内相关研究主要从流动人口构成中农民工的角度出发，一方面认为社会融合进程中农民工有着强烈的网络信息需求，另一方面也对这一需求的反作用进行了反思。中国的人口流动具有独特的特点，中国没有大量的外来移民人口，中国流动人口的构成一方面是大量的农村进城务工人口，另一方面是城镇人口的跨区域流动。这一群体对于中国的国情是了解的，所不同的是如何融入流入到当地的社会生活，因而对于他们的研究不同于国外对于移民人口的研究，同时也不能仅仅局限于"农民工"这一狭隘的范围。国家卫计委在 2013 年进行了全国流动人口动态监测调查，其中选取了上海市松江区、江苏省苏州市、无锡市、福建省泉州市、湖北省武汉市、湖南省长沙市、陕西省西安市、咸阳市的流动人口的社会融合情况进行了专题调查，在调查问卷中部分选项涉及到了流动人口的网络信息需求内容。① 卫计委的上述调查，使得我们有机会从流动人口整体的角度，而不仅仅是农民工的角度，研究在社会融合进程中流动人口的网络信息需求的特征。

二、社会融合因素与流动人口网络信息需求

流动人口的社会融合，是外来流动人口逐渐被所在城市接纳，逐步从经济认同、到社会认同再到心理认同的一个逐步推进的过程，这个过程是一个差异逐步消除的过程，外来流动人口从各个方面与城市原住民之间逐步趋同，最终达到社会融合。因而，流动人口与城市人口的差异性，往往会成为流动人口的特定网络消费需求的重要影响因素。下文从社会融合的经济因素、社会因素、心理感知因素三个维度分析了社会融合中的网络消费需求。

（一）经济因素与网络信息需求

经济融合是社会融合的第一步，是流动人口的人口流动的最根本动力，流动人口经济收入水平相对偏低，流动人口收入水平提升后，会派生出对于更好的工作机会、工作环境、人生职业规划、生活质量等的信息诉求，而网络作为一个重要的信息获取途径，正好满足了上述需求。

流动人口的信息诉求中，最重要的就是就业信息诉求，就业关系到流动人口能否在城市中立足这一基本问题，关系到他们能否有更好的提升收入的机会。相关研究证实了这一点，如石丹淅等（2014）[152]通过分析新生代农民工就业质量，认为建立通畅的信息传递机制，使新生代农民工及时准确地了解劳动力市场上的供求信息与动态变化，形成合理的就业预期，对抵制失业、促进就业、改善职业分布结构、促进社会阶层向上流动等均有较大的益处。田明（2013）[153]分析了农民工高流动性的原因，认为在信息不对称的市场环境中，在提高收入、改善工作条件、提高技能动机的作用下，农民工会通过不断"试错"的方式来寻找匹配的工作，随着农民工收入的提高，劳动技能、对环境熟悉程度和社会融入等因素的改善，其获取和鉴别市场信息的能力也会提高，流动性

---

① 相关调查的详细内容以及调查的技术文件见卫计委网站。

会随之下降。另一方面，经济地位的提升也有助于外来流动人口信息需求的提升，当外来人口收入水平与当地常住人口逐步趋同的过程中，其消费能力、消费方式必然也会逐步趋同，城市居民有着较高的信息能力和信息水平，因而有理由相信经济地位的改善，会使得流动人口的网络信息需求会逐步向城市居民逼近。

（二）社会地位、社会网络与信息需求

社会地位的差异性植根于流动人口的经济地位差异性，流动人口一般收入水平相对较低，收入不确定性较大，流动相对频繁，缺乏必要的经济基础与社会保障，如无法承担购买住房支出，只能租房，没有或者较少的享受到医疗、失业保险与保障，在子女教育、户籍等方面受到限制等，这种较低的社会地位可能会使得其网络信息需求受到抑制。例如流动人口往往难以在当地购买住房，预防性储蓄理论认为拥有产权的房屋在居民面临较大的不确定性时，可以充当最后的支付手段，因而自有住房的存在能够激发消费需求，作为居民消费需求的有机构成，信息需求也可能会受到影响。

社会网络的存在对于流动人口的信息需求影响有两个方面，一方面社会网络内部的沟通与交流能够派生出信息需求，特别是以微信、微博、QQ 为代表的社交工具的存在，正是适应了人们的交往需求；另一方面，社会网络内部的示范效应，会在推动该新兴信息沟通手段扩散的同时，也对于网络内部群体的信息消费行为产生同质性的影响，导致不同圈子的群体其信息需求可能完全不同，例如以网游为纽带建立起的游戏圈与以健身为纽带建立起的朋友圈，这两个圈子的信息需求可能完全不同。

（三）心理感知与信息消费行为

融合心理代表了流动人口融入当地社会的意愿，代表了流动人口主动的心理过程，而融合感知则是在社会融合过程中，对于融合效果的一种反馈。

如果流动人口有着较强的社会融合意愿，那么会主动融入当地社会，不断改善自己的经济、社会地位，不断扩大在当地的社会网络，并持续在社会网络中施加影响，在这个过程中，更好的工作岗位的搜索、社会网络的形成与维护，可能会产生主动性的信息沟通需求。如果在上述过程中，流动人口对于自己的社会融合有种正向的感知，那么这种正向的感知可能会进一步推动流动人口社会融合。反之，如果感知是负向的，如发现当地人口对于外来人口异常排斥或者当地社会生活习惯难以适应，那么流动人口的社会融合意愿可能会降低，相应的社会网络会收缩，收缩到以一同外出工作的亲戚朋友老乡为核心的圈子，那么这种小圈子内部关系的维护，也可能会有其独特的信息沟通需求特征。

三、模型设定与计算

根据前文分析，流动人口的社会融合包含多个方面，每个方面对于流动人口的网络信息需求的影响也表现不同，因而本部分通过建立回归模型，对于该影响进行分析。

（一）变量与数据

1. 数据

本书的研究数据来源于国家卫计委 2013 年进行的全国流动人口动态监测调查，下文统称为卫计委数据库。卫计委对于上海市松江区、江苏省苏州市、无锡市、福建省泉州市、湖北省武汉市、湖南省长沙市、陕西省西安市、咸阳市的流动人口的社会融合情况进行了专项调查，在调查问卷中部分选项涉及到了流动人口的网络信息需求。这八个城市中分别代表了中国人口流入的几个重点区域，其中上海、江苏、福建是中国东部相对发达地区，是中国跨区域人口流动和迁移的重要目的地，湖北、湖南和陕西地区的中心城市是中国中西部地区区域内人口流动和迁移的重要流入地，因而样本点的选取具有非常好的代表性。调查中，共计得到16878 个样本，其中苏州最多，为6854 个，其他依次为无锡、泉州、上海、长沙、武汉、西安和咸阳，样本数分别为 2418、2397、1653、1576、1256、653 和71。

2. 变量

因变量：信息需求可以分成两大类，一类指的是对于信息的需求，其主要的需求对象是信息，包括有价的市场化的信息商品与服务，以及无价的免费信息，这一类信息需求的典型代表是网络信息的需求；另一类是基于信息的需求，即信息是一种手段，通过对于信息的需求，去实现对于非信息类商品与服务的消费，这一类需求的典型代表是电子商务，如基于网络的网络购物。

卫计委数据库中在调查中有两个选项涉及到了流动人口的信息需求，其中第518 题为"您休闲的时候主要干什么"，从看电视/电影/录像、下棋/打牌/打麻将、逛街/逛公园、读书/看报学习/锻炼、上网/玩电脑游戏、与家人朋友聊天、闲呆/睡觉、做家务、其他等九个方面进行了统计，将上述九项内容分为两类，如果选取上网/玩电脑游戏一项则计为1，如果选取其他选项则取值为0，将此变量命名为"是否常上网"变量。同时，第521题"您经常去哪些场所购物（除购买食物外）"，统计了被调查对象的网购行为，从大型商场、专卖店、超市、批发市场、网络购物、小商店、地摊、其他八个方面进行了统计，如果被调查对象首要通过网络购物则计为1，其他计为0，将该新变量命名为"是否常网购"变量。

基于上述分析，本文计量模型中的因变量分别为"是否常上网"和"是否常网购"两个分类变量。

自变量：上文中从经济差异性、社会地位差异性以及心理感知差异性三个方面分析了流动人口的信息需求，因而自变量包括了上述三个方面，同时不同人的个体差异性也会对于信息需求产生重要的影响，因而需要在自变量中加入人口统计变量。相关变量的详细统计见表格3-4主要变量的描述性统计。

表格3-4 主要变量的描述性统计

变量			取值	频数	百分比
因变量	是否常上网	是	1	1467	8.7
		否	0	15411	91.3
	是否常网购	是	1	293	1.7
		否	0	16585	98.3
自变量	人口统计因素	性别	男	1	8622	51.1
			女	0	8256	48.9
		年龄	15-59	16878	
		教育程度	未上学-研究生	1-8	16878	
		婚姻	是	1	13588	80.5
			否	0	3290	19.5
	经济地位因素	上月收入（千元）	0.5-37	15442	
		在本地工作时间（年）	1-30	15331	
		流入时长（年）	0-38	16878	

变量				取值	频数	百分比
自变量	社会地位因素	是否有房	是	1	1742	10.3
			否	0	15136	89.7
		是否有本地社保	是	1	6976	41.3
			否	0	9902	58.7
		是否常与本地人常来往	是	1	6409	38.0
			否	0	10469	62.0
		是否与原来圈子的人来往	是	1	15383	91.1
			否	0	1495	8.9
	心理感知因素	有城市归属感	完全不同意 - 完全同意	1 - 5	16878	
		语言融合度	会讲	1	2071	12.3
			不会讲	0	14807	87.7
		与本地人相处	很融洽 - 来往很少	1 - 5	16878	
		定居意愿	是	1	9256	54.8
			否	0	7622	45.2

表格 3 - 4 经济地位因素中，"上月收入（千元）"根据调查表中第 214 题计算得来，调查表中数据单位为元，除以一千得到上述分析数据；调查表中统计了被调查对象的流入本地的年月，如果流入不足 1 年计为 0 年，超过 1 年不足 2 年计为 1 年，以此类推得到"流入时长（年）"变量。

"社会地位"因素中，"是否有房"的计算规则为：如果被调查对象在回答 301 题"您现有住房属于下列何种性质"时选择了"06 已购政策性保障房""07 已购商品房""10 自建房"那么认为被调查对象有自有住房，数值计为 1，其他则计为 0；"是否有本地社保"的计算规则为：如果被调查对象在回答 303 题时 A - H 选项中均填写的是"无"或者"不清楚"，那么计为 0，否则计为 1；"是否常与本地人常来往"的计算规则为：如果被调查对象在回答 514 题"除上班外您在本地平时与谁来往比较多"时选择了"C 本地户籍亲戚""E 本地户籍同事""F 政府管理服务人员""本地同学朋友"中的一项，则计为 1，否则计为 0；"是否与原来圈子的人来往"的计算规则为：如果被调查对象在回答 514 题时选择了"A 一起出来打工的亲戚""B 一起出来打工的同乡""D 其他一起打工的朋友"中的一项，则计为 1，否则计为 0。

　　心理感知因素中，"语言融合度"的计算规则为：如果被调查对象在回答 525 题"您对本地话的掌握程度如何"时，选择了"3 本地化""4 视情况而定"，则认为被调查对象会讲本地语言，计为 1，否则计为 0；人口统计因素中，变量"婚姻"中根据调查问卷的婚姻状况计算而来，调查表中从未婚、初婚、再婚、离婚、丧偶五个方面统计了被调查对象的婚姻状况，如果为未婚，则计为 0，如果为其他则计为 1。

　　表格 3 - 4 中除上述需要计算进行转换的变量外，其他变量均根据原始调查数据进行简单整理。

　　（二）模型设定与计算

　　由于因变量为二元分类变量，因而建立二元逻辑回归方程：

$$P = \frac{Exp(\beta_0 + \beta_1 X_1 + \cdots + \beta_n X_n + \varepsilon)}{1 + Exp(\beta_0 + \beta_1 X_1 + \cdots + \beta_n X_n + \varepsilon)}$$

　　其中，P 为事件发生的概率，则事件发生与不发生的概率比为 $\frac{P}{1-P}$，X_i 为本文所关心的自变量，ε 为误差项。对上式进行 Logit 变换后得到：

$$Z = ln\left(\frac{P}{1-P}\right) = \beta_0 + \beta_1 X_1 + \cdots + \beta_n X_n + \varepsilon$$

　　因变量分别设为"是否常上网"和"是否常网购"，表格 3 - 5 第（1）~（3）列报告了对于"是否常上网"变量的计算结果，第（4）~（6）列计算了对于"是否常网购"这一变量的结果，相关结果由 SPSS22.0 计算得出。

表格 3 - 5　二元 Logistic 回归结果

自变量名	是否常上网			是否常网购		
	B（1）	Sig.（2）	OR 值（3）	B（4）	Sig.（5）	OR 值（6）
性别（1）	00.941	0.000	20.564	0.015	0.912	10.015
年龄	− 00.070	0.000	0.932	− 0.064	0.000	0.938
教育程度	00.106	0.000	10.111	0.394	0.000	10.483
婚姻（1）	00.335	0.000	10.398	0.433	0.014	10.543
收入	0.009	0.511	10.009	0.070	0.000	10.073

续表

自变量名	是否常上网			是否常网购		
本地连续工作时长	-0.026	0.086	0.975	-0.013	0.688	0.987
流入时长	0.005	0.730	10.005	0.037	0.207	10.038
是否有房（1）	0.200	0.106	10.222	0.059	0.777	10.061
是否有本地社保（1）	0.076	0.232	10.079	-0.035	0.807	0.966
是否常与本地人来往（1）	0.050	0.442	10.051	-0.501	0.000	0.606
是否常与原亲友圈来往（1）	0.230	0.041	10.258	0.109	0.615	10.115
城市归属感	-0.127	0.005	0.881	0.085	0.404	10.089
是否能讲本地语言（1）	-0.130	0.166	0.878	0.091	0.654	10.096
与本地人相处情况	0.053	0.086	10.054	0.100	0.114	10.106
是否愿意定居（1）	-0.208	0.002	0.812	-0.171	0.251	0.843
Constant	-10.019	0.002	0.361	-40.563	0.000	0.010

注：表中自变量名一列中变量后的括号（1）表示变量取值为1相对于变量取值为0时的计算结果。

1. 经济因素

居民收入对于流动人口上网和网购的影响不同。第（1）列中收入的系数为0.009，第（3）列报告了OR值为1.009，但在5%水平下并不显著，表明伴随着收入的增加，流动人口将上网作为最主要的消遣方式的概率并没有发生大的改变，意味着无论流动人口的收入高低，经常上不上网并没有显著的差异性。第（4）列中收入的系数为0.070，对应的OR值为1.073，且系数在1%水平下显著，表明流动人口的收入每增加一千元，其网购的概率发生比显著升高7.3%，表明收入虽然不会显著影响到流动人口的上网消遣活动，却能够对他们的网购行为会产生重要的影响。这一结果是可以理解的，上网现在已经成为一种非常常见的低成本的消遣活动，而网购则会受到居民的收入条件的经济限制。

本地连续工作时长和流入时长从时间的角度衡量了流动人口的在本地工作的稳定性以及外出务工的持续性，表格3-5中这两个变量对于两个因变量的系数在5%水平下并没有显著性的影响，表明流动人口的工作流动性以及持续性并没有对其网络信息消费行为产生显著性的影响。

结合上述分析，流动人口是否经常上网与收入水平没有显著关系，但收入水平却能够显著影响流动人口的网购行为，收入越高，流动人口网络购物概率越高。

2. 社会因素

预防性储蓄理论认为居民的消费意愿在受到外界不确定性的影响后会下降，而诸如房产、社保等的存在能够在居民面对不确定性问题时为居民提供一定的保障，因而能够提升居民的消费意愿，对于信息消费而言，表格3-5中报告了居民是否有房以及是否拥有本地社保对于信息消费的影响，发现在5%水平下，这两个自变量对于两个因变量均没有显著性的影响，预防性储蓄理论似乎并不适用于流动人口的信息需求。

是否经常与本地人往来对于居民的信息需求有着截然不同的影响。表格3-5第（1）列中是否常与本地人来往的系数为0.050，且在5%水平下不显著，表明与本地人的交往对于流动人口的上网行为并没有显著性的影响，而第（4）列中系数为-0.501，1%水平下显著，OR值0.606，表明经常与本地人来往的流动人口与不经常来往的人口相比其网购的概率发生比为60.6%，小于1，与本地人经常来往的流动人口购物渠道首选网购的概率较低。

是否仍然与原来的亲友圈来往对于居民的信息需求也有着截然不同的影响，其第（1）列中系数为0.230，且在5%水平下显著，OR值为1.258，表明如果流动人口与原来的亲友圈保持着紧密的联系，那么其上网的概率会显著提升。第（4）列中系数为0.109，在5%水平下不显著，表明与原来亲友圈的密切关系不会对于流动人口的网购行为产生显著影响。

表格3-6 社会网络与流动人口信息需求差异性

	上网概率	网购概率
经常与本地人交往	不显著	显著下降
与愿亲友圈关系密切	显著上升	不显著

表格3-6总结了流动人口的社会网络是否融入当地社会对于其网络信息需求的截然不同的影响特征。

3. 心理感知

城市归属感会显著影响到流动人口的上网行为，其系数为-0.127，由于在调查中分成了5级，1表示完全不同意有归属感，5表示完全同意有归属感，由

1~5 表示出了流动人口的城市归属感的强烈程度，OR 值为 0.881 表明，伴随着城市归属感的增强，居民的上网发生比为 0.881，居民的上网概率会显著下降。城市归属感对于网购行为没有显著影响。

是否愿意定居也会显著影响到流动人口的上网行为，其系数为 -0.208，1% 水平下显著，OR 值为 0.812，小于 1，表明与不愿意定居的流动人口而言，愿意定居的人口经常上网的概率会降低。是否愿意定居对于网购行为没有显著影响。能否讲本地语言以及与本地人相处好坏的感知对于流动人口的上网和网购行为均没有显著性的影响。

结合上述几个方面的分析，流动人口社会融合的心理感知因素更多的影响到流动人口的上网行为，流动人口与城市常住人口的心理感知距离的扩大，这种心理上的不融合会使得流动人口更倾向于上网消遣活动，而对于流动人口的购物行为没有显著影响。

四、结论与启示

（一）研究结论

上述三方面的研究结论，可以大致勾勒出在流动人口社会融合进程中的网络信息需求特征。

从流动人口的上网角度来看，经济因素已经没有显著影响，但那些越是将交往圈子局限于原来的亲戚朋友圈、在当地没有社会网络、没有城市归属感、没有定居意愿的人，越是将上网当成为了他们平常休闲娱乐的手段。笔者认为上述现象的存在反映出了流动人口目前的一种两难，他们渴望社会网络，但却无法融入当地社会网络。对于外来流动人口而言，互联网可能是一剂"安慰剂"，他们无法很快地融入城市生活圈，因而退缩到原来的亲戚老乡朋友圈，外面的城市生活可以忽视，而自身对于文化、娱乐、交往、社会信息等的现实需求却是不可忽视的，因而互联网在此时成为了一副"安慰剂"，在空闲时间上网聊天、看电影、玩网络游戏等等，无疑正好满足了这种需求，因而从计量结果来看，便表现出了上述现象。这可能在一定程度上印证了杨嫚（2011）的研究结论，即"对信息产品的消费也仅仅是农民工心理状态某种表征，受到其日常生活与生活情境的影响，而无法从根本上建构其城市社会身份，信息商品消费给他们一种融入城市的假象，但却有可能让他们与城市社区更为分隔。"

从流动人口的网购来看，收入越高的人网购概率越高，与本地人交往越多网购概率越低，其他社会融合因素没有显著影响。收入越高网购概率越高是可以理解的，收入水平的高低限制了购买力，因而收入高网购能力就越强，但与本地人交往越多网购概率越低这一点难以理解。实际上，与本地人群的交往对于流动人口的网购的影响在前文的计算中可能没有体现出来，为此，图 3 - 1 从流动人口消费结构角度进行了分析，尝试对于上述疑问提出解释。

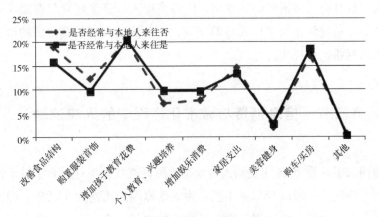

图 3 - 1　交往圈与消费意愿

图 3 - 1 中，根据卫计委问卷中第 522 题"未来三年您的最主要消费意愿有哪些"计算得来，调查中要求被调查对象不分次序列出三项未来三年的消费意愿，图 2 - 1 根据被调查对象是否与本地人常来往进行了分组统计，计算了各个选项在各自组别的比例。图中明显的差异存在两个方面，一方面，如果被调查对象没有将本地人作为最常来往的对象的话，那么他们在"改善食品结构"和"购置服装首饰"两个选项上面明显高出那些将本地人列为常交往对象的人口。而另一方面，在"个人教育与兴趣培养"和"增加娱乐消费"两个方面又明显低于那些将本地人列为常交往对象的人口。即从未来的消费意愿上来看，那些与本地人常交往的流动人口在未来的消费意愿上，其层次明显更高，且从消费对象的商品属性上看，"个人教育""娱乐"等商品属于服务业范畴，很难进行"网购"。

（二）政策启示

基于上述研究结论，笔者认为在流动人口社会融合进程中，网络作为一种具有当今时代标志性的工具，对于流动人口具有极其重要的意义，必须高度重视流动人口的网络信息消费特征，一方面切实防范网络成为流动人口社会隔离的"安慰剂"，通过减少流动人口与常住人口在身份地位、制度性因素面前的差异性，推动流动人口在心理层面的社会融合，促进流动人口的网络信息需求从简单的上网、游戏、看电影、交友等较低层次的水平向网络创业、网络教育、网络消费、基于网络的社会参与等较高层次的水平扩散，强化对于外来人口的社会包容等手段，逐步推动流动人口网络信息需求的开放性。另外一方面，推动流动人口的社会关系网络的本地化，使得流动人口逐步建立起在流入地的社会关系网络，通过强化与本地人口的交流，推动流动人口消费习惯的改变，提升流动人口网络消费层次。

第三节　信息消费与城市化进程中的人口流动①

根据国家卫计委 2013 年流动人口动态监测调查数据中针对 8 个城市的社会融合调查专项统计，2013 年以务工就业为流动原因的比例为 93.8%，即务工就业是中国人口流动的首要原因。就业需要一技之长，流动人口必须凭借一技之长才能在流入地生存下来。在互联网日益普及的今天，对于劳动者而言熟练掌握和运用互联网，已经成为一项重要的生产和生活技能。Bekman et al（1998）[154]、Katz and Krueger（1998）[155]、Acemoglu（1998）[156]等认为新技术手段的采用存在技能偏向效应。技能偏向效应是指技术进步使高学历和高技能劳动者在劳动力市场中获得了技能溢价，高技能劳动者就业机会和就业收入增加，但低技能劳动者会发生分化。一部分低技能劳动者将面临就业机会减少、就业收入降低的压力；由部分难以标准化、难以被替代的低技能劳动带来的就业机会，会随着经济总量的增长而增加，但对低技能劳动者来说，就业层次却难以提升。

本部分的关注点在于，由互联网引发的劳动者技能的提升，对中国的流动人口劳动力市场来说是否存在显著的技能偏向效应。从人口区域间流动的角度，技能偏向效应会产生什么影响，对没有掌握互联网技能的流动人口会产生什么样的影响。

---

① 本部分主要内容已经发表在《人口与社会》2017 年第 4 期。

一、研究基础

（一）互联网技能偏向与劳动者就业

相关研究大都认可存在技能偏向效应。如宁光杰和林子亮（2014）发现，信息技术应用提高了企业高技能劳动力的比例，降低了低技能劳动者比例，造成了高低技能劳动者之间的收入差距扩大[157]。Akerman et al（2015）对挪威企业的研究认为，宽带的使用有利于技能型劳动者，提升了技能型劳动者的生产率，尤其以科学、技术、工程和商业领域中的大学毕业生最为受益；对没有高校学位的低技能劳动者而言，宽带互联网的采用降低了他们的边际产出，属于劳动替代型[158]。Atasoy（2013）用互联网渗透率作为互联网发展的指标，基于美国1999—2007年的郡（county）级面板数据，分析了互联网采用对于劳动力市场的影响，认为互联网的采用显著提升了就业率，存在技能偏向效应，有利于高技能劳动者就业[159]；Bertschek and Niebel（2016）分析了2014年德国2 143家公司的员工因使用移动互联网使企业的劳动生产率得到显著提升[160]。也有研究对技能偏向效应提出了质疑，如王俊和胡雍（2015）[161]发现，在我国制造业并非全部都存在技能偏向效应，技能偏向也没有表现出线性增长趋势，而是呈现较大的波动性；Kuhn and Skuterud（2004）发现，对那些掌握互联网技能的劳动者而言，通过互联网搜就业职位对他们的再就业没有显著影响[162]。

（二）技能型劳动者的跨区域流动

研究技能型劳动者流动的文献，以自选择理论为代表，如早期Borjas et al（1969）对美国技能型劳动者在国内流动的自选择性分析[163]；之后在中国问题的研究中，唐家龙和马忠东（2007）利用2000年中国人口普查微观数据，重点考察了20世纪90年代后期中国人口迁移的选择性问题，认为中国人口迁移具有较强的年龄选择性和教育选择性，教育水平越高，人口迁移的概率越高[164]。

从区域劳动力人口流动的自选择角度，敖荣军（2007）以受教育水平作为衡量劳动力技能水平的指标，认为中国省际劳动力流动表现出显著的年龄选择性与技能选择性、教育水平上的选择性，使得中西部地区受教育程度较高的劳动力迁移至东部地区，东部地区成为技能型劳动力的净迁入区，而中西部地区则成为了技能型劳动力的净迁出区[165]；戚晶晶和许琪（2013）分析了农村劳动力跨区域流动的影响因素，发现有外出经历、受教育水平较低的农村劳动力，更倾向于跨省流动[166]；颜品等（2014）运用全国流动人口动态监测数据检验了劳动力在迁移过程中的自选择假设，发现高学历人口倾向于跨省流动，而中低学历人群的流动范围与迁移意愿呈负向关系，即低技能人群由于迁移成本的关系更倾向于就地择业[167]。

通过对现有文献的梳理，可以发现技能偏向效应已经成为研究技能型劳动者的劳动需求的重要考虑因素。在信息化、信息消费日益改变经济社会运行模式的大背景下，如果存在技能偏向效应，那么社会对于互联网技能水平高的劳动者的需求会增加，互联网技能水平低的劳动者中，可被替代的群体将会面临就业压力，而不可替代的群体，则由于经济增长就业机会可能反而会增加。从这个角度而言，互联网的技能偏向效应必然对区域间的人口流动产生影响；同时由于技能型劳动者的空间流动存在自选择性，则会进一步呈现出东部地区整体较高、中西部地区整体较低的空间格局。现有研究认为高技能型劳动者更倾向于跨区域人口流动，结合技能偏向效应，本部分的研究视角在于分析互联网技能偏向效应对高技能劳动力的跨区域流动倾向是否会产生影响，对于不可替代的低技能劳动者、可被替代的低技能劳动者的区域流动倾向的影响又是什么。

二、互联网的技能偏向效应

（一）理论分析

技能偏向效应表现为高技能劳动者的就业收入会提升，获得技能溢价。设劳动者的生产函数为柯布道格拉斯类型，Y 为劳动者的产出，则：

$$Y = A K^{\beta_0 + D\beta_1} L^{\beta_2 + D\beta_3} \qquad 式（1）$$

其中 L 为劳动者的劳动时间，其数量表示劳动者的就业情况；K 为劳动者的劳动素质，其高低代表了劳动者的人力资本情况；A 为全要素生产率；D 为虚拟变量，当劳动者具备互联网使用技能时，取值为 1，当劳动者不具备互联网技能时，取值为 0；β_1 和 β_3 表示互联网的技能偏向系数，如果显著，则证明存在技能偏向效应。如果 β_1 或 β_3 大于 0，则表明互联网的技能偏向系数是要素互补型的，反之如果 β_1 或 β_3 小于 0，则表明互联网的技能偏向系数要素替代型的。

如果劳动市场是完全竞争的，那么劳动者的工资 w 可由式（2）表示：

$$w = \frac{\partial Y}{\partial K}K + \frac{\partial Y}{\partial L}L = (\beta_0 + D\beta_1) A K^{\beta_0 + D\beta_1} L^{\beta_2 + D\beta_3} + (\beta_2 + D\beta_3) A K^{\beta_0 + D\beta_1} L^{\beta_2 + D\beta_3}$$

$$= (\beta_0 + \beta_2 + D\beta_1 + D\beta_3) A K^{\beta_0 + D\beta_1} L^{\beta_2 + D\beta_3} \qquad 式（2）$$

对式（2）取自然对数可得：

$$lnw = ln\big[\,(\beta_0 + \beta_2 + D\beta_1 + D\beta_3)A\,\big] + (\beta_0 + D\beta_1)lnK + (\beta_2 + D\beta_3)lnL \quad 式(3)$$

当劳动者不具备互联网技能时，$D = 0$，此时式（3）变为：

$$lnw = ln\big[\,(\beta_0 + \beta_2)A\,\big] + \beta_0 lnK + \beta_2 lnL \qquad\qquad 式(4)$$

当劳动者具备互联网技能时，$D = 1$，此时式（3）变为：

$$lnw = ln\big[\,(\beta_0 + \beta_2 + \beta_1 + \beta_3)A\,\big] + (\beta_0 + \beta_1)lnK + (\beta_2 + \beta_3)lnL \quad 式(5)$$

因而要证明互联网的技能偏向效应，只需要分别计算式（4）和式（5）即可，只要式（5）中 lnK 和 lnL 的系数显著大于在式（4）中的系数，则互联网的技能偏向系数是要素互补型的，反之则是替代型的。

（二）计量分析

1. 计量模型

式（4）和式（5）建立了劳动力要素投入与工资之间的理论关系，但在实际中，劳动者并不是同质的，劳动者的自身素质、外部环境、工作条件等都是不同的，因而为了准确计算技能偏向系数 β_1 和 β_3，需要在式（4）和式（5）中加入控制变量，得到计量模型：

$$lnw = ln\big[\,(\beta_0 + \beta_2)A\,\big] + \beta_0 lnK + \beta_2 lnL + \beta_i\,Control_i \qquad\qquad 式(6)$$

$$lnw = ln\big[\,(\beta_0 + \beta_2 + \beta_1 + \beta_3)A\,\big] + (\beta_0 + \beta_1)lnK + (\beta_2 + \beta_3)lnL + \beta_i\,Control_i$$
$$式(7)$$

式（6）和式（7）即为本部分的计量模型，其中 $\beta_i\,Control_i$ 表示控制变量 $Control_i$ 及其系数 β_i。

2. 变量选取

本部分数据来自国家卫计委 2013 年的流动人口动态监测调查中对 8 个城市的社会融合专项调查数据，选取流动原因为务工就业的样本 15824 个，其中农村户籍流动人口样本为 14045 个，城市户籍人口为 1725 个，54 个不明户籍样本。因变量设为被调查对象上月收入水平的对数。自变量 K 需要采用能够合理表征劳动者素质的指标，本部分用劳动者的劳动熟练程度来衡量。在卫计委的调查数据中，调查了劳动者在本工作上的连续工作月数，工作时间越长，意味着资历越深，那么有理由认为劳动者的劳动熟练程度会越高，因此本部分采用被调查对象本工作连续工作月数的对数作为衡量劳动者素质的指标。自变量 L 采用劳动者每周工作小时数的对数来衡量。

控制变量选择了劳动者的性别、年龄、学历、婚姻、户籍、社会保障、社会融合意愿等变量。其中性别、婚姻、户籍、社会保障和社会融合为二元分类虚拟变量，对照组分别设定为女性、未婚、农村户籍、没有任何形式的社保或者医保、不愿意在所在城市定居，取值为0；年龄变量为被调查对象的实际年龄大小；学历变量为有序分类变量，没有受过教育取值为1，小学教育为2，以此类推，初中、高中、中专、大专、本科、研究生，学历每提升一个层次，取值加1。

互联网技能变量D，根据被调查对象在工作生活中是否常使用互联网进行设定。如果被调查对象的现有工作是通过网络找到的，或者被调查对象在平常休闲时常常上网，或者经常通过网络进行购物，则将其归为能够掌握互联网技能一类，否则归入不掌握互联网技能类。

上述相关变量的描述性统计见表格3-7。

表格3-7　相关变量的描述性统计

变量类型	变量名	取值范围	均值	标准差	变量说明
因变量	收入	500-37000	3386.4	2142.998	个人上月收入
自变量	人力资本	1-412	53.237	51.726	本工作连续工作月数
控制变量	学历	1-8	3.34	1.078	学历从"未上过学"到"研究生"，每增加一个层次，数值加1
	性别	0,1	0.543	0.498	男性取1，女性取0
	年龄	15-59	32.24	8.928	
	婚姻	0,1	0.805	0.396	未结过婚取0，已婚、再婚、离婚或者丧偶取1
	户籍状况	0,1	0.113	0.310	城市户籍取1，农村户籍取0
	融合意愿	0,1	0.520	0.500	有长期定居打算取1，否则取0
	社会保障	0,1	0.864	0.342	有任何一种类型的社会保障取1，否则取0
	互联网	0,1	0.326	0.469	采用互联网找工作或者休闲娱乐购物取1，否则取0

3. 计量结果

通过建立线性回归方程，表格 3 - 8 报告了相关计算结果。

表格 3 - 8　技能偏向效应计量结果

变量名	式（6）	式（7）
lnK	0.069**	0.106**
lnL	0.131**	-0.001**
年龄	-0.243**	.0040**
是否有医疗养老保险	0.017	-0.016
定居意愿	0.062**	0.080**
是否结过婚	0.163**	0.246**
性别	0.287**	0.204**
学历对数	-0.056	-0.169
是否城市户口	0.181**	0.152**
截距	7.755**	7.309**
β_1	0.036**	
β_3	-0.132**	

注：表中式（6）是对没有掌握互联网技能的被调查对象进行的计量分析，式（7）是对掌握了互联网技能的被调查对象进行的计量分析；**表示在 5% 水平下显著。

表格 3 - 8 对式（6）的回归分析，可以计算出 lnK 和 lnL 的系数分别为 0.069 和 0.131，5% 水平下显著。对于掌握互联网技能的劳动者而言，式（7）的估计中，lnK 和 lnL 的系数分别为 0.106 和 -0.001，5% 水平下均显著。根据式（6）和式（7）的关系，可以计算出技能偏向系数，β_1 为 0.036，β_3 为 -0.132，均在 5% 水平下显著。表明互联网技能表现出显著的技能偏向效应，在 5% 水平下，从正负号可以看出，互联网技能对于变量 K 和 L 分别是要素互补型得和替代型的。即认为互联网技能对于那些高人力资本 K 的人群而言，能够使得他们获得技能溢价，进而这部分人群会有更好的就业机会和就业前景；而对于那些主要依靠劳动时间 L 来获得就业收入的人群而言，他们在劳动力市场中将更加劣势，就业机会可能会降低、收入可能会减少，而这部分人群往往以低技能型劳动者为主。

三、技能偏向与人口区域流动特征

（一）研究假设

根据表格 3 - 8 的分析，互联网技术的采用存在显著的技能偏向效应，有利于高技能劳动者，而对低技能劳动者不利。对高技能劳动者而言，由于其掌握互联网技能，能够将互联网作为工具提升工作效率，因而他们会有更多的就业机会。而从区域人口流动的角度来看，这类劳动者的流动范围更广泛，即不仅会在本地寻求就业机会，而且还会跨区域寻求就业机会。由于中国经济发展水平存在较大的区域差异，因而高技能劳动者应当更倾向于跨区域流动。本部分从区域流动范围角度，假设如下：

假设 1a：高互联网技能劳动者应当更倾向于跨区域流动。

对于低技能劳动者而言，由于技能偏向效应，部分劳动者的劳动技能会被技术替代，因而社会对这部分劳动者的就业需求会降低。从区域来看，东部地区的经济发展较高，而中西部地区相对较低，人口跨区域流动表现为从中西部向东部流动，因而技能偏向效应所导致的可替代劳动力需求减少的后果，是使部分劳动者的就业范围收缩，跨区域流动减少。因而做出假设如下：

假设 2a：可被技术替代的劳动者的跨区域流动程度会降低。

（二）技能比较优势

由于教育水平的城乡差异较大，具备同样互联网技能的劳动者，由于其户籍不同，其综合素质会有不同，城镇户籍人口综合素质整体上会高于农村户籍的人口。根据卫计委统计数据，在具备互联网技能的流动人口中，具备城镇户籍的被调查对象的平均受教育年限为 14.8 年，而农村户籍的平均受教育年限为 12.5 年，整体上来看，农村户籍流动人口的受教育年限平均要低 2.3 年。

如果教育水平是劳动人口综合素质的衡量标准，那么有理由认为掌握互联网技能的劳动者中，城镇户籍流动人口相对于农村户籍流动人口的劳动技能更有优势。城镇户籍流动人口更可能获得创造性、前沿性的技术工作，而农村户籍流动人口更可能获得重复性的、低技术含量的工作。数据也说明了这一点，在掌握互联网技能的农村户籍流动人口中，占比最高的职业为从事生产性工作的，占到 30%，专业技术人员的比例只占 8%，而城镇户籍流动人口中，占比最高的职业为专业技术人员，占比为 24.5%。对于农村户籍流动人口而言，生产性的职业很容易被技术替代，因而技能偏向效应对他们非常不利。结合前文假设1a和2a，对假设1a和2a做出进一步修正：

假设1b：具备互联网技能的城镇户籍劳动力应当更倾向于跨区域流动。

假设2b：具备互联网技能的农村户籍劳动力更倾向于本地流动。

假设1b是对假设1a的修正，即认为城镇户籍人口由于能够获得比较优势，因而更能够获得技能溢价，更倾向于跨区域流动。假设2b是对假设2a的修正，对于掌握互联网技能的农村户籍人口而言，由于在跨区域的劳动力市场上面难以获得比较优势，但相对于本地区没有掌握互联网技能的劳动者而言，仍然能够获得比较优势，因而该群体更倾向于本地流动。

根据上述假设，只要能够证明具备互联网技能对跨区域流动是否具有显著性的影响，即可验证相应的假设，进而验证技能偏向效应对于区域人口流动的影响。下文的分析主要围绕证明假设1b和假设2b展开。

（三）计量模型

1. 模型设定

为了证明上述研究假设，建立二元逻辑回归模型，设某被调查对象是否跨区域流动的概率P为：

$$P = \frac{Exp(\beta_0 + \beta_1 X + \beta_2 CONTROL + \varepsilon)}{1 + Exp(\beta_0 + \beta_1 X + \beta_2 CONTROL + \varepsilon)} \quad 式(1)$$

式（1）中，X为自变量，即被调查对象是否掌握互联网技能；$CONTROL$为相关的控制变量，ε为随机误差项。对式（1）进行Logit变换后得到式（2）：

$$Z = ln\left(\frac{P}{1-P}\right) = \beta_0 + \beta_1 X + \beta_2 CONTROL + \varepsilon \quad 式(2)$$

式（2）即本部分的计量模型。

2. 数据处理

因变量：当被调查对象是跨省流动时，取值为1，当省内跨市或者市内跨县流动时，取值为0。自变量：当被调查对象具备互联网技能时，取值为1，否则取值为0。

控制变量：包括性别、年龄、教育程度、第一次外出找工作年份、亲生子女数量、去年老家总收入、去年流入地城镇居民可支配收入、老家是否有保障、社会网络数量等。其中，性别变量中男性取值为1，女性取值为0；教育程度变量中，未上过学取值为1，小学为2，以此类推，研究生取值为8；老家是否有保障指标，即被调查对象在老家是否有任何一种形式保障，如农村医保、养老保险、失业保险等，如果有则取值为1，否则取值为0；社会网络数量，根据被调查对象平常交往的对象数以及遇到困难时求助的对象数相加得到；去年流入地城镇居民可支配收入，来源于各个地方统计年鉴中的城镇居民人均可支配收入数据。

3. 数据内生性

自变量"是否掌握网络技能"与因变量流动人口"是否跨省流动"之间会存在相互决定的问题。一方面，掌握互联网技能的人群由于就业的可选择面发生变化，因而跨区域流动的可能性会发生改变；另一方面，流动人口跨区域流动，也会引起被调查对象互联网技能的改变，例如被调查对象会受到流入地周围人群的互联网使用情况的影响。上述内生性问题，使得自变量"是否掌握互联网技能"的取值，与上文中计算互联网技能偏向效应所采用的指标有所不同。基于此，在卫计委调查问卷中，会提问被调查对象现有工作是通过什么途径找到的，如果是通过网络找到的，那么有理由认为通过网络找工作这种行为可能会引起流动人口流动范围的改变，因而可以避免内生性问题。同时可以认定，调查对象具备较好的使用互联网的技能，后文的计算采用该指标作为自变量。

4. 计量结果

表格 3-9　中国劳动力人口区域流动模式影响因素

变量名	农村户籍人口	城镇户籍人口
是否通过网络找到的工作	-0.798**	-0.120
教育程度	-0.256**	0.140**
性别	-0.061	-0.191
年龄	-0.031**	0.010
第一次外出找工作年份	0.002	0.015
亲生子女数量	0.385**	0.391**
去年老家总收入	0.000	0.000
流入地城镇居民可支配收入	0.000**	0.000**
老家是否有保障	-0.047	0.248**
社会网络	-0.010	-0.053**
截距项	-11.738	-38.504

注：表中**表示在5%水平下显著，*表示在10%水平下显著。

表格 3 - 9 中，为了避免变量的内生性问题，从"是否具备通过互联网找到工作的技能"这一角度，分析了互联网的应用对劳动力人口的区域流动所产生的影响。其中第 2 列的分析对象为农村户籍的流动人口，而第 3 列分析的是城镇户籍的流动人口。

（四）结果分析

1. 农村户籍劳动力

根据表格 3 - 9 第 2 列的结果发现，对农村户籍流动人口而言，当具备通过互联网找工作这一技能时，其跨省流动的系数为 - 0.798，且在 5% 水平下显著。这意味着互联网虽然给了劳动者更多的工作机会，但是具备这一技能的农村流动人口却更倾向于在本地找工作，因而假设 2b 得到证明。第 2 列中，学历的系数是 - 0.256，且 5% 水平下显著，教育程度越高越不愿意跨区域流动，农村流动人口更愿意就近择业。结合对互联网技能影响的分析，具备互联网技能的被调查对象更倾向在本地就业，叠加学历的影响，有理由认为掌握互联网技能的学历较高的农村户籍劳动力更倾向在本地流动，而不是跨区域流动，互联网加剧了技能型农村户籍劳动人口的本地就业倾向。

这在一定程度上证明了技能偏向效应的影响，在具备互联网技能的劳动者中，农村户籍人口的综合素质相对较低，相对于城镇户籍人口而言，在大城市并不能获得技能溢价，但在本地区，由于高素质人口的跨区域流出，这些具备一定技能、学历水平较高的农村户籍人口反而能够获得比较优势，因而就地择业成为了一种最佳选择。

2. 城镇户籍劳动力

表格 3 - 9 第 3 列中，城镇户籍的流动人口"是否通过网络找到的工作"这一变量的系数为 - 0.120，在 5% 水平下并不显著，这意味着是否具备互联网技能并不会对城镇户籍人口的跨区域流动产生显著性影响，这与前面的假设 1b 并不相符。

观察发现城镇户籍流动人口中，学历的系数为 0.140，5% 水平下显著，证明了高学历人口更倾向于跨区域流动这一特征。根据卫计委数据，在通过网络找到工作的城镇户籍人口中，大学专科及以上的人口占比约为 80%，即他们绝大部分都是高学历人群，而高学历人群是更倾向于跨区域流动的，因而"是否通过网络找到的工作"这一变量的系数不显著的原因，更可信的解释是这个变量的影响已经内化到"教育程度"这个变量中了。

四、结论与启示

本部分针对流动人口这一群体,基于卫计委2013年流动人口动态监测调查数据,建立理论和实证模型,计算了互联网的技能偏向效应,分析了这种效应对中国区域间劳动力人口的流动的影响。研究发现,互联网的应用存在显著的技能偏向效应,互联网技能偏向效应使高素质流动人口获得技能溢价,工作稳定性更强,而对主要依靠增加劳动力时间提高收入水平的劳动者而言,互联网的应用对他们的收入提升存在明显不利的影响。从区域间的人口流动来看,互联网技能偏向效应加剧了农村户籍劳动人口的本地就业倾向,而对城镇户籍的地区间就业选择没有显著影响。

在中国城市化进程中,中西部地区是高技能型人口的净流出地,而东部地区是净流入地,明显不利于中西部地区人力资源综合水平的提升,势必会对中西部地区的经济、社会产生一系列不利影响。伴随着互联网的普及应用,特别是互联网向农村地区的普及,掌握互联网技能的农村户籍人口将不断增加,根据本部分的研究结论,农村户籍的互联网技能型劳动者更倾向于本地就业,而不是跨区域就业,因而如何安排这一群体本地就业,提升他们在本地工作的稳定性,推动他们在本地区的社会融合,是今后政府部门的一项重要任务,这对中国区域经济的协同发展,对中国的城市化进程都具有非常重要的作用。

第四节　信息消费与城市化进程中的人口就业①

一、引言

关于技术应用与就业的关系,特别是新技术在企业的应用对于劳动力就业总量和需求结构的影响,历来是众多研究的兴趣点。互联网作为现代信息通信技术的一个重要组成,其对经济社会的影响也是近些年社会各界关注的重点。中国互联网自从1994年正式接入全球网络开始,从基本的交流和沟通工具,不

---

① 本部分主要内容已经发表在《人口与经济》2017年第2期论文信息:互联网、技能偏向与农村流动人口就业 [J]. 人口与经济,2017 (02):107 – 115.

断发展衍化，逐步渗透到经济社会发展的各个层面，以互联网为代表的现代信息通信技术，正在深刻影响着社会的发展方式。

中国城市化进程中，大量的农村流动人口在城市就业，使得他们不仅仅要面对城市中工作与社会融合带来的种种问题，同时也就面临着来自于技术进步层面的冲击。伴随着通信技术的不断升级换代，互联网通信速度和质量也不断提升，互联网普及率及应用程度也在不断加深，互联网已在新生代农民工的城市生活与工作中扮演着不可或缺的角色[149]。

在此背景下，农村流动人口在不断融入城市经济社会生活过程中，必然受到快速普及的互联网的影响。一方面，就业是流动人口在城市中立足的根本，互联网的发展和普及，是朝着有利于增加农村流动人口就业的角度发展，还是朝着不利的角度发展，这是社会关心的首要问题。其次，流动人口的就业质量问题，流动人口的就业层次和就业稳定性是否会受到互联网发展的冲击。从就业层次而言，农村流动人口在信息社会的冲击下，是否只能从事低层次的简单重复劳动；从就业稳定性而言，由于高流动性是我国农村流动人口的重要特征[153]，但稳定的就业却是流动人口在流入地社会融合的重要基础，没有稳定的就业就会导致人口的高流动和效率损失，那么互联网的普及对于这种就业稳定性的影响是什么？基于上述考虑，本文将在文献梳理的基础上，建立理论模型和实证模型，对上述问题展开研究。

二、文献综述

技术发展对就业影响的技能偏向（skill bias）效应，是指技术的采用对高技能劳动者与低技能劳动者的就业产生不同的影响，导致不同技能劳动者之间产生技能溢价（skill premium）。学界已经做了大量基础性研究工作，早期的学者如贝克曼（Bekman）等[154]、卡茨（Katz）和克鲁格（Krueger）[155]、阿西莫格鲁（Acemoglu）[156][168]等，提出了一系列经典理论模型，以及对于模型的一系列改进[169]，认为技术发展有利于高技能劳动者就业，即存在对高技能劳动者的技能偏向这一基本结论。近期对该问题的研究仍然在继续，如阿尔梅达（Almeida）对东亚8个国家企业层面数据的研究，认为技术进步存在技术偏向，特别是在中等收入国家，技术的采用极大提升了技能型劳动需求[170,171]。同时也有研究者对于研究结论提出了修正，如戈尔丁（Goldin）和卡茨（Katz）认为技术进步的技能偏向效应，并不一定有利于高技能劳动者，有些技术进步可能对高技能劳动者是替代的[172]；博德里（Beaudry）等[173]、芬克（Funk）和沃格尔（Vogel）[174]从内生性角度提出了修正，认为技术的内生性会导致研究结论的可信度。国内研究方面，王俊和胡雍认为我国制造业并非全部都存在技能偏向技术进步[161]。陆雪琴和文雁兵利用1997—2010年省级面板数据进行的实证研究，发现以全要素生产率指数度量的技术进步对技能溢价的影响具有"溢价逆转"效应[175]。

伴随着信息技术的迅速发展，众多研究开始关注以计算机、互联网通信技术为代表的信息通信技术（Information and Communication Technology，ICT）的技能偏向效应。如大卫（David）等认为ICT对从事日常性工作的劳动者是替代关系，对于从事问题解决、复杂性沟通以及信息密集型任务的劳动者而言是互补的[176]；科宁（Koning）和歌德布勒姆（Gelderblom）认为ICT能显著提升员工绩效，但年纪较大的员工由于采用ICT技术的能力较低，相对于年轻员工而言，更容易受到ICT技术的冲击[177]；迈克尔斯（Michaels）等对美国、日本以及9个欧洲国家1980—2004年数据的分析，发现采用ICT技术程度增长越迅速的行业，对于劳动者的需求从中等学历劳动者转向高学历劳动者的转换速度越快，认为ICT技术的采用导致了上述现象[178]。

也有研究开始专门从互联网的角度，研究互联网技术的采用导致的技能偏向效应。如阿塔索伊（Atasoy）基于美国1999至2007年的郡（county）级面板数据，分析了互联网采用对于劳动力市场的影响，认为互联网的采用显著提升了就业率，且互联网是存在技能偏向的，有利于高技能劳动者的就业[159]；阿克曼（Akerman）等人通过对2001—2007年挪威公司层面数据的研究，认为宽带的采用是存在技术偏向的，有利于高技能劳动者，不利于低技能劳动者，原因在于宽带对于高技能型劳动者的非日常性工作是互补的，有利于提升他们的生产率，而对于低技能劳动者而言，互联网是对他们日常性工作的替代[179]；贝尔塔基（Bertschek）和尼泊尔（Niebel）分析了2014年2143家德国公司中，员工移动互联网的使用对于劳动产出的影响，认为公司中高速移动互联网使用率的提升显著提升了企业的劳动生产率[160]。

国内相关研究方面，如宁光杰和林子亮（2014）采用世界银行2005年和2012年的企业调查数据，研究了技术进步对高技能劳动力的需求偏向，认为信息技术应用和企业组织变革都提高了中国企业的高技能劳动力比例，降低了低技能劳动者比例，并且信息技术应用导致了收入差距扩大[157]；邵文波和李坤望

（2014）的研究，认为信息技术对高技能劳动力的需求具有偏向性，认为团队合作程度越高的行业，信息技术造成的高技能劳动力相对需求越大[180]；杨蕙馨和李春梅（2013）认为中国信息产业中的技术进步为技能偏向型，信息产业中的技术进步会增加对高技能劳动力的相对需求，减少对低技能劳动力的相对需求，并增加两种技能类型劳动力的工资差距[181]。

通过对现有研究的梳理，可以发现现有研究基本认可技术的应用是有利于高技能劳动者，而不利于低技能劳动者的。但笔者认为对于低技能劳动者而言，技术的采用是否必然是不利的，技术的采用是否存在有利于低技能劳动者的方面还需要进一步进行研究。农村流动人口整体上往往被打上低技能劳动者的标签，在互联网及其应用迅速普及的大环境下，如果存在互联网的技能偏向效应，那么农村流动人口的就业总量、就业质量是否必然会受到不利影响，这便是本部分的研究工作。接下来笔者将在理论分析的基础上，提出研究假设，并建立理论和实证模型对该问题进行进一步分析。

三、研究假设

假设流动人口就业分成两个方面：流动人口的就业数量和就业质量。其中，就业数量主要是流动人口的就业率，就业率可以从两个方面衡量，一方面是就业人口占流动人口劳动力总人口的比例，还可以从另外一个角度衡量，即社会所需要的流动人口工作时间，如果流动人口平均工作时间越长，那么代表社会对于流动人口的需求越大，就业率应当越高，反之越低。流动人口的就业质量，一方面是流动人口的就业层次，涉及到流动人口就业岗位的收入层次、社会地位、工作舒适性等，就业层次越高，就业质量越高；另一方面涉及到就业的稳定性，工作岗位是否有利于流动人口的就业稳定、职业发展和社会融合等，就业越稳定，就业质量越高。

（一）互联网、技能偏向与就业数量

互联网导致的技能偏向对于就业数量的影响分为三个方面。一方面由于新技术的采用导致高技能劳动者边际产出的增加，因而企业增加对于高技能劳动者的需求，部分低技能劳动者的劳动被替代，因而企业降低了低技能劳动者的需求。由于农村流动人口整体上技能水平偏低，因而互联网的应用所导致的替代效应，使得社会对于农村流动人口的劳动需求降低，即此时互联网导致的技能偏向的直接后果是不利于流动人口的就业。另一方面，由于高技能劳动者比例的增加，使得企业整体劳动生产率提升，企业利润增加，因而企业生产规模扩张，但由于企业生产中，部分低技能劳动不能被技术替代，因而企业规模的扩张导致对于不可替代的低技能劳动需求的增加，类似于收入效应。这种技能偏向效应对于流动人口就业的影响是间接的，即通过先影响企业利润和产出，进而影响到劳动力需求，此时互联网导致的技能偏向效应的间接后果是有利于流动人口就业的。因而上述关系可以表示为：

互联网→高技能偏向→替代效应→可替代的低技能劳动需求减少

互联网→高技能偏向→收入效应→不可替代的低技能劳动需求增加

伴随着我国城市化进程的不断推进和计划生育政策的实施，我国农村流动人口逐年减少，流动人口工资水平不断提升，使得企业用工成本近些年迅速增长。伴随着企业信息化和自动化水平的不断提升，用机器代替人工成为企业发展的大方向，以互联网为媒介的企业生产和管理沟通的方式，使得企业强化了对高技能劳动者的需求，因而企业对于可替代的低技能劳动者数量的需求比例将大幅度减少；而不可替代的低技能劳动者由于其劳动生产率不会随着企业整体生产效率的提升而大幅度提升，因而对这类劳动者需求的增加对于企业收益贡献不大，而同时，伴随着新生代农民工整体素质的不断提升，低素质的劳动力比例不断降低，且由于最低工资水平的不断落实和工人工资整体水平的不断上升，企业使用劳动力的成本却会大幅度上升，因而总体来看，伴随着企业扩张，企业对于不可替代的低技能劳动者的需求扩张弹性会较小，因而做出如下研究假设：

假设1：伴随着互联网普及和应用水平的提升，技能偏向会导致企业对于农村流动人口的就业数量需求降低。

（二）互联网、技能偏向与就业质量

一方面，从就业层次角度而言，互联网的发展导致的技能偏向，使得高技能劳动者获得技能溢价，这种技能溢价效应，使得具备互联网技能的劳动者可以获得更高水平的劳动回报，对于更高收入的预期，作为一种正向激励，使劳动者有动力不断提升自身的信息技能和整体素质，进而获得更高的就业层次，进而增加就业机会和就业回报；另一方面，技能溢价的存在，使得相对于那些没有掌握互联网技能的劳动者而言，掌握了互联网技能的劳动者获得了相对满意的工作，增加了他们就业的稳定性，稳定的工作带来了流动人口的社会融合需要，对当地社会的融入又反过来增加了工作的稳定性，因而技能偏向通过提升就业稳定性提升了就业质量。基于上述论证，提出如下研究假设：

假设2：互联网导致的技能偏向所产生的技能溢价会提升农村流动人口就业质量。

下文将建立模型对研究假设模型化，并进行计量检验。

四、模型设定

（一）理论模型

令劳动者的劳动要素由两个方面构成：K 和 L。其中，K 主要用于衡量劳动者工作过程中的技能水平高低，在同样的劳动时间中，高技能的劳动者能够创造更多的产出，因而能够获得更高的就业质量；L 表示劳动者的劳动时间，L 越大代表在一定的时间周期内工作时间越长，说明社会对于劳动力有着旺盛的需求，劳动者的就业率越高，因而用 L 表征劳动者的就业数量。两种类型的要素共同作用，决定了劳动者的劳动产出。

设劳动者的生产函数为柯布道格拉斯类型的，Y 为劳动者的产出，则：

$$Y = A K^{\beta_0 + D\beta_1} L^{\beta_2 + D\beta_3} \quad 式（1）$$

其中 A 为全要素生产率；D 为虚拟变量，当劳动者具备互联网使用技能时，取值为 1，当劳动者不具备互联网技能时，取值为 0；β_1 和 β_3 表示互联网的技能偏向系数，如果 β_1 或 $\beta_3 > 0$ 则表明互联网是相应的要素互补型的，反之如果 β_1 或 $\beta_3 < 0$，则表明互联网是相对应的要素替代型的。

由式（1）对劳动技能要素 K 求偏导，得到劳动技能要素 K 的边际产出：

$$\frac{\partial Y}{\partial K} = (\beta_0 + D\beta_1) A K^{\beta_0 + D\beta_1 - 1} L^{\beta_2 + D\beta_3} \qquad 式（2）$$

同理，得到劳动时间 L 的边际产出：

$$\frac{\partial Y}{\partial L} = (\beta_2 + D\beta_3) A K^{\beta_0 + D\beta_1} L^{\beta_2 + D\beta_3 - 1} \qquad 式（3）$$

如果劳动市场是完全竞争的，那么劳动者的工资 w 应当等于其边际产出，则由式（2）和式（3）可得：

$$w = \frac{\partial Y}{\partial K} K + \frac{\partial Y}{\partial L} L = (\beta_0 + D\beta_1) A K^{\beta_0 + D\beta_1} L^{\beta_2 + D\beta_3} + (\beta_2 + D\beta_3) A K^{\beta_0 + D\beta_1} L^{\beta_2 + D\beta_3}$$

$$= (\beta_0 + \beta_2 + D\beta_1 + D\beta_3) A K^{\beta_0 + D\beta_1} L^{\beta_2 + D\beta_3} \qquad 式（4）$$

对式（4）取自然对数可得：

$$lnw = ln[(\beta_0 + \beta_2 + D\beta_1 + D\beta_3) A] + (\beta_0 + D\beta_1) lnK + (\beta_2 + D\beta_3) lnL \, 式（5）$$

当劳动者不具备互联网技能时，$D = 0$，此时式（5）变为：

$$lnw = ln\left[(\beta_0 + \beta_2)A\right] + \beta_0 lnK + \beta_2 lnL \qquad \text{式(6)}$$

当劳动者具备互联网技能时，$D = 1$，此时式（5）变为：

$$lnw = ln\left[(\beta_0 + \beta_2 + \beta_1 + \beta_3)A\right] + (\beta_0 + \beta_1)lnK + (\beta_2 + \beta_3)lnL \qquad \text{式(7)}$$

因而要证明互联网的技能偏向效应，只需要分别计算式（6）和式（7）即可，只要式（7）中 lnK 和 lnL 的系数显著大于在式（6）中的系数，则互联网的技能偏向系数是要素互补型的，反之则是替代型的。

（二）计量模型

式（6）和式（7）建立了劳动力要素投入与工资之间的理论关系，但在实际中，劳动者并不是同质的，劳动者的自身素质、外部环境、工作条件等等都是不同的，因而为了准确计算技能偏向系数 β_1 和 β_3，需要在式（6）和式（7）中加入控制变量，得到计量模型：

$$lnw = ln\left[(\beta_0 + \beta_2)A\right] + \beta_0 lnK + \beta_2 lnL + \beta_i Control_i \qquad \text{式(8)}$$

$$lnw = ln\left[(\beta_0 + \beta_2 + \beta_1 + \beta_3)A\right] + (\beta_0 + \beta_1)lnK + (\beta_2 + \beta_3)lnL + \beta_i Control_i \quad (9)$$

式（8）和式（9）即为本文的计量模型，其中 $\beta_i Control_i$ 表示控制变量 $Control_i$ 及其系数 β_i。

五、模型计算

（一）数据与变量

1. 数据来源

国家卫计委为了监测流动人口情况，每年进行流动人口动态监测调查，在2013 年的调查中对于流动人口使用互联网的情况以及他们的就业和收入情况进行了抽样调查，调查对象为上海市松江区、江苏省苏州市和无锡市、福建省泉州市、湖北省武汉市、湖南省长沙市、陕西省西安市和咸阳市共计 8 个地市的流动人口，选取了其中户籍为农村户籍的样本，共计 14929 份，这为本部分的研究提供了所需要的数据。

2. 变量选取

因变量：工资的对数 lnw，采用被调查对象的月收入对数值。

自变量：劳动技能对数 lnK，采用被调查者的学历和连续工作时间的对数表示。劳动者劳动技能的高低是一个隐性变量，内化于劳动者的劳动过程中，虽然可以通过劳动者在劳动过程中的表现显示出来，但很难由直观和科学的可量化指标进行测度，基于数据的可获得性，因而选取了学历和连续工作时间两个指标进行表示。在进行计算时分别用上述两个指标作为劳动技能的代理指标，分别对计量模型进行计算，以便于进行对比分析。

学历的高低反映了劳动者的聪明程度和知识的丰富程度，高学历的劳动者一般被认为是具有高技能的劳动者，反之低学历劳动者一般被认为是低技能劳动者。卫计委数据中，劳动者学历从"未上过学"到研究生共分成了8个等级，学历为"未上过学"的给其赋值为1，学历每提高一个等级，赋值加1。

劳动者在同一工作岗位上连续工作时间的长短，反映了劳动者对该工作的熟练程度，工作时间越长，认为该劳动者资历越深，越能适应该岗位的工作要求，反之，连续工作时间越短，则认为该劳动者是个新手，适应岗位需求的能力越低。卫计委数据中统计了劳动者何年何月开始从事目前工作的，因而可以计算出截止到调查时劳动者连续从事本工作的月数。

自变量：劳动时间对数 lnL，取劳动者上月平均每周工作小时数的对数。卫计委统计了劳动者上月平均每周工作天数和平均每天工作小时数，利用上述两个数据相乘，得到劳动者平均每周工作小时数。

互联网技能变量 D：当被调查对象报告现有工作的是通过互联网渠道找到的，或者被调查对象在休闲时报告主要"上网/玩游戏"时，认为被调查对象能够掌握互联网技术，具备使用互联网解决工作和生活需要的能力，因此变量 D 取值为1，否则取值为0。

控制变量：由于劳动者工资水平会受到众多因素的影响，基于数据的可获得性，选取了流动人口的性别、年龄、婚姻、社保状况以及社会融合意愿等五个变量作为控制变量，其中除年龄变量外，其余变量均设为取值为0和1的虚拟变量。性别为男性时，性别变量取值为1，女性为0；婚姻状况为未婚时取0，否则取1；当被调查对象拥有任何一种形式的社保和医保时，社保变量取值为1，否则取0；当被调查对象明确表示有在当地的定居意愿时，社会融合变量取1，否则取0。

（二）计量结果

表格 3 – 10　计量结果

变量	式（8）估计	式（9）估计	式（8）估计	式（9）估计
lnK	– 0.101* ［0.055］	– 0.258** ［0.091］	0.069** ［0.006］	0.109** ［0.024］
lnL	0.160** ［0.017］	0.065** ［0.024］	0.150** ［0.017］	0.051** ［0.009］
性别	0.284** ［0.009］	0.194** ［0.013］	0.277** ［0.009］	0.188** ［0.013］
年龄	– 0.179** ［0.022］	0.194** ［0.034］	– 0.246** ［0.022］	0.038 ［0.035］
定居意愿	0.069** ［0.009］	0.076** ［0.013］	0.052** ［0.009］	0.058** ［0.013］
社保	0.023* ［0.013］	– 0.028 ［0.019］	0.021 ［0.013］	– 0.029 ［0.019］
婚姻	0.221** ［0.042］	0.340** ［0.066］	0.136** ［0.017］	0.136** ［0.017］
截距	7.642** ［0.094］	6.902** ［0.143］	7.680** ［0.093］	7.114** ［0.141］
β_1	– 0.157 ［0.106］	0.040 ［0.010］		
β_3	– 0.095** ［0.029］	– 0.099** ［0.029］		

注：表中**表示在5%水平下显著，*表示在5%水平下显著；［］中的数字表示标准差；第（2）（3）列模型估计中自变量 lnK 为劳动者学历的对数，第（4）（5）列中自变量 lnK 为劳动者连续从事本工作时间的对数。

（三）结果分析

1. 互联网与就业数量

表格 3 – 10 中第（2）列中 lnL 的系数为 0.160，5% 水平下显著，即式（8）中待估计的系数 β_2 为 0.160，第（3）列中 lnL 的系数为 0.065，5% 水平下显著，即式（9）中待估计的系数 $\beta_2 + \beta_3$ 为 0.065，上述两个系数均显著大于零，直观的结论就是劳动时间与劳动者的工资呈显著的正向关系。根据式（8）与式（9）的关系即可计算出互联网对于劳动时间的技能偏向效应 β_3，数值为 – 0.095，在 5% 水平下显著。即认为互联网在农村流动人口中的应用，存在显著的技能偏向，能够显著降低社会对于劳动者劳动时间的需求，这与众多研究的结论是一致的，即认为互联网的发展对于低技能劳动者是替代的，劳动时间长度的减少，意味着同样的工作，只需要更少的劳动者即可，因而会导致流动人口就业需求的降低。

根据表格 3 – 10 第（4）（5）列中的数据，得出同样的研究结论，在用"劳动者在本工作连续工作时间"作为劳动者劳动技能高低的代理变量后，计算

出技能偏向效应 β_3 的数值为 -0.099，在 5% 水平下显著，认为互联网导致的技能偏向，会降低流动人口的劳动时间，减少流动人口就业数量，不利于流动人口就业，研究假设 1 得证。上述结论从低技能劳动者的劳动时间的角度，进一步确认了现有研究中认为的技能偏向效应对与低技能劳动者的不利影响。

2. 互联网与就业质量

表格 3 - 10 中第（2）列中 lnK 的系数为 -0.101，10% 水平下显著，即式（8）中待估计的系数 β_0 为 -0.101，第（3）列中 lnK 的系数为 -0.258，5% 水平下显著，即式（9）中待估计的系数 $\beta_0 + \beta_1$ 为 -0.258，根据式（8）和式（9）的关系可以计算出互联网技能偏向系数 β_1 为 -0.157，但是在 5% 水平下并不显著，即认为并不存在显著的互联网对流动人口就业质量的技能偏向效应，互联网的发展对于流动人口的就业质量的高低没有显著性的影响。

同理，表格 3 - 10（5）（6）列中用"劳动者在本工作连续工作时间"作为劳动者劳动技能高低的代理变量后，得出技能偏向系数 β_1 为 0.040，且在 5% 水平下是显著的，即认为存在技能偏向效应，互联网的发展能够增加社会对于劳动者劳动技能水平的需求。

对比上述两个结论，可以发现结论之所以不同，是因为采用了不同的代理指标。一个代理指标是流动人口的学历，另一个指标是流动人口的连续工作时间的长短。一方面，由于学历的提升是一个长期的过程，很难想象一个只有小学学历的人口在外出打工很多年后，再继续深造拿到初中或者更高的学历；另一方面，由于样本选择问题，本文的研究中选取的是具有农村户籍的流动人口，而户籍与学历是存在一定的关系的，各个地区对于具有大学学历的人口有着落户的政策优惠，因而一旦一个人从高中学历努力变为大学学历，那么可能其户籍也就会变为城市户籍，因而由于高学历样本的流出，导致研究所选择的样本中学历水平始终整体上难以提升。因而基于上述两方面考虑，虽然用学历代表劳动者的劳动技能水平的高低是一个常用的方法，但在本文研究中，可能并不是一个好的选择。因而用劳动者的资历，即在本工作上连续工作的时间长短代表劳动者的劳动技能的高低，是一个更好的选择。此时，计算出的 β_1 显著为正，即互联网技能的掌握，对于就业稳定性而言，能够使得流动人口在现有工作岗位上有着更长的工作时间，即可以认为显著提升了流动人口的就业稳定性。从这个意义上来说，互联网的普及与应用对于劳动者而言也是存在显著的技能偏向，使得流动人口增强其现有工作的稳定性，由于我国流动人口的一个重要特征就是人口的高流动性，因而互联网的采用对于流动人口而言是有积极意义的。

由此研究假设2得到部分证明，即互联网技能偏向能够从工作稳定性的角度，提升流动人口的就业质量。但由于数据可获得性的限制，加之就业层次很难进行量化，很难公认地说一个职业层次高于另外一个职业，因而对于研究假设2没能从工作层次的角度，分析互联网的技能偏向效应对于就业质量的影响。

六、结论与启示

（一）研究结论

在理论分析的基础上，设定研究假设，从就业质量和就业数量角度建立理论模型以及计量模型，基于卫计委流动人口监测数据，分析了互联网的技能偏向效应以及这种效应对于农村流动人口就业的影响。研究发现：一方面，从就业数量来看，互联网导致的技能偏向效应，显著降低了农村流动人口的就业时间需求，不利于流动人口就业；另一方面，从就业质量来看，互联网导致的技能偏向，能够显著增加流动人口的就业稳定性，有利于流动人口就业。

（二）政策启示

不断提升流动人口信息素养。在多种渠道提升流动人口信息消费能力的前提下，推动互联网特别是高速移动互联网在流动人口中的推广和普及，促进互联网作为消费和休闲娱乐手段在农村流动人口中的普及，促进互联网作为生产工具和一种工作技能在农村流动人口中的推广，以此逐步提升互联网在流动人口中的普及，使互联网成为流动人口的一项生活技能和生产技能。

以互联网为手段，推动流动人口就业稳定与社会融合的双赢。促进流动人口通过网络参与所在城市的经济、社会活动，强化互联网在流动人口社会网络形成中的地位和作用；促进企业信息化水平的提升，提升流动人口通过网络检索、匹配工作岗位的能力和意愿，降低流动人口就业搜索成本；社会融合中，强化互联网渠道的影响，提升城市居民对流动人口互联网技能提升中的引导和示范作用。

推动流动人口技能多元化，减少互联网的替代效应。多渠道促进流动人口的再教育，以企业再培训、社会化培训以及学历教育等多种形式，提升流动人口的就业技能水平，促进重复性、可替代劳动供给的减少；同时，推动流动人口以互联网为学习手段，提升自我教育和自我学习的能力，以市场为动力，强化收入在劳动力要素配置中的导向作用，降低人口的流动成本和障碍，使流动人口能以劳动力市场需求为导向，不断主动提升自我能力和素质。

第五节 信息消费与城市化进程中人口就业收入①

一、引言

理想发育的有效劳动力市场中，工资水平应能够充分反映出市场中的所有信息，劳动力的供求双方据此均能够实现有效率的劳动力资源配置。但是现实生活中的劳动力市场却充满着不确定性、信息的不完全和不对称，这时就会存在众多影响劳动者收入的因素，其中之一，就是社会网络。社会网络的存在，能够通过消除劳动力供求的信息不对称程度，减少不确定性，进而有利于推进劳动力就业和收入水平的提升。城市化进程中社会网络是农村流动人口的社会资本的重要构成，是流动人口参与社会融合的重要社会资源，也是流动人口就业的重要渠道。一方面社会网络的存在使得流动人口拓展了就业范围，以亲戚、朋友、老乡等强社会网络构成的这种关系资本，在人口流动过程中，特别是流动初期，提供了低交易成本的就业信息，成为农村人口向外流动的重要渠道；同时社会网络作为一项社会资本，在关系型社会中，本身也影响到流动人口生产率的高低，影响到流动人口的就业产出、就业稳定性等；再者农村流动人口在城市中社会网络的不断延伸和扩张，以及本地化，使得流动人口与本地市民之间的关系，从原先的以经济为纽带建立起的弱社会关系，不断强化，逐步拓展建立起以人情、血缘等强社会关系为特征的联系，使得流动人口融合意愿、融合能力不断提升，反过来提升了流动人口就业的稳定性。

在新环境下，流动人口面临着社会网络的重构，但是社会网络的建立和维护需要成本，这种成本包含了关系的搜索、匹配、强化、维持等成本，社会网络范围越广，需要的建立和维护成本就越高；同时，为了增强社会网络的可依赖性，流动人口在保障网络范围的同时，需要支付必要的成本，以保证社会网络的联系紧密度。

在互联网迅速发展和普及的今天，以微信、QQ、微博等为代表的各种社会

---

① 本部分主要内容已经被《大连理工大学学报社会科学版》录用，发表时间待定。

化大众信息沟通工具极大丰富了流动人口的社会生活，降低了社会网络内部的信息沟通成本，使得社会关系的建立和维护成本大幅度降低，因而有利于社会网络范围的扩张和网络强度的改善，例如有研究[182]发现互联网有利于弱社会关系的建立；同时，互联网作为一种技术手段，拓展了企业的业务范围，使得企业与客户间建立起更广泛的社会联系，也促进了企业中就业的流动人口的弱社会关系的建立和社会网络范围的扩张。

新环境下互联网的发展对流动人口的社会网络所产生的上述冲击，能否推动社会关系有效转化成社会资本，进而导致流动人口的就业收入的改变，便成为一个值得关注的问题。

二、研究综述

互联网影响劳动者就业收入的研究，一方面集中于互联网所引起的技能偏向（Skill Bias）所导致的技能溢价（Skill Premium），认为技能溢价导致了高技能劳动者收入的提升；另一方面集中于互联网对工作搜寻的影响，认为互联网带来的工作搜索范围的增加，增加了获取高收入职位的机率，可能会提升劳动者收入。从技能偏向角度的相关研究，如 Krueger[183]对美国使用计算机与没有使用计算机用户收入的比较，认为计算机使用者能够获得 10% ~ 15% 的技能溢价；Lee and Kim[184]对美国互联网使用与劳动者收入之间关系的研究，认为1997 年前，掌握互联网技能的劳动者能够获得 8% 的技能溢价，但 1997 年之后迅速消失，并变为负值；DiMaggio and Bonikowski[185]认为无论是在家还是在公司使用互联网，劳动者收入随着其互联网使用程度的上升而显著上升；Akerman、Gaarder and Mogstad[158]认为，从工资角度，宽带的采用提升了高技能劳动者的工资，降低了低技能劳动者工资，宽带有利于高技能劳动者的机制在于，有利于他们的非常规性工作，同时，不利于低技能劳动者的常规性工作。从工作搜寻角度的研究，如 Fountain[186]认为通过互联网找工作的人在工作信息的获取方面，比不通过网络的人有略微的优势；McDonald and Crew[187]认为通过网络搜索工作职位的强度与工作收益呈显著正向关系；但 Shahiri and Osman[188]的研究认为基于互联网的工作搜索关键在于互联网技能的掌握和运用，没有显著的证据能证明基于互联网的工作搜索能够提升工资水平。

互联网影响劳动者就业收入的另一个研究视角，是分析社会网络影响劳动者就业收入过程中互联网的作用。相关研究主要集中于关心互联网是否有利于社会资本的建立和加强。学者们很早就研究了社会资本中的社会结构、社会关系的强弱等与就业之间的关系，如边燕杰[189]、Shah[188]认为社会资本会显著影响劳动者的就业。伴随着互联网的兴起，很多研究开始关注互联网对社会资本的影响。经典的研究，如林楠[190]认为互联网不仅仅是一种信息获取手段，而且是一种重要的投资手段，有利于社会网络中的个体获取目的性的资源，因而互联网能够增加社会资本。其他研究，如Ellison[191]研究了脸书（Facebook）对于社会资本的影响，认为脸书的使用增加了社会资本，这种社会资本有利于工作机会的获取；Kraut et al[192]通过对使用互联网作为通信工具的调查对象的研究，发现高互联网使用度，降低了调查对象与家庭成员的交流，缩小了社会网络的范围以及增加了被调查对象的失落和孤独感，但Hooghe and Oser[193]的研究认为，虽然互联网会降低人与人之间的直接沟通互动，但互联网的使用与社会资本的建立有着显著正向的关系；Burke and Kraut[194]认为社交网站对于刚失业人员再就业机会的获得具有重要的帮助作用。

也有研究反思互联网对于就业的影响，如Acquisti and Fong[195]认为雇主会通过社交媒体搜索求职者的个性信息，并且会导致显著的身份歧视；Sander et al[196]认为基于互联网的社会网络在工作寻找方面可信度不如其他渠道；付晓燕[18]认为不同的互联网使用目的，会对社会资本产生不同的影响，通过对SNS（Social Network Service）的使用与社会资本之间关系的研究，认为消费娱乐休闲类信息的用户几乎不可能从SNS获取社会资本，而注重新闻类信息消费的用户却可以。

通过对上述研究的梳理，可以发现，虽然有研究分析了互联网对劳动者收入的影响，但他们的研究并没有分析互联网在社会网络影响劳动者收入中的调节作用；同时，虽然有研究分析了互联网在社会网络影响劳动者就业中的作用，但并没有对互联网在社会网络影响劳动者就业收入中的作用进行进一步分析，劳动者就业与劳动者就业收入虽然相关，但却是不同的问题，工作搜寻范围的扩大并不意味着收入的增加。此外，由于劳动者的异质性，特别是在中国的城市化进程迅速推进的大背景下，大量农村进城流动人口的存在成为连接城市与农村的一道特殊桥梁，这个群体在城市环境中面临着社会网络的重构，社会网络中关系的强度持续受到外界环境的冲击，互联网产业的深刻变革又强化了这种冲击，对这个群体的研究有着现实需求。基于上述分析，本文将从社会网络影响就业收入中互联网的调节作用的角度，分析互联网对于农村流动人口这一群体的影响。

三、研究假设

（一）社会网络与农村流动人口就业收入

社会网络与就业关系的研究，更多的是关注就业机会的获取，对于就业收入的研究存在较大的争议[197]。一方面，有研究认为更广泛的社会网络，带来了更高的社会资本，进而增加了获取更高质量的工作岗位的机会[198]，从而有利于提升收入水平[199]；同时从企业角度，也有研究发现企业通过关系招聘的人员有着更高的生产率，能获得更高水平的工资[22]。另一方面有研究认为高社会网络并不一定带来高收入，如 Lancee[200] 对德国移民利用社会网络获取工作的研究，认为只有那些在德国拥有亲友和自身具有高的综合素质的人才能利用社会网络获取高收入的工作；Elliott[201] 发现居住在特定邻里环境中的群体，如果向非白种人寻求工作帮助的话，会获取更低工资；Smith[202] 发现向没有受过良好教育的女性寻求工作帮助，与正常渠道相比所获得的工资收入显著偏低。

由于中国劳动力市场有其特殊性，中国是一个人情社会，关系与人情在社会网络中占据特殊地位，边燕杰等[203]的研究认为无论是强关系还是弱关系，中国劳动者均会通过社会网络中的信息和人情获取工作机会，且这种行为有利于工作匹配和提升工资水平。同时拥有更多的社会网络，意味着劳动者有着为企业创造更多潜在价值的能力，因而更广的社会网络意味着更高的收入可能。但由于中国经济的二元结构，农村流动人口进入城市后，以户籍制度为代表的人为切割以及职业层次的限制，使得农村流动人口的社会网络和社会资本有其独特性。章元和陆铭[204]的研究认为只有非常微弱的证据表明拥有更多的社会网络能够直接提高农民工在城市劳动力市场上的工资水平，社会网络只是通过影响农民工的工作类型而间接地影响他们的工资水平。基于上述研究成果的总结以及相关分析，提出如下研究假设：

假设1a：农村流动人口的社会网络对收入水平有正向影响

假设1b：农村流动人口的社会网络对收入水平的影响较小

（二）互联网、网络关系与农村流动人口就业收入

在互联网没有显著影响中国居民就业机会之前，经典的研究认为就业机会往往通过强关系直接或者通过社会网络中的中介而间接获得[189]，在这个过程中，所谓的"人情"而非信息，起到了至关重要的作用。在互联网环境下这种

强关系仍然存在，但互联网强化的是信息，而非人情，通过互联网的信息交流沟通作用，使得社会网络内部认知结构相互影响，强关系得到进一步的加强。但强关系的加强并不一定带来人情的深化。农村流动人口的强社会网络往往由亲戚、工友、老乡等构成的，其工作圈与生活圈往往高度重合，网络内部的人情关系早已得到了充分的挖掘，互联网的存在更多的是对原先内部沟通方式的一种替代，并不能创造更多"人情"。因此，互联网虽然能够强化信息沟通，但并不能强化人情。基于此论述做出如下研究假设：

假设 2a：互联网虽然能够提升强社会关系，但是强社会关系的进一步增强并不能带来农村流动人口就业收入的显著增加。

互联网对于社会网络影响的一个非常重要的方面，就是扩展了社会网络的覆盖范围，建立起了更广泛的弱关系。一方面，社会网络范围的扩张，增加了劳动者就业搜寻的范围，因而增加了单个劳动者获取高收入工作职位的机会，有研究发现花在弱关系上的时间越多，越能增加获得就业几率[205]，但某个劳动者高收入机会的获得，就意味着另外一个劳动者高收入就业机会的丧失，因而就劳动者整体而言，这种弱社会关系的建立，并不能从整体上增加全体劳动者的就业收入。另一方面，弱关系相对于强关系而言，虽然会提供更多新的信息[206]，但农村流动人口在城市中处于社会底层，由于社会分化，底层群体通过社会网络获取资源的能力受到显著限制[207]，流动人口由于社会网络与当地社会网络嵌入程度较低，互联网的存在虽然能够促进社会网络内弱关系的进一步扩展，但受限于流动人口社会网络本身的局限性，很难通过"人情"方式从弱关系中获得高回报的职位。因而基于上述论述，提出如下研究假设：

假设 2b：互联网虽然扩大了弱社会关系，但是弱社会关系的扩大并不能带来农村流动人口就业收入的增加。

基于研究假设 2a 和假设 2b 得到研究假设 2：

假设 2：互联网虽然会强化社会关系，但并不能带来农村流动人口就业收入的增加。

四、模型设定

（一）理论模型

劳动者的就业收入来源于劳动者的生产能力，设劳动者的生产要素包括 3 个方面：社会关系 N、人力资本 K、劳动时间 L。其中，社会关系 N 代表了劳动者社会网络的水平，基于前文的研究假设，数值越大意味着劳动者有着更广泛的社会网络，在关系型的社会中，劳动者工作中获取社会支持的力度越大，同时产出水平也越高，例如有研究发现企业的关系投资越多企业的利润率也越高，因此企业更愿意雇佣有"关系"的劳动者[208]；人力资本 K 代表了劳动者工作能力水平的高低，高的人力资本 K 意味着劳动者更"聪明"，拥有更强的工作能力、更高的综合素质，因而在单位劳动时间内能够创造出更多的产出，即 K 代表了劳动质量；劳动时间 L，指的是劳动者工作时间的长短，工作时间越长，代表劳动者工作中投入的精力、脑力和体力越多，产出总量越多，因而 L 代表了劳动数量。

设劳动者的产出水平为 Y，生产函数为柯布道格拉斯类型，公式为

$$Y = AN^{\beta_0+\beta_1 D}K^{\beta_2+\beta_3 D}L^{\beta_4+\beta_5 D} \tag{1}$$

其中 A 为全要素生产率；D 为互联网指标，取值为 0 或者 1，当劳动者具备互联网技能时，取值为 1，反之为 0；D 的系数 β_1、β_3 β_1 β_1、β_5 β_2 β_2 β_3 β_3 代表了互联网通过相应的要素对产出施加的影响。

由于农村流动人口往往从事专业性较弱、进入壁垒不高的行业，劳动力同质化程度较高，因而城市中农村流动人口劳动市场存在接近于完全竞争的市场结构，因而劳动者的收入取决于其边际产出。令劳动者收入为 w，则

$$
\begin{aligned}
w &= \frac{\partial Y}{\partial N}N + \frac{\partial Y}{\partial K}K + \frac{\partial Y}{\partial L}L \\
&= (\beta_0 + \beta_2 + \beta_4 + \beta_1 D + \beta_3 D + \beta_5 D) \\
&\times AN^{\beta_0+\beta_1 D}K^{\beta_2+\beta_3 D}L^{\beta_4+\beta_5 D}
\end{aligned}
\tag{2}
$$

$w = \frac{\partial Y}{\partial N}N + \frac{\partial Y}{\partial K}K + \frac{\partial Y}{\partial L}Lw = \frac{\partial Y}{\partial N}N + \frac{\partial Y}{\partial K}K + \frac{\partial Y}{\partial L}L$ 对式（2）两边取自然对数，得到：

$$
\begin{aligned}
\ln w &= \ln(\beta_0 + \beta_2 + \beta_4 + \beta_1 D + \beta_3 D + \beta_5 D)A \\
&+ (\beta_0 + \beta_1 D)\ln N + (\beta_2 + \beta_3 D)\ln K) \\
&+ (\beta_4 + \beta_5 D)\ln L
\end{aligned}
\tag{3}
$$

当 $D = 0$ $D = 0$ $D = 0$ 时，对于不具备互联网技能的劳动者而言，式（3）变为：

$$\ln w = \ln(\beta_0 + \beta_2 + \beta_4)A$$
$$+ \beta_0 \ln N + \beta_2 \ln K + \beta_4 \ln L \tag{4}$$

当 $D = 1 D = 1$ 时，对于具备互联网技能的劳动者而言，式（3）变为：

$$\ln w = \ln(\beta_0 + \beta_2 + \beta_4 + \beta_1 + \beta_3 + \beta_5)A$$
$$+ (\beta_0 + \beta_1)\ln N + (\beta_2 + \beta_3)\ln K \tag{5}$$
$$+ (\beta_4 + \beta_5)\ln L$$

通过比较式（4）和式（5），如果能够证明截距项以及 $\ln N$、$\ln K$、$\ln L$ 前面的系数存在显著差异，那么可以说明互联网在劳动者就业收入中的影响作用。例如如果通过计算发现是显著的，则说明社会网络对于农村流动人口就业收入有着显著的影响。如果式（5）中的系数 $\beta_0 + \beta_1$ 显著大于式（4）中 $\ln N$ 的 β_0，则表明在社会网络影响农村流动人口的收入过程中，互联网起到了重要推动作用。

（二）计量模型

式（4）和式（5）从生产函数的角度给出了社会关系与农村流动人口收入的关系，基本的假设前提是认为劳动者是同质的。但在实际中，由于影响劳动者收入的因素众多，诸如劳动者自身的性别、年龄、婚姻状况等等因素都不同，这些都是经济以外的因素，劳动者实际上是异质的。因而在实证分析中，需要加入控制变量，以更为准确地计算自变量的影响。这样式（4）和式（5）分别变为：

$$\ln w = C_1 + \beta_0 \ln N + \beta_2 \ln K + \beta_4 \ln L$$
$$+ \beta_i Control_i + \varepsilon \text{（其中 } i = 1 \cdots n） \tag{6}$$

$lnw = C_1 + \beta_0 lnN + \beta_2 lnK + \beta_4 lnL + \beta_i\, Control_i + \cdots + \beta_n\, Control_n + \varepsilon lnw = C_1 + \beta_0 lnN + \beta_2 lnK + \beta_4 lnL + \beta_i\, Control_i + \cdots + \beta_n\, Control_n + \varepsilon (6) (6)$

$$\ln w = C_2 + (\beta_0 + \beta_1)\ln N + (\beta_2 + \beta_3)\ln K$$
$$+ (\beta_4 + \beta_5)\ln L + \beta_i Control_i \tag{7}$$
$$+ \varphi \text{（其中 } i = 1 \cdots n）$$

其中 $\beta_i Control_i$ 为第 i 个控制变量 $Control_i$ 及其系数 β_i 用于计算其他因素对于劳动者收入的影响；C_1 和 C_2 是截距项；ε 和 φ 代表随机误差项。式（6）和式（7）即为本文主要采用的计量模型。

(三) 数据和变量

1. 数据来源

本部分计算的数据来源于国家卫计委 2013 年进行的全国流动人口动态监测调查。卫计委在进行流动人口的年度动态监测调查时，对 8 个城市中的流动人口进行了社会融合专项调查，涉及到的地区有上海市松江区、江苏省苏州市和无锡市、福建省泉州市、湖北省武汉市、湖南省长沙市、陕西省西安市和咸阳市。研究中，从调查样本中选取了户籍性质仍然为农村性质且有工作的流动人口样本，剔除了城市户籍的流动人口样本，确定为本部分研究中的样本量为 13594 份。

2. 变量

因变量收入 w：卫计委数据中会要求被调查对象报告上月的个人收入，采用该指标作为因变量收入 w，在实际计算时根据计量模型，取了对数。

自变量社会网络 N：社会网络的衡量是本研究的重要方面，有影响力的研究中如 Knight and Yueh[209] 利用家庭所拥有的亲友数量作为衡量社会网络大小的指标，章元和陆铭采用了家庭用于赠送亲友的礼金数值和比重作为衡量社会网络大小的代理指标。本文借鉴上述研究中的社会网络衡量方法。在卫计委的调查数据中，会要求调查对象报告 "除上班时间外，您在本地平时与谁来往比较多" 和 "在本地遇到困难时，您一般向谁求助" 两个问题，根据调查对象报告的平常来往对象人数和求助人数，两者相加，得到亲友数量作为社会网络的大小的指标。同时由于部分被调查对象的社会网络数为 0，为了计量研究中取对数的方便，所有数值均加上 1。以此种方法计算出的计量模型称为模型一。同时被调查对象报告了 "去年您家在本地用于请客送礼的支出"，因而可以计算家庭的礼金支出，采用该指标作为衡量社会网络的第二种方法，以该方法计算的计量模型称为模型二。在实际计算中，对社会网络 N 取对数进行计算。

自变量人力资本 K：人力资本 K 的衡量是一个难题，由于 K 内化于劳动者劳动中，很难直接测量，但研究中常用相关指标进行代理，如采用学历或者资历。为了量化方便，本文采用劳动者的资历作为人力资本的代理变量。卫计委数据中，要求被调查对象报告连续从事本次工作的年份和月份，因而截止到调查时，可以计算出被调查对象在本次工作中的累计工作时间，单位为月，实际计算时取对数。

自变量劳动时间 L：卫计委数据中要求被调查对象报告 "您上个月（或上

次就业）平均每周工作几天"和"您上个月（或上次就业）平均每天工作几小时"两个问题，利用两个指标相乘，得到被调查对象的劳动时间，单位为小时，计算时取对数。

控制变量：控制变量主要涉及到被调查对象的性别、年龄、婚姻状况、社会保障状况以及社会融合意愿几个方面。性别变量中，当被调查对象为男性时，取值为1，女性为0；年龄变量，取被调查对象的实际年龄，计算时取对数；婚姻状况，结过婚的取值为1，未婚为0；社保状况，当被调查对象享有任何一种社保、医保或者失业保险时，取值为1，否则取值为0；社会融合意愿，当被调查对象报告有在本地长期定居的打算时，取值为，否则取值为0。

互联网使用状况 D：如果被调查对象在调查中报告了使用互联网找工作或者平常休闲娱乐时会上网或者玩游戏时，认为被调查对象能够掌握互联网技能，并且会将互联网作为一种工具应用到社会网络中，因而取值为1，否则取值为0。

相关变量的描述性统计，见表格3－11：

表格3－11 各个变量的描述性统计

变量名	取值范围	均值	标准差	变量说明
收入	500～37000	3 386.4	2 142.998	个人上月收入
社会网络（亲友数量）	1～17	6.218	2.627	每多一类交往或者求助对象数值加1，最后全部数值均再加1
社会网络（礼金支出）	0－18000	787.59	1889.9	为排除异常值的影响，数据按照大小排序后，舍弃掉前后各5%的数据
人力资本	1～412	53.237	51.726	本工作连续工作月数
学历	1～8	3.34	1.078	学历从"未上过学"到"研究生"，每增加一个层次，数值加1
性别	0，1	0.543	0.498	男性取1，女性0
年龄	15～59	32.24	8.928	
定居意愿	0，1	0.520	0.500	有长期定居打算取1，否则取0
社会保障	0，1	0.864	0.342	有任何一种类型的社会保障取1，否则取0
互联网	0，1	0.326	0.469	采用互联网找工作或者休闲娱乐，取1，否则取0

五、结果与分析

(一) 模型估计结果

基于模型 (6) 和模型 (7), 表格 3 – 12 报告了相应的计量结果。

表格 3 – 12　实证模型计量结果一

变量	模型一式 (6) 估计	模型一式 (7) 估计	模型一加入交互项	模型二式 (6) 估计	模型二式 (7) 估计	模型二加入交互项
ln$N$	0.023**	0.014	0.024**	0.011**	0.012**	0.012**
ln$K$	0.069**	0.109**	0.061**	0.068**	0.101**	0.060**
ln$L$	0.148**	0.061**	0.135**	0.134**	0.037	0.121**
性别	0.277**	0.185**	0.247**	0.295**	0.207**	0.267**
ln 年龄	-0.241**	0.047	-0.172**	-0.267**	0.074	-0.184**
ln 学历	-0.070	-0.197**	-0.104**	-0.008	-0.291**	-0.073
定居意愿	0.052**	0.058**	0.054**	0.065**	0.044**	0.057**
社保	0.021	-0.033*	0.005**	0.027	-0.054**	0.003
婚姻	0.181**	0.274**	0.221	0.157**	0.351**	0.220**
截距	7.644**	7.028**	7.498**	7.726**	7.013**	7.534**
$D*\ln N$			-0.010			0.015
$D*\ln K$			0.076**			0.071**
$D*\ln L$			-0.054**			-0.062**

注: 表中**表示在5%水平下显著, *表示10%水平下显著; 模型一与模型二的区别在于社会网络 N 选择了不同的代理指标, 详见前文的变量设定; ln 代表对相应的变量取自然对数。

表格 3 – 13　系数差异性的 Chow 检验

系数	模型一 F 值	模型二 F 值
ln$N$	0.82 (0.3646)	0.04 (0.8485)
ln$K$	9.99 (0.0016)	5.83 (0.0181)
ln$L$	4.40 (0.0359)	3.84 (0.0499)

注: 括号中为 p 值。

（二）结果分析

1. 社会网络与就业收入

根据前文的分析，当式（6）中 lnN 的系数 β_0 显著时，表明社会网络对流动人口的就业收入有着显著性的影响。表格 3–12 第二列模型一中计算出的系数为 0.023，在 5% 水平下显著，同理模型二中计算出的系数为 0.011，5% 水平下同样显著。表明无论采用何种社会网络的代理指标，所计算出的系数均显著为正，表明社会网络的存在对农村流动人口的就业收入水平有显著的正向影响。因而研究假设 1a 得证。

由于因变量 w 和自变量 N、K 和 L 在计算时均取了对数值，根据经济学中关于弹性的含义，表格 3–11 中所计算出系数均指的是弹性，由于弹性没有计量单位，便于比较，因而为了比较社会网络在农村流动人口就业收入中影响的大小，可以比较弹性的大小。以模型一中式（6）的估计为例，lnN 系数为 0.023，表明社会网络每扩张一个百分点，会导致就业收入提升 0.023 个百分点。同理，收入水平对人力资本的弹性为 0.069，对劳动时间的弹性为 0.148。即对就业收入影响最大的变量是农村流动人口的劳动时间，其次是人力资本，最后是社会网络水平。因而研究假设 1b 得证。

2. 互联网的影响

模型一中式（6）和式（7）的估计，可以发现社会网络对流动人口就业收入的影响系数 β_1 在不同人群中是不同的，不使用互联网的人群与使用互联网的人群的回归系数分别为 0.023 和 0.014。但是上述差异是否是显著的不能直接根据系数的大小来判断，需要借助于 Chow 检验来进行。表格 3–13 第 2 列报告了 Chow 检验结果，发现 F 值为 0.82，p 值为 0.3646，在 5% 水平下不能拒绝原假设，既认为式（6）和式（7）中系数 β_1 并不存在显著的差异性。流动人口无论是否经常使用互联网，其社会网络对于其就业收入水平的影响并没有显著性的差异。同理，模型二中采用不同的社会网络代理指标后，对于是否使用互联网的群体而言，社会网络对于就业收入的影响系数分别为 0.012 和 0.011，表格 3–13 第 3 列报告的 Chow 检验 p 值为 0.8485，5% 水平下不显著。模型一和模型二虽然采用了不同的社会网络代理指标，但结论是一致的。

表格 3–12 还报告了 lnK 的系数，对于使用和不使用互联网的人群而言，发现 lnK 的系数之间可能存在差异性，表格 3–13Chow 检验表明在 5% 水平下这种差异性是显著的，且无论是模型一还是模型二，结论是一致的。这种差异性说明了互联网的发展是存在技能偏向效应的。同理 $\ln L$ 的系数之间也存在显著的差异性。

对比模型（4）和模型（5），发现针对不使用互联网和使用互联网的这两个人群所建立的模型之间的差异，主要是表现在模型（5）中增加了变量"互联网使用状况 D"与 $\ln N$、$\ln K$、$\ln L$ 的交互项 $D \times \ln N$、$D \times \ln K$、$D \times \ln L$（此时 $D = 1$），交互项的系数实际上就是 β_1、β_3 和 β_5，其代表了上文中论述的差异性。为此表格 3-12 中在自变量中加入了上述交互项，基于全体样本数据进行了重新回归分析。根据交互项系数的正负和显著性就可以验证 Chow 检验的结论。

表格 3-12 第 4 列报告了基于模型一的计算结果，交互项 $D \times \ln N$、$D \times \ln K$、$D \times \ln L$ 的系数 β_1、β_3 和 β_5 分别为 -0.010、0.076 以及 -0.054，5% 水平下分别是不显著、显著、显著。从显著性水平来看，结论与 Chow 检验是一致的。$D \times \ln N$ 的系数 β_1 为 -0.010，且不显著，意味着互联网环境下社会网络相对而言没有显著性的改变流动人口就业收入水平；$D \times \ln K$ 的系数 β_3 为 0.076，且显著为正，表明存在正向的技能偏向效应，互联网对于农村流动人口而言是人力资本增进型的，有利于劳动者通过提升自身人力资本而增加收入；$D \times \ln L$ 的系数 β_5 为 -0.054，且显著为负，表明互联网不利于劳动者通过增加劳动时间这种方式来提高收入，互联网对农村流动人口而言是劳动替代的。

对比 β_1、β_3 和 β_5 三者的大小和显著性，β_1 不显著，β_5 显著为负，只有 β_3 显著为正，可知互联网对农村流动人口的就业收入的增加主要是通过提升人力资本水平要素的产出来获得的，即自身素质越高的群体越能够通过互联网获得技能溢价，从而获得更高收入，而社会网络并不能起到显著增加收入的作用，研究假设 2 得证。

（三）社会关系强弱与就业收入

由于社会网络中的关系分为强关系和弱关系，不同关系在劳动力就业中的角色不同，社会网络可能产生的影响也不同，因此有必要区分不同类型的关系的作用。卫计委调查中让被调查对象回答了"除上班时间外，您在本地平时与谁来往比较多"和"在本地遇到困难时，您一般向谁求助"两个问题，为区分强关系和弱关系提供了研究思路。当一个人遇到困难时，能够求助的对象应当为强关系，即强关系是在关键时刻能够帮上忙的关系，而弱关系则不能。因此，用遇到困难时能够求助的对象数量，作为强关系的代理指标，利用"除上班时间外，您在本地平时与谁来往比较多"选项中的对象数量减去强关系的数量，得到弱关系数量。潜在逻辑是，平时来往的对象中，在遇到困难的关键时候帮不上忙的，即为弱关系。强关系数量和弱关系数量在计算时均取对数。

表格 3 – 14 强、弱关系的影响差异

变量	式（6）估计	式（7）估计	加入交互项
强关系数	0.032**	0.020**	0.031**
弱关系数	0.036	0.014	0.029**
ln$K$	0.065**	0.108**	0.058**
ln$L$	0.163**	0.068**	0.152**
性别	0.274**	0.180**	0.244**
ln 年龄	− 0.231**	0.038	− 0.168**
ln 学历	− 0.076	− 0.178*	− 0.101*
定居意愿	0.047**	0.058**	0.050**
社保	0.022	− 0.030	0.007
婚姻	0.180**	0.259**	0.216**
截距	7.492**	7.002**	7.370**
D * 强关系数			− 0.004
D * 弱关系数			0.017
D * ln$K$			0.076**
D * ln$L$			− 0.066**

注：* * 表示5%水平下显著，* 表示10%水平下显著。

表格 3 – 14 中第 2 列针对不常上网的人群，将社会关系分为了强关系和弱关系两个方面，同时作为自变量，计算了强、弱社会关系对于就业收入的影响。发现强关系的影响系数为 0.032，且 5% 水平下显著，但是弱关系的影响系数为0.036，且 5% 水平下不显著，由于前文研究中发现社会网络能够显著影响到这部分流动人口的就业收入，结合这部分的分析，可以认为正是社会关系中的强关系会显著影响到流动人口的就业收入水平，弱关系没有显著性的影响。

表格 3 – 14 中第 3 列针对经常上网的人群，将社会关系分为了强关系和弱关系两个方面，同时作为自变量，计算了强、弱社会关系对于就业收入的影响。对比分析相关变量的系数以及显著性，得到了与上文同样的结论，即社会关系中的强关系会显著影响到经常上网的流动人口的就业收入水平，弱关系没有显著性的影响。

强社会关系能够对农村流动人口收入产生显著的正向影响，这与 Bian 等[203]的研究结论是一致的，弱社会关系对农村流动人口收入水平没有显著性的影响，这与他们的研究结论并不一致。

对表格 3 - 14 中第 2、3 列估计的强关系数的系数差异性进行 Chow 检验，发现 F 值为 1.47，且 5% 水平下不显著，同理对弱关系的 Chow 检验，发现 F 值为 1.31，且 5% 水平下同样不显著。意味着互联网环境下，相对于非互联网环境而言，强社会关系并不能对农村流动人口的收入水平产生显著性的改变，原因可能是虽然强社会关系能够显著影响到农村流动人口的收入，但由于这种强关系已经得到充分挖掘和利用，互联网的功能更多的是对原先强关系社会网络内部沟通与交流方式的一种替代，并不能创造出新的人情关系。同时互联网虽然能够拓展弱社会关系的范围，但这种扩张也不能转化成提升收入的社会资本。因而研究假设 2a、2b 得证。表格 3 - 14 第 4 列引入交互项进行回归后，发展交互项 "$D *$ 强关系数" 以及 "$D *$ 弱关系数" 的系数均在 5% 水平下不显著，也印证了 Chow 检验的结论。

表格 3 - 14 中无论是基于何种模型，计算出的 $\ln K$ 的系数均显著为正，$\ln L$ 的系数均显著为负，且第 4 列交互模型中相关交互项的系数均显著，因而研究结论与前文的分析一致，即互联网技能的掌握和利用，主要是通过提升农村流动人口的人力资本水平的产出回报来实现。

六、结论与启示

本部分基于卫计委 2013 年流动人口动态监测数据，在文献的梳理基础上，建立理论和实证模型对研究假设进行了实证分析，计算了社会网络影响农村流动人口就业收入水平过程中互联网的调节作用。研究发现社会网络的存在对于农村流动人口收入水平的提升能够产生显著性的正向影响，这种影响主要是通过社会网络中的强关系实现的，弱关系对收入没有显著性的影响；互联网的使用与否，无论是强关系网络还是弱关系网络，均对于农村流动人口的收入水平不产生显著的改变；互联网提升流动人口就业收入的主要手段是由技能偏向效应导致的技能溢价，使得农村流动人口中具备更高的人力资本的劳动者获得更高的收入。

　　基于上述研究结论，一方面不断推动农村流动人口的社会融合，通过不断融入所在城市的生活，逐步拓展流动人口的社会网络覆盖范围，改善社会网络的构成结构，提升农村流动人口社会网络内部的认知层次，加强以移动宽带通信为代表的信息通信手段在社会网络扩张和社会融合中的作用，推动社会网络在提升农村流动人口收入上升中的作用；另一方面，通过职业教育、学历教育、社会化教育等多种形式不断提升农村流动人口的信息素养，提升综合素质和劳动技能，不断提升高素质劳动者的比例，使更多劳动者享受到技能溢价带来的收入提升。

第六节　信息消费促进流动人口社会融合：上海视角

一、引言

　　"互联网＋"是中国经济社会发展的大战略，在经济全球化以及互联网大数据信息化背景下，网络已成为信息承载流通的主要平台，中国金融之都上海为网络平台的发展提供了得天独厚的资源优势，加之上海是外来流动人口大市，为网络信息消费提升经济作用、促进社会融合提供了独特的视角。同时中国现正处于破除城乡二元结构，加快城市化进程的阶段，鼓励农民进城务工成为现阶段任务。上海作为中国经济发展的"领头羊"，连续几年外来流动人口在全国流动人口城市中排名第一，不断吸引着大批外来人口，探讨网络信息消费提升个人人力资本、助推社会融合，不仅对于了解我国的城市化进程具有独特的现实意义，而且也有利于研究在"互联网＋"战略背景下使互联网更好地服务于城市化进程。

　　回顾文献不难发现，学术界对网络信息消费助推社会融合没有系统地研究。现有的实证研究，要么研究网络信息消费的作用，要么研究社会融合进程，鲜有人关注网络信息消费在助推社会融合进而探讨在中国城市化进程扮演的角色作用。在探讨社会融合时，回顾文献发现：社会融合的实证研究有从单向视角出发，即从外来流动人口的融入意愿出发，也有从互动的视角出发，强调了社会融合中的"互动性"社会融合中本地居民的接纳态度对社会融合进程的影响，两种视角在学术界都得到认可。鉴于此，本文从外来流动人口自身的融入意愿来探讨社会融合的融合度。本文使用社会融合的经典定义，认为社会融合是一种相互同化和文化认同的过程，即"个体或群体互相渗透（interpenetration）、相互融合（fusion）。在这个过程中，通过共享历史和经验，相互获得对方的记忆、情感、态度，最终整合于一个共同的文化生活之中"（Park，1928）。网络信息消费的定义为：认为网络信息消费是指当社会信息化技术发展到一定程度的时候，消费者为了满足自身的需求，利用网络来获取信息（包括信息产品和信息服务）的一种高层次消费活动。本部分主要强调消费者通过网络信息消费提升自身人力资本的那部分消费活动。利用调查数据进行实证分析，首先采用探索性因子分析方法，构建了上海市外来流动人口社会融合的指标体系并且探讨了社会融合的因子结构；其次通过探索性因子分析得出网络信息消费助推社会融合方面的因子维度；最后以网络信息消费的影响因子作为解释变量，社会融合度以及其构成因子作为被解释变量，通过多元线性回归方程统计分析网络信息消费对上海市外来流动人口社会融合的具体影响。以期对加快网络信息消费促进上海外来流动人口融入提供更具实际意义的政策建议。

二、研究设计

（一）社会融合测量指标

关于流动人口社会融合现状及影响因素，国外学者提出了若干理论解释，国内学者也采用了许多模型进行实证检验，但目前还没有形成一个统一的社会融合度及结构维度的测量指标。从社会融合的定义、过程、指标建立来看，社会融合涉及经济、文化、心理及制度等多个维度。因此，本部分在选取指标时将国际移民社会融合指标的构建与国内农民工社会融合的研究维度相结合，从以下 13 个指标来衡量新生代流动人口的社会融合程度，并采用因子分析的方法来探索其社会融合结构维度。具体指标为商业医疗保险、商业养老保险、职业发展空间、收入提升潜力、本地语言掌握度、生活方式保留、风俗习惯遵守、子女本地交际、与本地人交往频率、融入意愿、城市归属感、通婚意愿、身份定位。指标具体操作化测量如下：

表格 3 – 15 上海外来流动人口社会融合个体指标体系

主要维度	子维度	具体指标
经济融合	劳动力市场融合	职业发展空间、收入提升潜力
身份认同	身份定位	与本地人交往频率、身份定位、本地语言掌握度、子女本地交际、城市归属感
文化融合	风土人情融合	生活方式保留、风俗习惯遵守
制度融合	社会保障	商业医疗保险、商业养老保险
心理融合	主观融入意愿	融入意愿、通婚意愿

流动人口社会融合个体指标由主要维度、子维度和具体指标三部分构成，其中主要维度分为经济融合、身份认同、文化融合、制度融合、心理融合五大方面。在上述五个主要维度中，经济融合的子维度是劳动力市场融合，劳动力市场融合包括职业发展空间、收入提升潜力。身份认同的子维度是身份定位，身份定位由与本地人交往频率、身份定位、本地语言掌握度、子女本地交际、城市归属感来测度。文化融合的子维度是风土人情融合，由生活方式保留和风俗习惯遵守测度。制度融合由社会保障这一维度测度，社会保障由客观融合状态由指标是商业医疗保险、商业养老保险。心理融合的子维度是主观融入意愿，主观融入意愿由融入意愿、通婚意愿两个三级指标来测度。

围绕上述五个主要维度和五个子维度，本文给出了 13 个参考指标（见表格3 – 15），具体操作如下。

职业发展空间操作化：对选项没有提升空间、提升空间小、提升空间一般、提升空间较大、提升空间很大分别赋值 1～5 分。

收入提升潜力操作化：对选项永远拿固定工资、可能提升但很困难、潜力一般、潜力较大、潜力很大分别赋值 1～5 分。

本地语言掌握度操作化：对不懂上海话、听得懂一些但不会讲、听得懂也会讲一些、听得懂且会讲分别赋值为 1～4 分。

子女本地交际、生活方式保留、风俗习惯遵守、融入意愿、城市归属感、通婚意愿、与本地人交往频率操作化：给出一个完全不同意、不同意、不同意不反对、比较同意、完全同意的判断，然后分别赋值 1～5 分。考虑到当城市新移民回答不知道时，反映出其对某项与本地人交往情况的描述未作明确表态，为中间态度值，因此将其赋值为 3，表示不同意不反对。

身份定位操作化：对是原户籍地、通过努力，即将成为上海人、新一代上海人、上海人分别赋值为 1～4 分。

商业医疗保险、商业养老保险操作化：对没参加赋值 1 分，对参加赋值 2 分。

（二）网络信息消费测量指标

关于研究网络信息消费助推上海外来流动人口社会融合方面，本文仅注重于网络信息消费影响外来流动人口人力资本方面的指标，在前人的基础上，本文选取以下 17 个指标来研究网络信息消费对上海市外来流动人口的社会融合度的影响，并采用因子分析的方法降维，探索其对社会融合影响的方方面面。具体指标为收入层次提升、社会地位提升、交友层次提升、就业身份提升、婚姻状况、生育数量、年龄、身边人的示范作用、对身边人示范作用、工作提升作用、移动支付、社交软件、网购、本市户籍情况、职业类别、月上网费、月通讯费。指标具体操作化测量如下：

收入层次提升、社会地位提升、交友层次提升、就业身份提升操作化：对以上 4 个指标给出一个完全不同意、不同意、不同意不反对、比较同意、完全同意的判断，然后分别赋值 1～5 分。考虑到当外来流动人口回答不知道时，反映其未作明确表态，为中间态度值，因此将其赋值为 3，表示不同意不反对。

婚姻状况操作化：对未婚、已婚、离婚、丧偶分别赋值为 1～4；

生育数量操作化：对 0 个、1 个、2 个、3 个、4 个及以上分别赋值 1～5，仅是名义变量；

年龄操作化：为年龄在 18－25、26－35、36－45、46－55、56－70 这 5 个年龄段，分别用 1～5 来表示；

身边人的示范作用、对身边人示范作用、工作提升作用的操作化：对以上 3 个指标给出一个没有帮助、有一点帮助、一般、比较有帮助、非常有帮助的判断，然后分别赋值 1～5。当外来流动人口回答不知道时，反映其未作明确表态，为中间态度值，因此将其赋值为 3，表示一般。

移动支付、社交软件、网购操作化：对以上 3 个指标给出一个从不使用、很少使用、有时使用、经常使用、总是使用的判断，然后分别赋值 1～5。当外来流动人口回答"不知道"时，反映其未作明确表态，为中间态度值，因此将其赋值为 3，表示有时使用。

本市户籍情况操作化：没有则赋值为 1 分、有则赋值为 2 分；

职业类别操作化：对私营企业者、管理人员、专业技术人员、普通白领、普通蓝领、在校学生、失业或无业分别赋值 1~7。

月上网费和月通讯费都代表着外来流动人口的信息消费支付能力。

（三）研究方法及数据来源

本文采用定性与定量分析相结合的研究方法，在相关文献资料研究的基础上构建上海外来流动人口社会融合的测量指标，采用因子分析的定量分析方法将原有的 13 个指标进行主成分提取，综合成较少的几个综合指标并对其命名，这几项综合指标代表了原有 13 个因子的大部分信息和上海市外来流动人口社会融合的结构维度。社会融合度分值则以这几项综合指标的方差贡献率为权数，按标准分转换，综合指标也做了同样的转换，得出具体的分值。

在探究影响网络信息消费助推上海市外来流动人口社会融合的具体影响因素中，文章将采用因子分析的定量分析方法将选取的涉及人力资本方面的 17 个指标进行主成分提取，综合成较少的几个综合指标并对其命名，利用提取出的综合指标作为自变量，以社会融合度、经济融合、身份认同、文化融合、制度融合和心理融合为因变量分别引入线性回归方程，建立多元线性回归模型并对其进行统计学意义上的检验。

研究所需的数据资料主要来自南京邮电大学经济学院副教授王子敏主持的上海市徐汇区、静安区、杨浦区、奉贤区和浦东新区流动人口课题组调查数据。调查由当地的人口和计划生育委员会部分采用 PPS 抽样调查法（Probability Proportionate to Size Sampling）选取符合条件的农民工及自填式问卷的方式，这样就使样本具有很强的代表性，且减少了抽样误差。问卷调查对象 1000 人，有效问卷 799 份，因为问卷题量大，废弃率较高，将空缺超过问卷题量 1/3 的问卷剔除，最终的有效回收率为 79.9%。

（四）上海市外来流动人口和本地居民的基本情况

调查样本中，女性 369 人，占 47%，男性 416 人，占 53%，男性比例高于女性。年龄在 18~35 岁的人口所占比例最高，占据样本 75.2%。受教育程度本科、研究生及以上、初中以下所占比例为 42.9%、20.1%、14.8% 依次递减，三种学历占有效样本的 77.8%。从婚姻状况来看已婚者 301 人，占 37.8%；未婚者 484 人，占 60.7%；离婚、丧偶者总共 12 人，占 1.5%。从职业类型来看，管理人员、在校学生、普通白领、普通蓝领、私营企业者职业者所占比例较多，专业技术人员、失业或无业者所占比例很少。其他具体情况见表格 3 - 16。

表格 3 – 16 人口统计变量描述性统计分析

指标	频率（%）	指标	频率（%）
性别（N = 785）		户口性质（N = 798）	
男	416（53）	农业	277（34.7）
女	369（47）	非农业	521（65.3）
年龄（N = 783）	频率（%）	受教育程度（N = 797）	频率（%）
18～25	310（39.6）	初中及以下	118（14.8）
26～35	279（35.6）	高中/中专/技校	82（10.3）
36～45	108（13.8）	大专	95（11.9）
46～55	56（7.2）	本科	342（42.9）
56～70	30（3.8）	研究生及以上	160（20.1）
职业类别（N = 589）	频率（%）	单位性质（N = 584）	频率（%）
私营企业者	59（10）	党政机关	28（4.8）
管理人员	215（36.5）	国有企事业者	171（29.3）
专业技术人员	50（8.5）	个体经营	74（12.7）
普通白领	72（12.2）	名义企业	123（21.1）
普通蓝领	63（10.7）	外贸或中外合资企业	96（16.4）
在校学生	107（18.2）	无单位（如打零工摆摊等）	37（6.3）
失业或无业者	23（3.9）	其它	55（9.4）
婚姻状况（N = 797）	频率（%）	子女数量（N = 795）	频率（%）
未婚	460（57.7）	0个	508（63.9）
未婚同居	24（3）	1个	193（24.3）
已婚	301（37.8）	2个	72（9.1）
离婚	12（1.5）	3个	17（2.1）
丧偶	0（0）	4个及以上	5（0.6）
本地户籍情况（N = 783）	频率（%）		
有本市户口	256（32.7）		
无本市户口	527（67.3）		

三、统计结果与分析

（一）上海市外来流动人口社会融合的因子结构

首先，我们对前述的 13 项社会融合指标（职业发展空间、收入提升潜力、本地语言掌握度、生活方式保留、风俗习惯遵守、子女本地交际、与本地人交往频率、融入意愿、城市归属感、通婚意愿、身份定位、商业医疗保险、商业养老保险）进行了相关关系的矩阵分析，各个指标间的相关程度较高，说明适合做因子分析。对其余的 13 项社会融合指标采用因子分析的方法对其进行主成分提取，采用方差极大化方法对因子负荷进行正交旋转，根据统计学意义上的惯例，通常提取特征值大于 1 的主成分并选取特征值大于 1 的因子进行命名。统计结果表明有五个主要成分的特征值大于 1，分别用 F1、F2、F3、F4 和 F5 来表示（参见表格 3 - 17）。

表格 3 - 17　总方差解释

组件	初始特征值			提取载荷平方和			旋转载荷平方和		
	总计	方差百比	累积%	总计	方差百比	累积%	总计	方差百比	累积%
1	4.430	34.077	34.077	4.430	34.077	34.077	3.463	26.635	26.635
2	2.102	16.172	50.249	2.102	16.172	50.249	1.860	14.306	40.941
3	1.417	10.900	61.149	1.417	10.900	61.149	1.821	14.010	54.951
4	1.286	9.896	71.045	1.286	9.896	71.045	1.663	12.792	67.743
5	1.098	8.447	79.491	1.098	8.447	79.491	1.527	11.748	79.491

提取方法：主成份分析。

从表格 3 - 17 最后一列可以看到，所有指标的共同度（公因子方差）都达到 0.69 以上。5 个新因子累计方差贡献率达到 79.491%。KMO 检验值为 0.773，巴特利特球体检验值达到 2778.014（P < 0.01），说明这些指标适合进行因子分析。从表格 3 - 18 第二列可知：与本地人交往频率、身份定位、本地语言掌握度、子女本地交际、城市归属感这 4 项度量指标对因子 F1 的负荷值最高，分别为 0.858、0.829、0.821、0.786 和 0.682，与 F1 因子密切相关。这五项指标体现了对自身的身份认同度，因此本文把因子 F1 命名为身份认同；由表格 3 - 18 第三列可知：融入意愿和通婚意愿对 F2 的负荷值分别为 0.879、0.866，与因子 F2 密切相关，体

现了外来流动人口对上海的心理融合意愿，因此本文把因子 F2 命名为心理融合；从表格 3 – 18 第四列可知：职业发展空间和收入提升潜力对 F3 的负荷值分别为 0.942、0.933，与因子 F3 密切相关，体现了经济方面的典型内容，因此本文将 F3 命名为经济融合；从表格 3 – 18 第五列可知：商业养老保险和商业医疗保险对 F4 的负荷值分别为 0.909、0.850，与因子 F4 密切相关，属于社会保险制度方面内容，因此本书把因子 F4 命名为制度融合；从表格 3 – 18 第六列可知：生活方式保留及风俗习惯遵守对 F5 的负荷值分别为 0.833、0.767，与因子 F5 密切相关，体现了风俗习惯文化的内容，因此本文把因子 F5 命名为文化融合。

表格 3 – 18　　上海市外来流动人口社会融合的因子分析结果

	新因子命名					
	F1 身份认同	F2 心理融合	F3 经济融合	F4 制度保障	F5 文化融合	共同度
与本地人交往频率	0.858	0.127	0.068	0.135	0.080	0.781
身份定位	0.829	– 0.007	0.050	0.101	0.148	0.722
本地语言掌握度	0.821	– 0.021	0.011	0.089	0.093	0.692
子女本地交际	0.786	0.189	0.023	0.172	0.157	0.709
城市归属感	0.682	0.500	0.037	0.151	– 0.020	0.740
融入意愿	0.097	0.879	0.080	0.057	0.060	0.796
通婚意愿	0.107	0.866	0.111	0.061	– 0.008	0.778
职业发展空间	0.041	0.081	0.942	0.087	– 0.008	0.903
收入提升潜力	0.065	0.117	0.933	0.080	– 0.076	0.900
商业养老保险	0.098	0.070	0.174	0.909	– 0.013	0.871
商业医疗保险	0.335	0.085	0.000	0.850	0.026	0.843
生活方式保留	0.033	0.028	– 0.017	– 0.037	0.911	0.833
风俗习惯遵守	0.363	0.020	– 0.077	0.058	0.791	0.767
特征值	4.430	2.102	1.417	1.286	1.098	
方差贡献率	34.077	16.172	10.900	9.896	8.447	
累计方差贡献率	34.077	50.249	61.149	71.045	79.491	

提取方法：主成份分析。

旋转方法：Kaiser 标准化最大方差法。

旋转在 6 次迭代后已收敛。

由表格 3−18 成分得分系数矩阵可知因子得分函数：

$$F_i = \beta_i^1 f_1 + \beta_i^2 f_2 + \beta_i^3 f_3 + \beta_i^4 f_4 + \beta_i^5 f_5 + \beta_i^6 f_6 + \beta_i^7 f_7 + \beta_i^8 f_8 + \beta_i^9 f_9 + \beta_i^{10} f_{10} + \beta_i^{11} f_{11} + \beta_i^{12} f_{12} + \beta_i^{13} f_{13} ,$$

其中 i＝1，2，3，4，5，表示 5 个因子；β_i 表示每个具体指标在因子上的载荷度；f_1 代表职业发展空间；f_2 代表收入提升潜力；f_3 代表本地语言掌握度；f_4 代表生活方式保留；f_5 代表风俗习惯遵守；f_6 代表子女本地交际；f_7 代表与本地人交往频率；f_8 代表融入意愿；f_9 代表城市归属感；f_{10} 代表通婚意愿；f_{11} 代表身份定位；f_{12} 代表商业医疗保险；f_{13} 代表商业养老保险；因此，

$$F_1 = -0.015 f_1 + 0.003 f_2 + 0.301 f_3 - 0.136 f_4 + 0.001 f_5 + 0.234 f_6 + 0.290 f_7 - 0.093 f_8 + 0.186 f_9 - 0.077 f_{10} + 0.291 f_{11} - 0.038 f_{12} - 0.138 f_{13} ;$$

其余 4 个因子，依次类推。对于上海市外来流动人口社会融合的综合评价，这里采用计算因子加权总分的方法，本文以五个因子的方差贡献率为权数，因此，上海市外来流动人口社会融合计算公式为：

$$F = 0.26635 * F_1 + 0.14306 * F_2 + 0.14010 * F_3 + 0.12792 * F_4 + 0.11748 * F_5$$

该公式表明：身份认同、心理融合、经济融合、制度融合、文化融合各个因子每增加一个单位，为社会融合度的增加将分别带来 0.26635、0.14306、0.14010、0.12792、0.11748 单位的贡献。

（二）上海市外来流动人口网络信息消费的因子结构

首先，我们对前述的 17 项社会融合指标（收入层次提升、社会地位提升、交友层次提升、就业身份提升、婚姻状况、生育数量、年龄、身边人的示范作用、对身边人示范作用、工作提升作用、移动支付、社交软件、网购、本市户籍情况、职业类别、月上网费、月通讯费）进行了相关关系的矩阵分析，各个指标间的相关程度较高，说明适合做因子分析。对 17 项社会融合指标采用因子分析的方法对其进行主成分提取，采用方差极大化方法对因子负荷进行正交旋转，根据统计学意义上的惯例，通常提取特征值大于 1 的主成分并选取特征值大于 1 的因子进行命名。统计结果表明有六个主要成分的特征值大于 1，分别用 F1、F2、F3、F4、F5 和 F6 来表示（参见表格 3−19）。

表格 3 – 19　总方差解释

组件	初始特征值			提取载荷平方和			旋转载荷平方和		
	总计	方差百分比	累积%	总计	方差百分比	累积%	总计	方差百分比	累积%
1	5.438	31.987	31.987	5.438	31.987	31.987	3.080	18.117	18.117
2	2.227	13.102	45.089	2.227	13.102	45.089	2.343	13.782	31.899
3	1.699	9.994	55.083	1.699	9.994	55.083	2.299	13.522	45.421
4	1.486	8.740	63.823	1.486	8.740	63.823	2.283	13.427	58.848
5	1.210	7.120	70.943	1.210	7.120	70.943	1.597	9.393	68.241
6	1.137	6.686	77.629	1.137	6.686	77.629	1.596	9.388	77.629

提取方法：主成份分析。

从表格 3 – 19 最后一列可以看到，所有指标的共同度（公因子方差）都达到 0.688 以上。6 个新因子累计方差贡献率达到 77.629%。KMO 检验值为 0.830，巴特利特球体检验值达到 4358.797（P＜0.01），说明这些指标适合进行因子分析。从

表格 3 – 19 第二列可知：与收入层次提升、社会地位提升、交友层次提升、就业身份提升这 4 项度量指标对因子 F1 的负荷值最高，分别为 0.855、0.848、0.825 和 0.814，与 F1 因子密切相关。这五项指标体现了网络信息消费对人力资本提升方面的主观感知，因此本文把因子 F1 命名为网络信息消费的人力资本提升；由表格 3 – 20 第三列可知：婚姻状况、生育数量、年龄对 F2 的负荷值分别为 0.891、0.868、0.757，与因子 F2 密切相关，体现了外来流动人口的信息消费的人口特征方面，因此本文把因子 F2 命名为网络信息消费的人口特征；从表格 3 – 20 第四列可知：身边人的示范作用、对身边人示范作用和工作提升作用对 F3 的负荷值分别为 0.846、0.809、0.790，与因子 F3 密切相关，体现了信息消费的示范效应内容，因此本文将 F3 命名为网络信息消费的示范效应；从表格 3 – 20 第五列可知：移动支付、社交软件、网购对 F4 的负荷值分别为 0.866、0.847、0.707，与因子 F4 密切相关，属于基于工具的信息消费方面内容，因此本文把因子 F4 命名为网络信息消费客体；从表格 3 – 20 第六列可知：户籍（省）、职业类别对 F5 的负荷值分别为 0.896、0.862，与因子 F5 密切相关，体现了网络信息消费的主体特征，因此本文把 F5 命名为网络信息消费主体。从表

格3-20第七列可知：月上网费、月通讯费对F5的负荷值分别为0.887、0.871，与因子F6密切相关，体现了网络信息消费的支付能力内容，因此本文将F6命名为网络信息消费的支付能力；因子"网络信息消费的人力资本提升""网络信息消费的人口特征""网络信息消费的示范效应""网络信息消费客体""网络信息消费主体"和"网络信息消费的支付能力"对上海市外来流动人口社会融合的影响依次递减。

表格3-20 新因子命名

	新因子命名						共同度
	信息消费的人力资本提升（F1）	信息消费的人口特征（F2）	信息消费的示范效应（F3）	信息消费客体因素（F4）	信息消费的主体因素（F5）	信息消费的支付能力（F6）	
收入层次提升	0.855	-0.078	0.162	0.137	-0.011	0.098	0.792
社会地位提升	0.848	-0.107	0.212	0.099	-0.045	0.057	0.791
交友层次提升	0.825	-0.059	0.15	0.166	0.02	0.03	0.735
就业身份提升	0.814	-0.098	0.236	0.092	0.03	0.028	0.738
婚姻状况	-0.102	0.891	-0.1	-0.084	-0.077	0.051	0.83
生育数量	-0.068	0.868	-0.101	-0.152	0.009	0.007	0.791
年龄	-0.151	0.757	-0.133	-0.364	-0.146	-0.015	0.768
身边人的示范作用	0.221	-0.067	0.846	0.084	0.007	0.006	0.777
对身边人示范作用	0.252	-0.132	0.809	0.188	-0.051	0.052	0.777
工作提升作用	0.234	-0.132	0.79	0.17	-0.007	0.01	0.726
移动支付	0.135	-0.186	0.147	0.866	0.024	0.086	0.831
社交软件	0.179	-0.107	0.069	0.847	0.048	0.023	0.768
网购	0.14	-0.266	0.283	0.707	-0.104	0.089	0.688
本地户籍情况	0.009	0.012	-0.078	0.012	0.896	0.03	0.81
职业类别	-0.015	-0.163	0.041	-0.01	0.862	-0.112	0.784
月上网费	0.062	-0.041	0.035	0.008	-0.065	0.887	0.798
月通讯费	0.088	0.085	0.016	0.136	-0.01	0.871	0.793
特征值	5.438	2.227	1.699	1.486	1.21	1.137	

	新因子命名						
	信息消费的人力资本提升（F1）	信息消费的人口特征（F2）	信息消费的示范效应（F3）	信息消费客体因素（F4）	信息消费的主体因素（F5）	信息消费的支付能力（F6）	共同度
方差贡献率	18.117	13.782	13.522	13.427	9.393	9.388	
累计方差贡献率	18.117	31.899	45.421	58.848	68.241	77.629	

（三）网络信息消费助推上海外来流动人口社会融合影响因素的分析

为了进一步探究网络信息消费对上海市外来流动人口社会融合的影响，文章将信息消费的人力资本提升、信息消费的人口特征、信息消费的示范效应、信息消费的主体因素、信息消费的客体因素和信息消费的支付能力为自变量，身份认同、心理融合、经济融合、制度融合、文化融合和社会融合度分别作为因变量，采用逐步回归法进行多元线性回归分析，具体情况见表格3－21。从社会融合的具体因子来说，网络信息消费的人力资本提升每增加一个单位会带来心理融合和经济融合的0.286、0.171分的提升；网络信息消费的人口特征只对文化融合其显著的积极作用，信息消费的人口特征一单位的增加将带来文化融合0.080的提高；网络信息消费的示范效应每增加1个单位，对身份认同因子没有影响，其文化融合将降低0.110分，而心理融合、经济融合、制度保障将分别提高0.027、0.132、0.218、0.179分；网络信息消费的主体因素每增加1个单位会使社会融合度、身份认同、制度融合和文化融合分别将降低0.260、0.814、0.143和0.163分；

表格3－21 网络信息消费与上海外来流动人口社会融合多元回归分析

变量	身份认同	心理融合	经济融合	制度融合	文化融合	社会融合度
信息消费的人力资本提升	－0.004	0.286 ***	0.171 ***	0.048	0.003	0.068 ***
信息消费的人口特征	0.016	－0.004	0.003	－0.034	0.080 *	0.010
信息消费的示范效应	0.027	0.132 ***	0.218 ***	0.179 ***	－0.110 **	0.064 ***
信息消费主体因素	－0.814 ***	－0.019	－0.021	－0.143 ***	－0.163 ***	－0.260 ***
信息消费客体因素	－0.011	0.156 ***	0.217 ***	－0.042	－0.028	0.040 ***

变量	身份认同	心理融合	经济融合	制度融合	文化融合	社会融合度
信息消费的支付能力	0.019	-0.056	0.229***	0.041	-0.051	0.023*
constant	0.003	0.022	-0.001	0.003	0.059	0.013
F检验值	274.811***	20.317***	25.419***	8.131***	7.673***	198.186***
Ajusted R2	0.676	0.128	0.157	0.059	0.049	0.603
D.F.	6	6	6	6	6	6
N	788	788	787	787	780	780

双尾检验统计显著性：*p<0.05，**p<0.01，***p<0.001。

网络信息消费的人力资本提升对社会融合度的回归系数是 0.068（P < 0.001），说明在控制其他变量的前提下，信息消费的人力资本提升每增加 1 个单位，其总体社会融合度将提高 0.068 分，可见信息消费的人力资本提升对上海市外来流动人口的社会融合度有着显著的影响作用。从具体因子来看，信息消费的人力资本提升对身份认同、心理融合、经济融合、制度保障和文化融合的回归系数分别为 -0.004（P > 0.05）、0.286（P < 0.001）、0.171（P < 0.001）、0.048（P > 0.05）、0.003（P > 0.05）。换而言之，在其他条件不变的情况下，信息消费的人力资本提升每增加 1 个单位，其身份认同将降低 0.004 分；而心理融合、经济融合、制度保障和文化融合将分别提高 0.286、0.171、0.048、0.003 分；但是信息消费的人力资本提升仅对心理融合和经济融合的回归系数达到了显著，可见信息消费的人力资本提升对心理融合和经济融合有显著的积极影响。

网络信息消费的人口特征对社会融合度、身份认同、心理融合、经济融合、制度融合和文化融合的回归系数分别为 0.010（P > 0.05）、0.016（P > 0.05）、-0.004（P > 0.05）、0.003（P > 0.05）、-0.034（P > 0.05）、0.080（P < 0.05），说明在控制其他变量的前提下，信息消费的人口特征只对文化融合起显著积极作用，信息消费的人口特征每增加 1 个单位，其文化融合将提高 0.080 分。

网络信息消费的示范效应对社会融合度的回归系数是 0.064（P < 0.001），说明在控制其他变量的前提下，信息消费的人力资本提升每增加 1 个单位，其总体社会融合度将提高 0.064 分，可见信息消费的示范效应对上海市外来流动

人口的社会融合度有着显著的影响作用。从具体因子来看，信息消费的示范效应对身份认同、心理融合、经济融合、制度保障和文化融合的回归系数分别为 0.027（P > 0.05）、0.132（P < 0.001）、0.218（P < 0.001）、0.179（P < 0.001）、-0.110（P<0.01）。说明，在其他条件不变的情况下，信息消费的示范效应每增加 1 个单位，其文化融合将降低 0.110 分；而身份认同、心理融合、经济融合、制度保障将分别提高 0.027、0.132、0.218、0.179 分；但是信息消费的示范效应仅对心理融合、经济融合、制度保障和文化融合的回归系数达到了显著，可见信息消费的示范效应对心理融合、经济融合、制度保障和文化融合有显著的积极影响。

网络信息消费的主体因素对社会融合度、身份认同、心理融合、经济融合、制度融合和文化融合的回归系数分别为 -0.260（P < 0.001）、-0.814（P < 0.001）、-0.019（P > 0.05）、-0.021（P > 0.05）、-0.143（P < 0.001）、-0.163（P < 0.001），说明在控制其他变量的前提下，信息消费的主体因素每增加 1 个单位会使社会融合度、身份认同、制度融合和文化融合分别将降低 0.260、0.814、0.143 和 0.163 分。

网络信息消费的客体因素对社会融合度、身份认同、心理融合、经济融合、制度融合和文化融合的回归系数分别为 0.040（P < 0.001）、-0.011（P > 0.05）、0.156（P < 0.001）、0.217（P < 0.001）、-0.042（P > 0.05）、-0.028（P > 0.05），说明在控制其他变量的前提下，信息消费的客体因素对社会融合度、心理融合、经济融合起显著作用，信息消费的客体因素每增加 1 个单位，其文社会融合度、心理融合、经济融合将分别提高 0.040、0.156、0.217 分。

网络信息消费的支付能力对社会融合度、身份认同、心理融合、经济融合、制度融合和文化融合的回归系数分别为 0.023（P < 0.05）、0.019（P > 0.05）、-0.056（P > 0.05）、0.229（P < 0.001）、0.041（P > 0.05）、-0.051（P > 0.05），说明在控制其他变量的前提下，信息消费的支付能力只对社会融合度和经济融合起显著的积极作用，信息消费的支付能力每增加 1 个单位，给社会融合度和经济融合将分别带来 0.023、0.229 分的增加。

四、结论与启示

通过以上的统计结果与分析，可以得到网络信息消费对上海市外来流动人口社会融合影响的初步结论。

　　上海市外来流动人口社会融合是身份认同、心理融合、经济融合、制度融合和文化融合共同作用的结果，统计结果表明，从社会融合不同的维度考察，身份认同、心理融合、经济融合、制度融合和文化融合对上海市外来流动人口社会融合度的贡献依次降低，贡献率分别为 26.635%、14.306%、14.010%、12.792%、11.748%。

　　网络信息消费涉及人力资本提升方面的主要因子结构是由网络信息消费的人力资本提升、网络信息消费的人口特征、网络信息消费的示范效应、网络信息消费的主体因素、网络信息消费的客体因素和网络信息消费的支付能力这6个因子构成的。网络信息消费的具体影响因子中：网络信息消费的人力资本提升、网络信息消费的示范效应、网络信息消费客体因素、信息消费的支付能力对上海市外来流动人口社会融合度的影响起积极的显著作用，且每增加1个单位，对社会融合度分别带来0.068、0.064、0.040、0.023单位的增加，而网络信息消费的人口特征对综合社会融合度并没有显著的积极作用，同时网络信息消费的主体因素每增加1个单位将使外来流动人口社会融合降低0.260个单位。

　　网络信息消费的具体因子助推上海市外来流动人口社会融合过程中，从网络信息消费不同的维度考察：

　　1. 网络信息消费的人力资本提升的助推作用最大，应注重提升上海市外来流动人口网络信息消费的人力资本提升的助推，强化外来流动人口在日常工作和生活方面的收入层次提升、社会地位提升、交友层次提升和就业身份提升，具体可以通过成人继续教育，在职培训、网络教育资源等途径，提高自身的素质、人际交往圈的质量和数量，进而在劳动力市场提升自身的核心竞争力。

　　2. 网络信息消费的示范效应对上海市外来流动人口社会融合的助推作用次之，具体涉及到身边人的示范作用、对身边人示范作用、工作提升作用这三个三级指标，网络信息消费的示范效应与知识的外溢，信息消费技能的习得进而使得工作能力得到提升，流动人口经济能力的提升必然会带来综合社会融合度的提升。

　　3. 网络信息消费的客体因素包括移动支付软件、社交软件、网络购物，体现了外来流动人口接受网络时代新兴事物的基本素质，对基于工具的网络信息消费越多，那么流动人口的信息素质才更有可能参与城市生活，与上海本地居民缩小差距，在城市立足。

　　4. 网络信息消费的支付能力包括月上网费和月通讯费，对综合社会融合度的促进作用最低。月上网费和月通讯费随着网络基础设施的完善，WIFI 和 4G 网络的普及，尤其是上海这样的金融大都市，月上网费和月通讯费所需要的费用占生活成本比重逐渐降低，上海市外来流动人口和本地市民之间的区别并不大，所以促进作用较低，但依然是不可小觑的影响因子。

5. 网络信息消费的主体因素包括本地户籍情况以及职业类别，对综合社会融合度的起负面作用。究其原因，户籍制度一直是阻碍社会融合的一大制度因素，社会职业类别一定程度上体现了社会阶层，阶层的分化和不断扩大，对于上海市外来流动人口的社会融合必然起着阻碍作用，对于城市化进程的发展也是不可小觑的因素。政府致力于社会融合的进程加速，需要对户籍制度的调整审慎，对外来流动人口的就业给予政策导向性的引导。网络信息消费的人口特征包括婚姻状况、生育数量、年龄三个因子，只对社会融合度中的单维度文化融合起着显著的积极作用，但对综合社会融合度并没有起显著的积极作用。这些个人特征因素，即使伴随着国家二孩政策的全面开放，婚姻观和生育观念在短期内是难以改变的，因此对社会融合度并没有显著的积极作用；长期的上海本地的生活，社会生活方方面面的渗透与文化融合息息相关，使得对文化融合起着显著的助推作用。

总的来说，在"互联网 +"是中国经济社会发展的大战略，同时中国现正处于破除城乡二元结构、加快城市化进程的阶段，鼓励农民进城务工成为现阶段任务，网络信息消费对上海市外来流动人口的社会融合起积极的助推作用，也使得互联网更好地服务于城市化进程。

第四章

城市偏向的政策与信息消费

本章研究思路图：

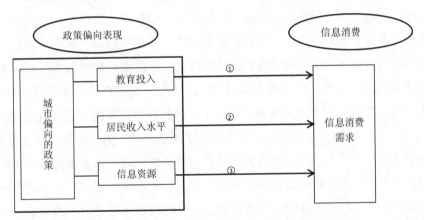

注：图中箭头表示影响机制的方向，箭头上的数字表示对该机制进行研究的章节编号。

    城市偏向的政策表现为政府部门在政策制定时，会更从城市的角度出发，实施更加支持城市发展的政策环境，例如城乡教育投入的不同导致城市教育水平存在差距，农村居民受教育水平较城镇更低；城镇居民收入水平较农村居民更高，而以子女教育、户籍、就业等歧视性制度为代表的落后制度又不能使得农村居民收入水平得到较好的提升，这种收入水平的差异导致城乡居民信息消费能力、信息消费素养、居民信息消费环境存在显著差异；城市中信息资源、信息基础设施的建设、信息产业的发展支持等等也存在显著差异，这种差异也会引起城乡居民信息消费的差距。本部分研究内容从上述几个方面展开。

第一节　教育投入与信息消费①

城乡存在教育投入的偏向政策，为了分析教育在居民信息消费中的重要作用，本部分基于卫计委流动人口动态监测数据，从流动人口的视角，证实了教育投入对于居民以及居民家庭信息消费的重要意义。

一、引言

信息消费包含两大方面，一方面是对于信息产品与服务的消费，另一方面是基于信息的消费。目前对于流动人口信息消费的研究，体现在对于流动人口信息消费各个子方面的研究，如雷蔚真（2010）[210]通过访谈，研究了农民工的社会融合与信息技术应用间的关系，认为信息传播技术的采纳与使用与城市移民创建与管理自己的社会网络密切相关，并以此形成了自己的多重身份认同。李家成等（2015）[211]在对进城务工随迁子女的教育与发展问题进行研究时，发现61.5%的进城务工家庭为子女教育配备了电脑，45%的家庭配备了互联网。李全喜（2014）[148]研究了新生代农民工的信息短缺问题，认为新生代农民工城市融入过程中信息短缺问题越来越突出，应该高度重视新生代农民工城市融入中信息短缺带来的不利影响，并从构建交互性的信息网络平台、建立健全农民工相关制度、增强农民工信息能力等方面提出了政策建议。王丽荣等（2014）[212]研究了流动人口的信息消费心理，他们选取了服装和图书两大类产品的购买过程和我国主要电商网站淘宝网、当当网和卓越网三大典型网络商家，通过分析新生代农民工与各大电商网站之间的心理距离，发现无论对于服装还是图书，新生代农民工在网购时与淘宝网的心理距离明显最小，当当网居中，与卓越网的心理距离最大。吴小玲（2012）[213]研究了新生代农民工的网络游戏消费行为，发现娱乐消遣、结交朋友、获得成就感、拥有虚拟财富是其主要的消费目的。

上述研究从多个角度丰富了我们对于流动人口信息消费的认识，国家卫计

① 注：本部分主要内容已经发表在《情报科学》2015年增刊上。论文信息：大学教育与流动人口信息消费［J］. 情报科学，2017（增刊）：192-198.

委在 2013 年进行的全国流动人口动态监测调查中，对于上海市松江区、江苏省
苏州市、无锡市、福建省泉州市、湖北省武汉市、湖南省长沙市、陕西省西安
市、咸阳市的流动人口的社会融合情况进行了调查，在调查问卷中部分选项涉
及到了流动人口的信息消费行为。本部分基于该数据，从流动人口这一特定人
群，以他们的信息消费提升作为研究目标，以教育作为突破口，研究城市化进
程下，我国居民信息消费的提升策略。

二、初步证据

（一）大学教育与居民信息消费支出量

大学教育影响居民信息消费支出表现为两个方面，一方面，具备大学教育
背景的人群，其对于新鲜事物的认知能力较高，能够熟练掌握信息化工具，因
其收入水平较高，能够为其本人和家庭信息消费支出提供经济基础，同时也能
影响到家庭其他成员的信息消费行为。另一方面，如果子女为大学生，那么大
学生子女的教育支出以及大学生子女自身的信息消费支出也会比较高。由于信
息测度的困难以及信息的市场定价难题，目前还难以直接衡量居民的信息消费
支出，较为容易的做法是用信息产品与服务的市场价值衡量居民的信息消费
支出。

表格 4 – 1　家庭信息消费支出差异性比较

家中是否有大学生	子女在本地每月用于学习等的支出	本人及配偶在本地每月用于学习等的支出	家庭月交通、通讯费支出
家中无大学生	622.96	620.91	292.76
家中有大学生	823.34	726.93	459.49

注：数据为笔者根据卫计委数据计算，单位为"元"。

基于数据的可获得性，卫计委数据库中并没有单独统计被调查对象自身的
信息消费支出，而是统计了被调查对象家庭的信息消费支出，笔者采用卫计委
数据库中子女的学习支出、被调查对象及配偶用于学习的支出以及家庭的交通
通信支出三个角度作为衡量信息消费支出的维度，将上述三项相加，得到家庭

的信息消费支出①。卫计委数据库中，对于被调查者及其家庭成员的学历进行了调查，如果被调查者本人、配偶和子女（包括在本地、老家和其他地方）以及与被调查者在本地同住的家庭成员中，有大学专科及以上学历的，分为一组，计为有大学生家庭组，占比为 17.4%，如果家庭成员中没有人受过大学教育，则计为无大学教育组，占比为 82.6%②。根据上述分组标准，按照家中是否有大学生对于家庭的信息消费支出进行了分组统计，得到结果如表格 4-1 所示。表格 4-1 中，相对于没有大学生的家庭而言，家中有大学生的家庭其子女学习支出每月平均高出约 200 元，本人及配偶的学习支出高出约 106 元，家庭的月度交通与通讯支出高出约 167 元。可见，从上述三个维度而言，有大学生家庭其信息消费支出明显高于没有大学生的家庭。

（二）大学教育与居民信息消费行为

大学教育影响居民信息消费行为的方式有两种，一种是改变了居民自身及家庭成员的消费对象，使得居民更偏向于信息的消费，另一种改变了居民的消费方式，使得居民及其家庭成员更多的偏向于基于信息的消费。

关于第一种影响方式，卫计委数据库中针对被调查对象设计了"您休闲的时候主要干什么？"的选项，统计被调查对象在空闲时间的主要活动，表格 4-2 对于调查结果进行了统计分析，发现被调查对象最主要的消遣活动为看电视、电影、录像等娱乐活动，除此以外，有大学生家庭的被调查对象更多地倾向于逛街/逛公园、读书/看报/学习/锻炼、上网/玩电脑游戏等活动，其中读书/看报/学习等活动可视为是传统的信息消费形势，而上网/玩电脑游戏等活动则是基于网络的现代信息消费。对照组中，没有大学生的家庭，被调查对象则更多的活动是与家人朋友聊天、闲呆/睡觉、做家务等活动，这类活动明显信息消费程度明显偏低。

上述调查从间接的角度发现有大学生家庭在休闲娱乐时，会更多地偏向于信息消费，那么一个合理的猜测是大学生的存在，会影响整个家庭的休闲消费结构，使得家庭成员更多地倾向于信息消费。

---

① 现有研究中，由于信息消费测度的困难，现有众多研究在统计信息消费支出时，往往采用宏观统计数据，利用统计部门提供的居民消费支出数据，将消费支出中教育、医疗、文化娱乐等信息含量大的商品与劳务支出作为信息消费支出的代理指标。

② 此分类方法也是后文中，有大学生家庭组与无大学家庭组的分类标准。

表格 4 - 2　被调查对象的空闲时间活动

	看电视/电影/录像	下棋/打牌/打麻将	逛街/逛公园	读书/看报/学习/锻炼	上网/玩电脑游戏	与家人朋友聊天	闲呆/睡觉	做家务	其他
有大学生家庭	61.4	3.4	7	7.2	9.2	2.6	2	6.8	0.3
无大学生家庭	63.1	4.6	5.3	2.7	8.6	3.4	3.7	8.6	0.2

注：数据为笔者根据卫计委数据计算，表中数字为百分比。

关于大学教育影响居民的信息消费第二种方式，卫计委数据库中，设计了"您在本地经常去哪些场所购物（除购买食物外）"的选项，统计了被调查对象在除购买食物以外，所进行购物的主要场所，表格 4 - 3 对此进行了统计分析。表格 4 - 3 中，有大学生的家庭中，被调查对象中通过大型商场、专卖店、网络购购物三个渠道的购物的比例高于无大学生家庭，其中网络购物的比例比对照组高出 2.5 个百分点，即可以认为有大学生的家庭中，通过网购这种基于信息的消费形式比例更高。

表格 4 - 3　被调查对象的购物场所

	大型商场	专卖店	超市	批发市场	网络购物	小商店	地摊	其他
有大学生家庭	39.9	7.3	41.6	3.7	3.8	3.1	0.5	0.1
无大学生家庭	26.1	6.4	55.1	5.2	1.3	4.8	1	0.1

注：数据为笔者根据卫计委数据计算，表中数字为百分比。

三、大学教育影响信息消费的路径

上述初步证据，通过将被调查对象按照家庭成员中是否有大学生进行了分组，并从信息消费支出以及信息消费行为的角度进行了统计分析，并进行了对比研究，发现有大学生的家庭其家庭信息消费支出明显更高，居民消费构成中，更偏好信息消费，下文在此基础上，分析大学教育影响信息消费的具体路径。

（一）大学教育提升居民信息消费意识

众多研究发现，信息消费意识是影响居民信息消费的重要因素，居民的信息消费意识能够通过影响居民对于信息的感知能力、理解能力、接受能力、获取能力、传播能力等路径，对于居民信息消费能力产生作用。如罗裕梅和凌鸿

(2014)[2]认为信息意识越活跃，越能积极利用网络信息，挖掘出有价值的信息，提高自身的信息获取能力，信息需求意识上的差距也就造成不同层面网络信息消费主体的鸿沟现象。李瑾等（2012）[214]通过抽样调查研究，发现有78.6%的农村居民认为他们有对与农业相关的信息需求，但对如何获取这些信息却不甚了解，大多数农民不会积极采取各种手段解决信息需求，不能获得的信息最后不了了之。叶明睿（2014）[215]在田野调查基础上，认为现阶段农村居民对于互联网的功能认知还依然存在较为严重的不足，对其功能的认知依然停留在简单模糊的知晓以及对其重要性的有限认知之上，对于互联网更加具体深入的认识依然受到个人技能和既有负面认知的制约。

上述几方面的研究，强调了信息意识在信息消费中的重要作用，而大学教育能够提升居民的信息消费意识。大学教育是居民学历教育中非常特殊的一个阶段，由于大学生对于新鲜事物的接受能力强，大学生又是一个具有非常强的社会影响力的群体，大学生信息消费意识的提升能够迅速引领社会信息消费的方向。从家庭角度而言，大学生可以迅速影响到家庭成员的信息消费意识和信息消费行为，从而对于社会信息消费水平的提升产生影响。现有研究也支持了这种观点，如石志恒和许克元（2014）[11]在对甘肃地区农户样本调查基础上，分析了影响农户对于农业农村信息化需求的因素，发现家庭成员最高文化程度与农户对农业信息化重要性的认识有一定的正相关关系，认为文化程度越高，对农业信息化的重要性认识越深，需求意愿也更强烈。

（二）大学教育提升居民收入水平

影响居民消费最重要的因素为居民收入，同样，作为居民消费的一部分，信息消费也会受到居民收入水平的显著影响。大学教育无疑能够从整体上提升居民的收入水平，研究中众多文献提供了相应证据，如吴愈晓（2011）[216]通过数据调研，发现高学历劳动者群体人力资本因素对他们收入的作用非常显著，表现为他们的教育回报率非常高。陈卫等（2010）[217]利用中国人民大学人口与发展研究中心于2006年9月至10月组织的"北京市1‰流动人口调查"数据，研究发现教育年限对收入有显著的正向影响，认为教育对工资收入的贡献率为5.4%，即受教育年限每增加一年，流动劳动力的上月收入增加5.4%。

在卫计委调查样本中，有大学生家庭平均本月总收入为7893元，其无大学生家庭的平均本月总收入为5899元，大学教育组的平均家庭本月收入超出非大学教育组约2000元。对两组样本的均值进行独立样本T检验，发现两组样本在收入的均值和方差方面均存在显著差异，可以认为在统计学意义上，大学教育家庭收入会显著高于非大学教育家庭，结果如表格4-4所示。

表格4-4 家庭收入差异性的独立样本 T 检验

		Levene's Test for Equality of Variances		t-test for Equality of Means					95% Confidence Interval of the Difference	
		F	Sig.	t	df	Sig.	Mean Difference	Error Difference	Lower	Upper
本地月总收入	等方差假设	272.545	0.000	18.720	16762	0.000	1993.878	106.512	1785.103	2202.653
	异方差假设			15.086	3559.019	0.000	1993.878	132.172	1734.738	2253.017

（三）大学教育家庭提升工作机会

大学教育提升家庭成员工作机会的路径主要有两条。一是直接提升家庭中大学生成员的就业机会，大学教育使得大学生素质的提升，赋予了大学生在劳动力市场上相对优势的就业地位，研究中胡鞍钢和盛欣（2010）[218]采用"中国城市公共服务调查"的数据，以就业概率为核心观察变量，通过对中国五个城市劳动力就业机会与受教育程度关系的分析，发现大学教育不仅是青年时期一个促进就业机会获得的重要支持，而且贯穿人的整个职业生涯。另一条路径主要是大学生家庭成员的存在，会影响到其他家庭成员的就业机会的获取，大学

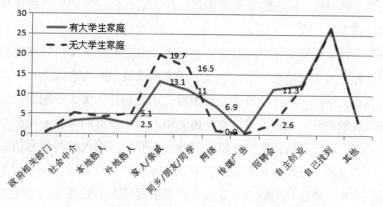

图表4-1 有无大学生家庭被调查对象工作搜索路径差异

生由于眼界相对开阔，素质相对较高，能力相对较强，能够帮助家庭其他成员在就业机会获取方面获得竞争性优势。卫计委数据库中，对于被调查对象找工作的路径从十二个方面进行了统计，为了验证上述路径的存在，笔者将有大学生家庭和没有大学生家庭中的被调查对象的找工作路径进行了对比分析，发现差异主要集中在以下两个方面：没有大学生的家庭中，工作的搜索主要通过外地熟人、家人亲戚、同乡朋友同学等传统的社会网络形式，即通过传统的熟人介绍熟人的方式进行，而有大学生的家庭中被调查对象会更多地通过网络和招聘会的形式来找工作，其中通过网络找工作的比例为 6.9%，比对照组 0.9% 高出 6%，即有大学生的家庭中，家庭成员会更多地通过非传统的社会网络形式进行工作匹配，会更多地借助于网络、人才市场等新型的方式匹配工作，这也间接证明了大学教育使得信息化的手段在家庭成员的工作搜索中的地位显著上升。

四、计量分析

前文基于卫计委数据，从三个方面，对大学教育对于信息消费的影响路径进行了简单的统计分析，初步证明了大学教育在信息消费中的作用，为了更为准确地分析大学教育的作用，下文通过建立计量方程，进行回归分析研究。

（一）大学教育与家庭信息消费支出

1. 变量选取

为了分析大学教育对于信息消费支出的影响，建立单变量一般线性回归方程进行分析。由于卫计委数据库中没有单独统计被调查对象自身的信息消费支出情况，因而在研究中因变量设为居民家庭信息消费支出，当二者之间存在高度相关关系的时候，回归结果是较为可信的。家庭信息消费支出的计算方法与前文的计算方法一致。

基于卫计委数据统计中的数据可获得性，协变量选取了居民家庭当月总收入一个指标，因子变量有三个，一是居民家庭成员中是否有大学生，如果家庭成员中存在大学生，则计为有大学生家庭，反之则计为无大学家庭；二是被调查对象所在的地域，包含了卫计委参加流动人口动态监测与社会融合专题调查的八个地市，由于我国存在的地域差异性，不同地区的人群其信息消费支出应当是有所差异的；三是居民是否打算长期在本地居住。对于流动人口而言，如果计划在本地长期居住的话，一方面意味着家庭成员有着更高的和更为稳定的就业机会，能够帮助他们在本地长期定居，或者有着更高的稳定就业的动机；

另一方面，意味着他们试图不断融入当地社会，其消费行为也就更容易受到周边常住居民的影响。表格4-5报告了基于SPSS的回归结果。

表格4-5 单变量一般线性回归结果

参数	B	Std. Error	t	Sig.
截距项	2732.573	383.522	7.125	0.000
家庭当月总收入	0.032	0.006	5.300	0.000
无大学生家庭	-1916.496	415.604	-4.611	0.000
有大学生家庭	0ᵃ	0.	0.	0.
打算本地长期居住	-1726.599	488.833	-3.532	0.000
不打算本地长期居住	0ᵃ	0.	0.	0.
上海	-2269.778	614.678	-3.693	0.000
无锡	-2429.496	682.829	-3.558	0.000
苏州	-1752.280	440.010	-3.982	0.000
泉州	-935.498	588.593	-1.589	0.112
武汉	-2204.572	704.100	-3.131	0.002
长沙	0ᵃ	0.	0.	0.

注：由于篇幅限制，交叉项的回归结果没有报告；a为对比组。

2. 结果分析

表格4-5计算结果中，无大学生家庭变量的回归系数显著为负，数值为-1916.5元，即相对于有大学生家庭而言，无大学生家庭的信息消费支出显著变小，低于有大学生家庭1916.5元，表明在其他因素不变的前提条件下，有大学生家庭有着更高的信息消费支出水平，大学教育对于家庭的信息消费有着显著的正向影响。

表格4-5中家庭收入的系数显著为正，符合预期，表明家庭收入的提高有助于提升家庭信息消费支出；居民是否打算长期定居的系数也是显著的，但不符合预期的是，打算长期在本地居住的居民其信息消费支出水平却更低，一种可能的解释是，打算长期定居的居民可能面临着更高的居住、医疗以及其他的社会融合成本支出，这些支出可能会显著抑制居民的信息消费；地区变量前面的系数大部分是显著的，表明我国不同地区居民的信息消费支出存在明显的区域差异性。

（二）大学教育与居民信息消费行为

大学教育除了影响居民信息消费的支出量，还可能会影响居民的信息消费行为，前文中从被调查对象空闲时间的活动以及日常非食品性购物的购物场所两个角度，分析了有大学生家庭和没有大学生家庭的差异性，为了更准确地计算大学教育在其中的作用，建立二元逻辑回归方程对于该问题进行研究。

1. 变量选取与处理

因变量选取：卫计委数据库中对被调查对象的空闲时间活动从看电视/电影/录像、下棋/打牌/打麻将、逛街/逛公园、读书/看报学习、锻炼、上网/玩电脑游戏、与家人朋友聊天、闲呆/睡觉、做家务、其他等九个方面进行了统计，将上述九项内容分为两类，如果选取上网/玩电脑游戏一项则计为1，如果选取其他选项则取值为0，将此变量命名为是否上网变量。同时，卫计委数据库还统计了被调查对象的网购行为，从大型商场、专卖店、超市、批发市场、网络购物、小商店、地摊、其他八个方面进行了统计，如果被调查对象通过网络购物则计为1，其他计为0，将该新变量命名为是否网购变量。将上述两个变量分别作为因变量，用于作为衡量居民信息消费行为的代理变量，之所以从是否上网和网购两个角度分析居民的信息消费，是因为信息消费的内容非常广泛，但基于网络的消费却是现代信息消费的一个基本特征，因而居民是否经常上网和是否经常网购便能较好的反映出居民的信息消费特征。

预测变量分别为：家中是否有大学生（有 =1，无 =0）、性别（男 =1，女 =0）、是否打算长期居住（是 =1，否 =0）、城市（上海松江等八个调查地市）。协变量为被调查对象的收入、年龄。

表格 4 - 6 报告了基于 SPSS 计算的二元逻辑回归结果。

表格 4 - 6　二元逻辑回归结果

参数	是否上网			是否网购		
	系数 (1)	显著性 (2)	odd ratio (3)	系数 (4)	显著性 (5)	odd ratio (6)
家中有无大学生（有）	0.219	0.006	1.244	1.105	0.000	3.018
收入	0.000	0.932	1.000	0.000	0.000	1.000
年龄	- 0.093	0.000	0.911	- 0.097	0.000	0.908

续表

参数	是否上网			是否网购		
	系数 （1）	显著性 （2）	odd ratio （3）	系数 （4）	显著性 （5）	odd ratio （6）
性别（男）	0.959	0.000	2.608	0.057	0.657	1.059
是否打算长期居住（是）	0.121	0.049	1.129	0.164	0.226	1.178
城市		0.000			0.210	
上海松江	0.346	0.489	1.414	0.770	0.546	2.160
江苏无锡	−0.034	0.946	0.967	0.585	0.647	1.795
江苏苏州	0.289	0.558	1.336	0.526	0.678	1.692
福建泉州	0.625	0.208	1.869	0.042	0.974	1.043
湖北武汉	0.496	0.327	1.641	0.751	0.560	2.119
湖南长沙	0.463	0.355	1.589	0.762	0.551	2.142
陕西西安	0.132	0.799	1.141	0.884	0.495	2.420
常数项	−0.399	0.436	0.671	−2.477	0.055	0.084

注：分类变量的对照组以此分别为家中无大学生、女性、不打算长期居住、陕西咸阳市。

2. 结果分析

居民的上网行为：表格4-6中，（1）～（3）列报告了各个自变量对于是否上网的回归结果，第（1）列中，家中有无大学生的系数为0.219，且显著为正，odd ratio为1.244，大于1，表明在其他因素保持不变的前提下，相对于家中没有大学生的家庭而言，家中有大学生的被调查对象更倾向于网购。表中其他变量的系数基本符合预期，如收入的系数不显著，表明上网现在作为一项基本的休闲娱乐方式，已经为大多数人所接受，不管被调查对象收入是高还是低，上网已经非常普遍；性别系数显著，odd ratio值为2.608，表明相对于女性而言，男性调查对象有着更高的上网概率；年龄前的系数显著，odd ratio为0.9，表明伴随着年龄的不断提升，上网的概率会下降，这符合这些年互联网发展的基本规律，年轻人是上网的主要人群；是否打算长期定居和被调查对象所处的城市这两个变量系数都是显著的，表明是否长期定居和区域因素会对于流动人口的上网行为会产生显著影响。

表格4-6第（4）~（6）列报告了各个变量对于是否网购的回归结果。上网是网购的基本条件，但网购需要被调查对象具备更高的互联网应用技能，能够顺利地通过网络检索、比较商品，并具备网络支付的技能和支付的经济基础，因而对于被调查对象的信息素养以及经济能力提出了更高的要求，表中家中有无大学生的系数为1.105，且显著为正，odd ratio为3.018，表明相对于上网而言，家中有大学生的家庭中，被调查对象网购的概率大幅度上升，表明大学教育对于家庭成员的网购起到了重要的促进作用。表中其他变量的系数基本符合预期，收入的系数显著，结合前文上网行为的分析，收入的高低虽然不能显著影响到调查对象的上网行为，却能够显著影响到其网购行为，表明收入是制约流动人口网购的重要因素；性别的系数不显著，odd ratio的数值只有1.059，与前文的上网行为中的性别的odd ratio为2.608且显著相比较而言，表明男性虽然有着更高的上网概率，但就网购概率而言，男女间的差距并不太大，说明男性在上网时除了网购，可能会进行一些其他的娱乐活动，对女性而言购物可能是更为主要的上网活动；与前文不同的是，长期定居和区域因素会对流动人口的上网行为虽然会产生显著影响，但对于其网购行为却没有显著的影响。

综合上述分析，可以发现，有大学生的家庭中与没有大学生的家庭相比，虽然被调查对象在是否经常上网方面不存在明显的差异，但在网购方面却存在显著差别，有着更高的网购概率。网络和网购作为现代信息消费的重要表现形式，上述差异的存在，足以证明大学教育对于流动人口信息消费行为的重要影响。

五、结论与启示

本部分从流动人口信息消费的角度，基于卫计委微观统计数据，分析了教育对于流动人口的信息消费的作用。研究发现，如果流动人口家庭中有大学生成员，那么该家庭的信息消费支出会显著提升，同时从信息消费行为来看，有大学生的家庭中家庭成员经常上网以及网购的可能性会显著上升，其中相对于上网，家中有大学生对于网购概率的提升影响更大。

基于本部分的实证研究，笔者认为在我国城市化进程稳步快速推进的过程中，作为生活在城市和农村之间的夹层中而又紧密连接城乡的特殊人群，高度重视流动人口的信息消费提升很有必要，他们的信息消费水平的提升一方面有利于他们的社会融合，另一方面有助于拉动流动人口以及农村的信息消费水平的提升，进而全面提升社会信息消费水平，缩小城乡信息鸿沟。通过不断推进高等教育的普及，建立完善的教育资助体系，使得流动人口家庭子女更好地享受到各级各类教育，从长远来看，对于我国经济社会发展至关重要。

第二节　居民收入与信息消费的区域差异①
——江苏农村视角

近年来，随着科学技术的飞速发展以及居民生活水平的提高，我国居民的消费结构得到一定的转型优化，信息消费逐渐成为新的消费热点。2013 年 8 月，国务院发布《国务院关于促进信息消费扩大内需的若干意见》，指出我国正处于居民消费升级和信息化、工业化、城镇化、农业现代化加快融合发展的阶段，信息消费具有良好的发展基础和巨大的发展潜力。在新常态经济形势下，加快促进信息消费是一项既利当前又利长远、既稳增长又调结构的重要举措。凯恩斯消费理论指出，在影响消费的众多因素中，收入是决定性的因素[219]。但到底是居民的收入水平决定其信息消费，还是信息消费决定收入水平，目前学术界观点不一[92]。作为一种新兴消费，居民的信息消费与收入的变化呈现出哪些趋势和特征？两者的互动影响是否存在一定的规律？两者之间的影响机制在不同地区之间又表现出怎样的差异？这种差异有多大，变化趋势如何？本部分基于江苏农村地区的调研数据进行了相关研究。

一、引言

信息消费问题受到越来越多国内外学者的关注。Hitt 等基于用户在线消费内容和数量的面板数据，重点考察分析了网络消费在宽带用户和窄带用户之间的差距[220]。Mistry 等重点考察印度的一项移动农业信息服务，发现通过使用该项信息服务，农业损失显著减少，农民收入大幅提高[221]。杨震、杨春立等学者指出信息消费是有效带动我国内需增长、促进经济长期稳定发展的重要着力点[222,223]。

---

① 本部分主要内容已经发表在《经济体制改革》2016 年第 6 期。论文信息为：基于多阶模型的农民移动信息消费的差异性及其来源研究——来自江苏省 939 个农户的微观数据[J]．经济体制改革，2016（06）：99－105．

随着人们生活水平的提高和科学技术在社会生活中的逐步渗透，我国信息消费迅速发展。但吴君格等学者从信息消费规模、信息消费系数等方面指出，我国信息消费起步晚、起点低，和发达国家相比仍存在很大的差距[224]。郑英隆、肖婷婷、王平等通过对城乡信息消费差异的探究，发现我国城乡居民的信息消费存在显著差异，并且这种差距在未来有不断扩大的发展趋势[7,30,58]。由此，我国居民的信息消费尤其是农村居民的信息消费亟待推动提升，以缩小城乡差异，改善地区间的不平衡状态，促进协调发展。信息消费的增长受多方面因素影响，Meng 等基于 Logit 模型的实证检验，发现在影响农村居民现代网络信息消费的众多因素中，环境特征的影响最为显著[225]。张同利认为居民收入水平、社会经济发展中的制度变革以及信息技术与信息产业的发展均是影响信息消费的重要因素[102]。王英指出信息消费者的人口结构是决定我国居民信息消费的重要因素[226]。马哲明等对我国农村居民的收入和信息消费之间的变化规律进行了探讨，结果显示，在 1985—1997 年间，农村居民的收入决定其信息消费；在 1997—2006 年间，农村居民的信息消费决定其收入水平，两者存在决定性的变化关系[92]。

以上研究对探讨农村信息消费与收入的关系具有一定的指导意义。文章以江苏省农村地区为例，研究农村信息消费与收入的关系。后文汇总利用向量自回归（VAR）模型，结合脉冲响应函数和方差分解方法来考察了农民收入和信息消费的动态影响关系，并加以区域间的比较分析，提出了对策建议。

二、模型选取与变量说明

（一）VAR 模型

向量自回归（VAR）模型把系统中每一个内生变量作为系统中所有内生变量的滞后值的函数来构造模型，从而能够更加合理地描述变量间的互动关系。VAR（p）模型的数学表达式为：

$$y_t = \alpha_1 y_{t-1} + \alpha_2 y_{t-2} + \cdots + \alpha_t y_t - p + \beta x_t + \gamma + \delta_t t = 1, 2\cdots, T \tag{1}$$

其中 yt 是 k 维内生变量，xt 是 d 维外生变量，系数 α 和 β 为待估参数，p 为滞后期，T 为样本数量，γ 为常数向量，δt 为 k 维扰动向量，其不与自己的滞后值以及等式右边的变量相关。

在确定滞后期 p 值时，较大的 p 值能够完整反映所构造模型的动态特征，但同时也带来待估参数增加、模型自由度减少的问题，所以需要综合考虑来确定一个最优滞后期，通常选择用赤池信息量准则（Akaike Information Criterion，AIC）和施瓦兹准则（Schwarz Criterion，SC）来确定 p 的取值[227]。

基于 VAR 模型，还可以通过脉冲响应函数来观察变量之间的动态响应过程；通过方差分解比较不同结构冲击对内生变量波动的贡献程度。

（二）指标选取

通常认为信息消费是一种直接或间接以信息产品和信息服务为消费对象的经济活动。狭义的信息消费是以净信息产品和信息服务为消费对象的消费，广义的信息消费还包括对信息含量相当大的产品和服务的消费[228]。为了更加准确全面地统计信息消费数据，本部分基于信息消费的广义概念，综合考虑年鉴数据的可获得性，拟采取日本电信与经济研究所研究人员对信息消费概念的界定方法（包括交通通信、文教娱乐、医疗保健、家庭设备四项），并采用最早由马克卢普提出的加总法，以上述四项指标数额的加总值为信息消费额[88]。

本部分通过访问江苏省统计局网站和统计局实地数据查找的方式，根据江苏省及各地市统计年鉴，收集了 1984—2013 年共 30 年跨度的数据，以确保数据的全面性和代表性。其中在统计信息消费数据时，由于时间跨度较长，大致集中在 1984—1992 年期间，各地市年鉴的统计口径发生变化，没有交通通信、文教娱乐、医疗保健和家庭设备这四项分类统计。对于这种情况，本部分根据各地市统计年鉴的实际情况，采用文化生活服务支出与非商品支出的和或者生活消费品中扣除衣、食、住、燃料剩余的用品及其他用品支出与非商品支出的和来计量信息消费支出。

三、基于 ICC 系数的组间差异性检验

本部分采用传统地理位置以及经济层面的三大区域划分标准，将江苏省划分为苏南（南京、苏州、无锡、常州、镇江）、苏中（扬州、泰州、南通）、苏北（徐州、淮安、宿迁、连云港、盐城）三组，各地市为组内基本单元，在考察江苏省农民收入和信息消费响应关系的区域间差异时，首先对信息消费在组间和组内的差异性进行检验，以确定该区域划分标准的合理性与稳健性。

（一）ICC 系数简介

组内相关系数（ICC）基于将总差异分为组间差异和组内差异的划分，ICC 用来衡量组内差异和组间差异对变量总差异的贡献程度。

组内水平：$yij = α0j + eij$　　　　　　　　　　　　　　（2）

组间水平：$\alpha 0j = \beta 00 + \delta 0j$　　　　　　　　　　　　　　　　　(3)

总表达式：$yij = \beta 00 + \delta 0j + eij$　　　　　　　　　　　　　　　　(4)

其中 yij 表示第 j 组第 i 个基本单元的变量值，α_{0j} 表示第 j 组考察变量值的均值，e_{ij} 表示第 j 组中第 i 个基本单元的观察值 y_{ij} 与该组均值 α_{0j} 的差异。β_{00} 表示所有考察单元变量值的总均值，δ_{0j} 表示第 j 组变量均值 α_{0j} 与总均值 β_{00} 的差异。

ICC 系数表达式为：

$$ICC = \frac{\sigma_b^2}{\sigma_b^2 + \sigma_w^2} \qquad\qquad\qquad (5)$$

其中 σ_b^2 表示组间方差（即 σ 的方差），σ_w^2 表示组内方差（即 eij 的方差），ICC 测量值表示组间变异对总变异的贡献程度。如果组间方差 σ_b^2 或 ICC 统计显著，说明考察变量组间差异显著。

（二）ICC 系数估算

基于江苏省年鉴数据以及各地市年鉴数据，本部分采用最大似然的估计方法[229]，利用 SAS 软件中的 PROCMIXED 模块[230,231]，对江苏省农村居民信息消费的组间差异和组内差异进行测算，进而计算 ICC 值。数据输出结果显示随机截距方差估计值（$\sigma 2 = 136610$，$P = 0.0035$）和残差方差估计值（$\sigma 2 = 65757$，$P = 0.0008$）均呈统计显著，说明江苏省农村居民的信息消费支出在三大区域间以及区域内均呈显著差异。

由此可得组内相关系数（ICC）为：

$$ICC = \frac{\sigma_b^2}{\sigma_b^2 + \sigma_w^2} = \frac{136610}{136610 + 65757} = 0.6751$$

ICC 系数计算结果显示，在传统意义上的苏南、苏中、苏北的划分标准下，江苏省农村居民信息消费的地区间差异对总差异的贡献率高达 67.51%，即组间差异对总差异的贡献率显著高于组内差异的贡献率，缩小区域间差异是改善总差异的主要方法。由此，本部分采用苏南、苏中、苏北的区域划分方法，对江苏省农村居民收入和信息消费响应关系的区域间差异进行探讨，以缩小地区间发展差距，促进江苏省整体协调发展。

四、基于 VAR 模型的实证分析

基于 1984—2013 年江苏各地区年鉴数据，利用 Eviews6.0 软件，采用向量自回归（VAR）模型对苏南、苏中、苏北农村居民信息消费和人均收入的双向影响关系进行探讨。为了减轻数据的波动和异方差的影响，本章对信息消费和人均收入变量数据首先进行了对数化处理，处理后的信息消费和人均收入指标分别用 LNC、LNY 表示。

（一）平稳性检验

变量的平稳性是运用 VAR 模型的前提条件。如果变量是非平稳序列，则可能产生"伪回归"现象，由此得到的结论以及推论很有可能是错误的。因此，在运用 VAR 模型对变量进行实证分析前应该首先考察所选变量的平稳性。采用较为常用的 ADF 方法对江苏三大地区农村的信息消费和人均收入时间序列变量的平稳程度进行检验，检验结果如表格 4-7 所示。

表格 4-7 江苏三大地区变量的 ADF 单位根检验结果

地区	变量	检验类型 (C, T, P)	ADF. 统计量	ADF. 临界值 (5%.)	结论
苏南	LNC	(C, T,)	-.2.416	-.3.568	不平稳
	DLNC	(C, 0, 0)	-.4.287	-.2.968	平稳
	LNY	(C, T, 1)	-.2.472	-.3.574	不平稳
	DLNY	(C, 0, 2)	-.3.442	-.2.976	平稳
苏中	LNC	(C, T, 1)	-.2.511	-.3.574	不平稳
	DLNC	(C, 0, 0)	-.3.796	-.2.968	平稳
	LNY	(C, T, 5)	-.1.985	-.3.603	不平稳
	DLNY	(C, T, 5)	-.3.697	-.3.612	平稳
苏北	LNC	(C, T, 0)	-.1.976	-.3.568	不平稳
	DLNC	(C, 0, 0)	-.5.342	-.2.968	平稳
	LNY	(C, T, 5)	-.2.016	-.3.603	不平稳
	DLNY	(C, T, 7)	-.4.643	-.3.633	平稳

注：变量前加"D"表示变量序列的一阶差分；检验类型中的 C，T，P 分别表示含有常数项、趋势项以及滞后阶数，滞后阶数由 AIC 准则确定。

从表格 4-7 可以看出，各变量原序列均不平稳，经过一阶差分后变为平稳序列，说明各地区的信息消费和人均收入变量均为一阶单整 I（1）序列。

基于单位根检验，本部分对苏南、苏中、苏北地区的信息消费和人均收入两个变量之间的协整关系进行检验，发现彼此间不存在协整关系，鉴于篇幅所限，具体结果不再罗列。据此，本部分采用无约束 VAR 模型进行实证分析。

（二）VAR 模型的估计

单位根检验显示信息消费和人均收入均为非平稳时间序列变量，但其一阶差分呈时间平稳变化，为 I（1）过程；；整检验显示两变量间不存在协整关系，因此，文章首先对变量进行一阶差分变为平稳序列，然后构建相应的 VAR 模型，如下所示：

$$DLNC_t = \alpha_1 DLNC_{t-1} + \cdots + \alpha_p DLNC_{t-p} + \beta_1 DLNY_1 + \cdots + \beta_p DLNY_{t-p} + \varepsilon_{1t} \quad (6)$$

$$DLNC_t = \gamma_1 DLNY_{t-1} + \cdots + \gamma_p DLNY_{t-p} + \varphi_1 DLNC_1 + \cdots + \varphi_p DLNC_{t-p} + \varepsilon_{2t} \quad (7)$$

其中 DLNC 和 DLNY 为内生变量，分别表示信息消费一阶差分和人均纯收入一阶差分。α、β、γ、φ 为外生变量，代表待估参数。t 代表时期，p 代表滞后阶数，ε 代表随机扰动项。

根据 AIC 和 SC 原则，得到苏南、苏中、苏北一阶差分 VAR 方程的最优滞后期分别为 2、2、2。在此基础上，对所构建 VAR 方程的稳定性进行检验，通过考察其特征根分布情况，发现各地区 VAR 模型的特征根均落在单位圆以内，表明所建立的 VAR 模型是稳定可靠的。由此，对各地区所建立的 VAR 模型进行估计，结果如表格 4-8 所示。

表格 4-8　VAR 模型估计结果

变量	苏南		苏中		苏北	
	DLNC	DLNY	DLNC	DLNY	DLNC	DLNY
DLNC（-1）	-0.288 [-1.261]	0.003 [0.021]	-0.033 [0.158]	0.107 [0.655]	-0.352 [-1.624]	0.112 [0.593]
DLNC（-2）	-0.167 [-0.757]	0.001 [0.065]	-0.023 [-0.114]	0.064 [0.410]	-0.271 [-1.253]	0.041 [0.215]
DLNY（-1）	0.673 [2.170]	0.463 [2.051]	1.134 [3.910]	0.739 [3.297]	0.662 [2.630]	0.679 [3.094]
DLNY（-2）	0.517 [1.537]	0.024 [0.097]	0.472 [1.794]	-0.232 [-1.142]	0.039 [0.154]	-0.199 [-0.894]

续表

变量	苏南		苏中		苏北	
	DLNC	DLNY	DLNC	DLNY	DLNC	DLNY
C	0.076	0.060	0.074	0.054	0.172	0.048
	[1.898]	[2.077]	[2.254]	[2.151]	[3.972]	[1.279]

注：表中的每一列对应一个VAR模型中内生变量的方程；各参数估计值下面圆括号中的数字代表估计系数的标准差；方括号中的数字代表检验统计量。

首先分析信息消费与其他变量的关系。整体来看，在江苏三大区域，前一期和前二期信息消费支出对当期信息消费的影响均为负，这说明江苏农民前期信息消费支出的增加对当期消费有显著的抑制作用，减少前期消费能够提升当期消费水平，江苏农民的信息消费能力仍较低。从系数估计值来看，这种抑制作用在苏北地区表现得最为明显，苏北在三大区域中的整体发展水平最低，相应地，其农村居民的信息消费表现也最为落后。

从人均收入对信息消费的影响来看，江苏农村居民的前一期和前二期收入对当期信息消费的影响均为正，即前期收入与当期信息消费呈现正向变化关系，其中前一期收入对当期信息消费的影响系数均大于前二期的影响系数，这表明前一期收入对信息消费支出的推动作用极大，信息消费对收入的反应极为敏感，促进农民增收是快速拉动信息消费的一个有效途径。苏中地区的前一期收入对当期信息消费的促进作用最大，影响系数达到1.133986，苏南（0.672969）和苏北（0.661802）较低且较为接近。这表明苏南农民的信息消费支出受收入变化的影响相对来说较小，信息消费逐渐成为一种稳定的消费需求；苏中农民有一定的信息消费需求，对收入的变化反应程度最高，收入对信息消费的刺激和拉动作用最大；苏北农民的收入水平最低，其收入仍主要满足于生活基本消费，信息消费需求有待提升。

从人均收入与其他变量的关系来看，江苏农民的前一期和前二期信息消费支出对收入同样存在促进作用，并且前一期信息消费对收入的影响程度显著大于前二期的影响，表明江苏农民的信息消费不仅用来满足他们的娱乐享受型需求，更重要的是信息消费已然成为促进江苏农民增收的一个途径。三大地区比较来看，苏北（0.112306）和苏中（0.106989）地区的前一期信息消费对收入的促进作用最大，系数估计较为接近，苏南（0.003461）最低，表明苏北和苏中农民信息消费的主要部分是追求一定利益的目的性消费，他们充分利用信息消费对收入的促进作用；而苏南农民有更高的消费能力来满足自身的娱乐型、休闲型消费，他们不仅发挥信息消费的增收作用，更加追求信息消费对提升自身文化素养、提高生活水平等方面的作用。同时收入还受到自身前一期和前二期水平的影响，江苏农民收入的增长与其滞后值呈现显著的相关性。

（三）脉冲响应函数

脉冲响应函数方法用来分析当一个误差项发生变化或者模型受到某种冲击时对系统的动态影响，即衡量来自随机扰动项的一个标准差冲击对内生变量当前和未来取值的影响，其中随机扰动项称为新息或新生变量[232]。

图表4-2显示，三大地区信息消费对人均收入冲击的响应值均经历了上升、下降、趋于平稳的变化过程，且在第二期迅速上升至最大，随之持续回落，最后趋于平稳。这表明，收入的变化对信息消费的冲击是在短期大幅正向波动之后，又以微弱的程度持续影响，因此，收入的正向冲击在短期内对信息消费的拉动作用极大。此外，苏南地区人均收入对信息消费的拉动作用持续时间最长。苏南农民的收入水平较高，消费结构较为合理完善，人们可以把较多的收入分配给信息消费，因此收入对信息消费支出有较长的持续促进作用。苏中和苏北农民的生活水平相对较低，收入的增加对前几期信息消费有较大的刺激和拉动作用，但随着时间的推移和其他基本生活需求的支出，收入对信息消费的拉动作用迅速减弱，持续时间较短。从信息消费的最大响应值比较来看，苏中（0.0691）最大，苏北（0.0455）略高于苏南（0.0396），苏中地区信息消费对收入冲击的反应程度最高，收入对信息消费的拉动作用最强。

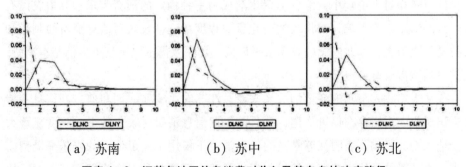

（a）苏南　　　　　（b）苏中　　　　　（c）苏北

图表4-2　江苏各地区信息消费对收入及其自身的响应路径

从图表4-3可以看出，江苏三大区域农民人均收入对来自信息消费及其本

身冲击的响应值在第一期或第二期达到最高水平，之后平滑下降。这表明信息
消费对收入的促进作用同样在短期内最为显著。

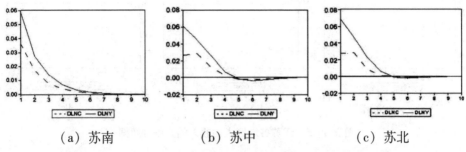

（a）苏南 　　　　（b）苏中 　　　　（c）苏北

图表4-3　江苏各地区人均收入对信息消费及其自身的响应路径

（四）方差分解

基于 VAR 模型的方差分解指对一个变量冲击的均方误差进行分解，它衡量
每一个结构冲击对内生变量变化的贡献度，从而分析不同结构冲击的重
要性[233]。

从图表4-4来看，江苏各地区信息消费冲击比人均收入对信息消费波动的
解释程度高，信息消费的波动影响更多来自于其本身。其中苏中地区人均收入
冲击对信息消费波动的解释程度最大，稳定在40%左右，而苏南和苏中均只有
20%左右，表明在三大区域中，苏中地区的农民收入能够更加有力地促进信息
消费发展。

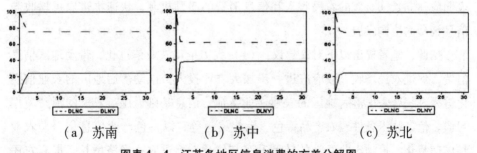

（a）苏南 　　　　（b）苏中 　　　　（c）苏北

图表4-4　江苏各地区信息消费的方差分解图

图表4-5中，对于苏南地区人均收入的波动变化，来自于信息消费冲击的
贡献度变化不大，整体稳定在27.26%；苏中和苏北地区均在第二期经历了一个
大幅上升，后分别稳定在20.73%和18.11%。同样的，江苏农民收入的波动主

要受其自身扰动的影响，信息消费扰动的贡献率很低。

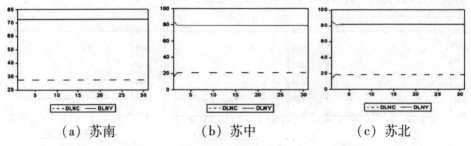

（a）苏南　　　　　　（b）苏中　　　　　　（c）苏北

图表 4－5　江苏各地区人均收入的方差分解图

五、结论与启示

基于 VAR 模型，通过脉冲响应函数和方差分解，以江苏省为例，分析了农民收入和信息消费之间的互动关系以及对区域间的差异进行了实证探讨，得到以下结论：（1）农村居民人均收入和信息消费存在着较强的相互促进作用，并且这种互动关系在短期内更加显著。（2）在三大地区中，苏中地区的人均收入对信息消费的影响程度最大，信息消费对收入的反应敏感性最高，大力促进农民增收是提升苏中农民生活水平、信息消费水平的一个重要突破点。（3）苏北和苏中地区信息消费对收入增长的带动作用最为显著，苏南地区的影响程度相对较小。（4）虽然江苏农村信息消费和人均收入之间存在显著的相互促进关系，但信息消费和人均收入的波动受自身冲击的解释程度均高于对方的解释程度，表明应建立长期有效的农民收入和信息消费的激励机制，快速推进农民增收与信息消费的协调发展。

据此，笔者提出以下对策建议：（1）大力推动农业信息化，带动地区信息消费，促进农民增收。政府应进一步加大农业投入，推动落后地区的农业信息化进程。综合考虑落后地区的农业产业特征、信息基础设施、农民的消费使用习惯、信息技术条件、农产品特色、销售渠道等，以特色产业信息化引领农业整体信息化，推动农业经济的转型升级与优化，促进农业经济增长，提高农民收入。同时提供特色服务，推动信息消费发展。（2）重视农村信息消费的溢出效应，缩小地区间差异。在推动农业信息化进程中，要重视农村信息消费的空间溢出效应，在推动先进地区引领的同时，带动落后地区的发展，实现点对点的扶持，加强地区间的关联度和融合度，缩小地区间差距，促进共同协调发展。

（3）有效把握农民信息消费需求的内容及方式，提高用户满意度。农村信息服务部门应从区域经济和产业结构特征出发，从源头保证对农民所传递信息的及时性、准确性、科学性和有效性，不断丰富政务、生产生活及农村市场等方面的信息服务，以满足农民日益增长的信息需求。同时根据农民实际情况，采取多样化的信息传递方式，更大程度地提高农民信息消费的满意度，进而促进信息消费的快速增长。

第三节　信息资源与信息消费

一、引言

城市偏向的宏观政策使得信息资源在城市不断集中，农村信息资源相对较少。而城市人口众多，信息资源在城市能够更好地得到利用，又进一步促进了信息资源的投入在城市的强化，农村地区由于信息资源分散、信息资源利用度不高，又进一步弱化了信息资源在农村地区的建设、开发和利用。中国的城乡二元结构，仍然存在于城乡信息资源领域，形成了城乡的"信息鸿沟"。

信息资源的类别构成复杂多样，从信息内容角度，可以分为文化信息资源、科技信息资源、公共部门信息资源、网络信息资源；从存储介质角度，可以分为纸质信息资源、电子信息资源。从其他不同的分类角度，信息资源还会有不同的构成。

二、城市偏向的信息资源

长期以来，中国存在城市偏向的信息资源。所谓城市偏向是指政府为实现特定目标而实施的一系列偏向于发展城市部门的政策[234]，由于中央和地方偏重于城镇信息化建设，对农业和农村信息化建设的投入十分有限，不但造成农业信息化的基础设施薄弱，信息网络和传播体系不健全，而且导致农业信息技术的研究开发不足、信息服务业落后和农村信息资源稀缺，信息进村入户难，导致城市成为信息流动的中心，而农民的公共信息空间相对封闭，农村信息化的发展速度远远落后于全国和城市的水平[235]。而城市中信息相关的基础社会投资较大，以"智慧城市"、"网络政务"、"智能交通"等为代表的城市信息化建设，极大提升了城市的信息化水平，使得城市中能够不断累积更多的信息资源。

城市偏向的信息资源政策导致了以下问题：

（一）农村图书馆稀少，文献信息资源稀缺

截至 2015 年底，全国图书馆从业人员已经达到 56422 人，但是这些人员主要分布在城市中，农村图书馆缺乏专职从业人员，农村图书馆从业人员十分稀缺。全国有行政村 70 多万个，只有极少数地区存在行政村办图书馆，而且多在发达地区。以北京为例，北京（2006 年）有区县图书馆 13 个，乡镇图书馆 149 个，村庄文化站、图书室 2175 个，占总行政村的 54.7%，相对于北京市人均 GDP 超过 5000 美元水平经济条件，这显然太少了，而在广大中西部地区，村办和镇办图书馆几乎是一片空白，在仅有的存在村办和镇办图书室或图书馆的农村，由于开馆时间少，许多农民甚至不知道图书室或图书馆的存在[236]。

（二）网络信息资源集中在城市

一方面，从网络信息内容来说，由于城市中的人口集聚效应，城市中的产业发展以及城市中政府管理机构的集聚，使得网络信息资源内容以城市文化、城市资源、城市公共信息等为主，面向农村的信息内容较少。CNNIC 发布的第十七次中国互联网发展状况统计报告显示，截至 2005 年 12 月 31 日，全国的网站总数约为 69.42 万，农业网站仅占 0.66%。不仅如此，农业信息服务站点主要集中在大中城市和东部经济发达地区，而且关联性较差，形成一个个信息孤岛[236]；另一方面，即使是网络信息资源是开放获取的，城乡居民获取网络信息资源的能力也不同，由于城市化进程的持续推进，农村年轻人口和高素质人口不断进入城市，农村剩余人口的年龄结构、文化层次、信息素养和能力等方面均显著弱于城市，导致农村信息资源获取能力较低。

三、居民文化信息消费的影响因素

在城市偏向的环境下，如何提升居民的信息消费能力，是需要重点关注的问题。由于网络信息资源的开放共享性，网络信息消费对于城乡居民从获取的角度而言是平等的，虽然信息资源的内容更偏重于城市生产生活，城市生产生活对于这类的信息资源的需求相对于农村而言更大，以图书文化资源为代表的信息资源的消费却称呈现出不同的特征。由于以图书馆为代表的文献资源严重依赖于图书馆的区位，城市中居民相对于农村居民而言更容易以低成本取获取图书信息资源，而农村居民可能要付出较高的交通成本、时间成本等因素，同时农村地区又缺少图书馆舍，因而农村地区难以提升文化信息消费。

但是在城市化背景下，农村人口大量进城工作和生活，因而更有意义的提升城乡居民文化信息消费的路径在于，厘清文化信息消费的影响因素，进而找到低成本协同提升城乡文化信息消费的路径。

（二）理论分析

影响居民文化信息消费的因素众多，主要包括居民的收入水平、居民的社会地位、人口统计因素等方面。

收入因素：收入因素代表居民文化信息消费的能力，根据需求层次理论，只有低层次的需求被满足以后，高层次的需求才会派生出来。有研究发现也证实了这一点，如葛继红（2012）发现农民收入水平是影响农民文化消费的重要因素，家庭人均收入和农民对家庭收入自我评价对农民文化消费有显著正影响[237]。李志和李雪峰（2016）利用对全国4011个城镇家庭的入户调查数据，分析了城镇居民的不同收入来源对文化消费的影响，以及生活压力和社会保障满意度对二者之间关系的调节作用，结果显示：城镇居民的工资性收入、经营性收入、财产性收入和转移性收入均显著正向影响其文化消费，其中，工资性收入和经营性收入的影响最大[238]。

社会关系：近些年以豆瓣网为代表的数字阅读与文化消费迅猛发展，表现为对于网络文化资源的需求迅速提升。数字阅读普及率迅速上升，非常重要的一个原因，就是在线社会网络的助力作用。在线社会网络通过阅读体验分享、兴趣分享、虚拟社区、在线评价等方式，以兴趣为导向，这种社会网络极大促进了用户的阅读需求。

其他因素：除了收入因素以外，相关研究年龄、教育、职位也会对文化消费产生重要的影响。例如孟华和李义敏（2012）发现上海都市居民作为调研对象，总结当前都市居民文化消费的一般特征及最新动态，发现年龄、教育、职位及收入等因素会对居民的文化消费产生不同的影响作用[239]。

（二）实证分析

基于上述理论分析，本部分拟利用国家卫计委流动人口动态监测数据进行回归分析，以计算出各类因素的影响程度。

1. 数据来源

解释变量：信息资源的测度一直是信息消费研究的难题，难以测度信息资源的多少，因而在实际研究时从另外一个角度进行分析。信息资源代表信息的供给，当一个城市的文化信息资源能够基本满足本地区居民的需求时，信息资源的供给应当与需求呈现出相对的动态均衡。当居民的文化信息需求得不到满足时，通过各种渠道的反馈，政府相关部门应当能够意识到民众的呼声，进而增加相关文化信息资源的建设投入，以满足社会需求。因而可以从文化信息需求的角度分析社会的信息资源数量。国家卫计委 2013 年进行流动人口动态监测调查时，设计的调查问卷中，会问调查对象在平时休闲时主要干什么，其中主要的选项有"上网/打游戏""看电视/电影/录像""读书/看报/学习"等 9 个方面的内容，让被调查对象根据程度次序，依次选出 3 个选项。如果被调查对象首选"读书/看报/学习"，那么设立"读书程度"变量，取值为 4，如果将"读书/看报/学习"放在第二位，则变量取值为 3，同理如果第三位，取值为 2，如果不选，择取值为 1。这样便得到被调查对象平时读书程度的指标，作为被解释变量，其大小代表社会对于文化信息资源的需求程度。

卫计委数据中，还包含了被调查对象社会网络的信息，如要求调查对象回答"除上班时间外，与谁来往比较多"以及"遇到困难，向谁求助"，因而设定"社会网络数"作为解释变量，将上述两个问题中被调查对象回答的对象个数相加，得到社会网络数。同时，根据数据可得性，将被调查对象的性别、年龄、学历、婚姻、收入、是否经常上网等因素作为控制变量，其中性别、婚姻、是否经常上网三个变量为二元分类变量，其余变量在计算时取对数。

同时卫计委调查时，为了使得数据具有更好的覆盖面，调查对象除了农村户籍的流动人口以外，还包括了城镇户籍的流动人口，以及城镇户籍的本地人口，因而数据覆盖面比较全面。

2. 计算结果

根据上文设定的变量，建立线性回归方程，计算结果见表格 4 - 9。

表格 4 - 9 文化信息资源的需求影响因素

变量类别	变量名	农村户籍流动人口		城镇户籍流动人口		城镇常住人口	
		系数	p 值	系数	p 值	系数	p 值
解释变量	本人月收入对数	0.059	0.000	0.127	0.000	0.034	0.009
	社会网络	0.026	0.000	0.042	0.028	0.045	0.007
	性别	-0.050	0.000	-0.108	0.000	0.073	
	年龄	-0.045	0.006	-0.089	0.185	0.162	0.000
	学历对数	0.042	0.328	0.335	0.003	0.391	
	每周工作时间对数	-0.078	0.000	-0.158	0.000	-0.103	0.000
	是否常上网	-0.069	0.000	-0.136	0.000	-0.114	0.000
	是否结过婚	-0.095	0.003	-0.336	0.000	-0.008	0.752
	常数项	0.280	0.004	0.452	0.206	-0.705	0.000

　　根据表格 4 - 9 的计算结果，根据卫计委数据的特点，按照城市中人口的组成，分农村户籍流动人口、城市户籍流动人口、城市常住人口三类人群，分别计算了相关影响因素对于对阅读需求的影响，可以发现收入的影响。统计发现，无论农村户籍流动人口、城镇户籍流动人口、还是城镇户籍的常住人口，其收入的影响系数均显著为正，表明收入水平的提升将会极大促进文化信息需求。城市偏向的政策在拉大了城乡居民收入差距的同时，将拉大城乡的文化信息需求的差距。

　　表格 4 - 9 中发现三类人群中，社会网络的影响系数分别为 0.026、0.042 和 0.045，均在 5% 水平下显著为正，表示社会网络规模每增加 1 个百分点，三类人群读书的程度分别提升 0.026、0.042 和 0.045 个百分点。表明无论何种人群，其线下的社会网络构成范围越大，该调查对象平时阅读的程度也越高，即线下社会网络规模的增加能够显著促进图书的阅读。从系数大小来看，发现农村社会网络对读书程度的影响中，农村户籍的流动人口最小，具有城市户籍的流动人口次之，最大的是城市常住人口。城市化背景下，人口向城市的大量涌入，一个典型特征就是流动人口的社会网络的重构问题，流动人口能否在城市中建立一个层次相对更高、网络范围相对更大的社会网络，又会对于流动人口的网络文化信息需求产生重要的影响。相对而言城镇居民更具有优势，城市中的人口集聚，使得城市人口更容易建立起一个规模比较庞大的社会网络，这种社会网络会提供一种正反馈机制，推进城镇人口的文化信息需求。同时，对于农村留守人员而言，由于农村人口的流失，农村人口之间农业生产所导致的社会联系较弱，农村人口的社会网络呈现出典型的乡土特征，伴随着人口的不断流失，这种社会网络不断受到冲击，不利于农村人口的文化信息需求的提升。

表格 4-9 中学历的影响在三类人群中呈现出不同的特征。对于农村流动人口而言，学历水平的提升并不能显著促进其文化信息需求，而城镇户籍人口的回归系数确显著为正，表明无论是城镇户籍的流动人口还是城镇户籍的常住人口，城镇这种户籍制度的差异性会对于学历对文化需求的影响产生一种显著的调节作用。户籍制度成为影响城乡居民信息消费的一个重要方面。

四、结论与启示

（一）研究结论

本部分从文化信息需求的影响因素角度，分析了城市偏向的政策对于城乡信息资源需求的影响。研究发现收入是影响文化信息需求的重要因素，城乡收入差距的扩大会导致城乡对于信息消费的需求差距扩大；同时城市化背景下人口在城镇集聚，促进了城镇区域内人口的社会网络的建立，无论是在城镇的流动人口还是常住人口，社会网络的规模扩大有助于提升其文化信息需求，而农村人口的流失不利于农村地区人口的文化信息需求；城乡户籍制度起到了重要的调节作用，农村户籍的人口其学历水平的提升并不会增加文化信息需求，但是城镇户籍人口的学历提升确能够显著增加文化信息需求。

（二）相关建议

提升城乡居民收入水平。由于收入水平能够显著影响到文化信息需求，在城市化进程中，一定要注意城乡收入差距的非正常扩大，研究合理的城乡收入差距水平，提升居民信息消费能力。

城市中图书文献信息资源的建设方面，不仅仅要重视传统的信息服务工作，还要重视社会网络在促进阅读中的作用。一方面基于图书借阅大数据，充分挖掘用户兴趣和用户特征，推动数字阅读的普及，提升图书馆数字化、信息化服务水平，不断推动基于网络学习社区、网络共享社区等形式的在线社会网络的形成。另一方面，在推动区域图书馆借阅合作的同时，不断促进读者数据的融合，促进数据的共建共享，促进跨图书馆的移动终端、读者服务系统等的建设，提升图书馆用户规模，探讨跨馆的线上和线下社会网络的形成和管理。厘清附加在城乡户籍制度差异基础上的社会影响，使得户籍制度在制约农村人口信息消费方面不断减少，提升流动人口在城市中的真正融合程度，提升农村进城人口的社会融合意愿和融合感知。

第五章

信息消费热点研究

本章研究思路：

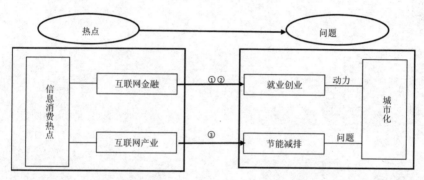

注：图中箭头表示影响机制的方向，箭头上的数字表示对该机制进行研究的章节编号。

本章从几个信息消费热点的角度，分析了信息消费的作用。其中互联网金融的发展对于传统金融行业产生了较大的冲击，本部分分析了互联网金融对于创业的影响；同时互联网产业的发展对于城市的运行效率也有着重要的影响，在环境问题日益成为社会热点、强调绿色发展的大环境下，本部分分析了互联网产业的发展在节能减排中的机制与作用。

第一节　互联网借贷与工薪阶层大众创业①

一、引言

"大众创业，万众创新"是新时代国家在经济转型大背景下提出的推动我国经济持续健康发展的战略性决策。创业需要金融支持，我国小微企业的发展历来经受着融资难的问题，那么"大众"创业是否也受到融资难的困扰，特别是在互联网金融作为一种"互联网＋"的融资方式逐步兴起的阶段，互联网金融这种形式是否支持大众创业？互联网金融作为现有以银行、证券等为代表的正规金融体系的补充，其投资者往往是资金量不大的小"散户"，而资金的需求方往往需要小额贷款，双方通过互联网金融平台实现资金的融通。这种区别于传统金融方式的"非正规金融"扩大了金融市场的服务对象，降低了金融服务的门槛（张兵、张宁，2012)[240]，促进了小微企业融资模式的创新（徐细雄、林丁健，2014)[241]，缓解了小微企业的融资难问题（王馨，2015)[242]。

自从全球第一家 P2P（peer‑to‑peer）互联网金融平台 Zopa 于 2005 年在英国成立以来[243]，大量的 P2P 或者众筹（crowd funding）平台开始出现，如美国的 Prosper、Lending Club，中国的陆金所、人人贷等，其中美国的 Prosper 由于提供了数据接口，向任何感兴趣的人公开其平台的非隐私性的交易信息，因而有大量的研究基于 Prosper 的数据展开；本部分的研究基于人人贷平台，利用抓取工具抓取了其 2015 年 1～8 月份的公开交易数据，剔除掉不合格样本后，得到了约 18 万份交易样本。

人人贷会按照借款人的工作性质将个人身份分为三类：工薪阶层、私营企业主以及网络店主三类，将借款用途分为了个人消费、投资创业、短期周转、购房、购车、教育、医疗等用途，借款人在借款时需要对于借款用途进行更为详细的描述，人人贷提供了必要的信用认证机制，以保证上述信息的真实性。

---

① 本部分内容已经发表在《金融经济学》2016 年第 5 期上。论文信息为：互联网借贷支持工薪阶层大众创业吗？——基于人人贷平台的研究［J］. 金融经济学研究，2016 (05)：85－95.

这为我们研究"大众创业"提供了非常好的研究视角,即如果一个人的身份是工薪阶层,而这个人借款的用途却是投资创业或者用于生意周转等,而不是用于个人消费,那么就可以认为这个借款者的借款目的是为了创业需要①,即工薪阶层的"大众创业"。如果投资者支持工薪阶层的"大众创业",即投资者存在一种投资偏好,这种投资偏好使得投资者愿意以更低的利率拆出资金,或者更愿意投资某些标的,使得那些创业的工薪阶层容易获得贷款,如果通过数据的分析,找到投资者存在这种投资偏好的相应的证据,那么就可以说明是支持工薪阶层创业的,反之,则不支持,这便是本部分的工作。

二、研究基础

实际上,大量的研究已经关注了金融领域以及互联网金融领域存在的投资偏好。French and Poterba(1991)[244]认为在国际证券市场投资中存在本地市场偏向(home bias),同等条件下,投资者更愿意投资于国内市场。Lin and Viswanathan(2015)[245]基于 Prosper 的数据,分析发现投资者的本地市场偏向在互联网金融领域仍然存在。Avery(1981)[246]认为相对于白人而言,黑人和西班牙裔群体在信贷市场更容易受到资金供给侧的约束,不容易获得信贷支持。互联网金融领域也存在类似的现象,如 Pope and Sydnor(2011)[247]基于 Prosper 的交易数据,研究发现在互联网金融中也存在种族歧视现象,同等条件下投资者更偏好于支持白人,黑人的借款成功率显著低于白人。Duarte et al(2012)[248]也是基于 Prosper 的交易数据,研究了借款人的形象与借款成功率间的关系,发现投资者更愿意投资于那些个人照片形象比较好的标的。Iyer et al(2015)[249]同样基于 Prosper 的交易数据,着重研究了借款人对借款的描述在互联网借款中的地位,发现投资者会偏好于分析借款人的文字描述这种软信息来进行投资决策,尤其是对于那些信用等级较低的借款人,投资者对于软信息的依赖程度会更强。Dorfleitner et al(2016)等的研究更进一步,他们基于欧洲两大 p2p 平台 Aux-

---

① 工薪阶层借款用于投资创业,将这种行为归结为"创业"应当是没有问题的,但工薪阶层如果借款是用于自己生意的周转,这种行为是否也属于"创业"范畴,会引起争议,但如果换一个角度思考,如果一个工薪阶层的收入来源主要来自于做生意的收入,那么这个人也就不再是工薪阶层了,因而对于工薪阶层而言,其做生意的收入来源不是主要来源,其借款的目的是为了将生意做大,从这个意义上讲,这种融资是为了保证其前期的创业成功的行为,也是一种创业行为,因而本部分研究中将工薪阶层用于投资创业的借款以及用于生意周转的借款均视为创业行为。

money 和 Smava 的数据，分析了借款软信息描述中，拼写错误、文字长度以及正面性的文字描述对于借贷成功率和违约率的影响，认为投资者在进行投资决策时，非常重视这些软信息的作用。Lee and Lee（2012）[250] 基于韩国最大的 P2P 平台的交易数据，研究了投资者行为，认为互联网金融领域的投资者不是成熟的投资者，存在着显著的羊群效应。

对中国互联网金融市场的研究中，也有文献分析了投资偏好问题，如廖理等（2014）[251] 从地域的角度，分析了中国投资者存在的投资偏好，认为存在偏好性的地域歧视；温小霓和武小娟（2014）[252] 基于拍拍贷的交易数据，研究了影响借贷成功率的因素，认为借款利率、借款人历史失败次数对借款成功率有负的影响，而借款金额、借款人历史成功次数、信用积分、审核项目数对借款结果有正的影响。借款人的性别、住宅情况也对借款结果有影响；廖理（2014）[253] 等基于人人贷平台的数据，分析了投资者对于互联网借款信息的识别能力，认为市场中的投资者是比较聪明的，他们能够借助借款人的公开信息识别相同利率背后所包含的不同违约风险。

投资人的投资偏好也体现在对借款用途的偏好上面，如 Prystav（2016）[254] 基于金融实验，让投资者根据借款人披露的信息情况，在互联网投资与银行存款间进行资产配置，发现投资者在互联网投资时，会支持那些将自我雇佣（self-employment）作为借款用途的借款人。Mach et al（2014）[255] 的工作论文中，基于 P2P 平台 Lending Club 的数据，研究了小企业通过互联网平台的借款情况，在控制了其他影响因素后，认为用于小企业（small business）用途的借款成功率是其他用途借款成功率的约 2 倍，投资者更愿意支持小企业的借款。Lin et al（2013）[256] 的结论则不同，他们基于 Prosper 的数据，认为由于商业用途的借款（business loan）风险较高，投资人会索取较高的利率，且这些标的的成功率较低。Neuberger and Döppner（2013）[257] 分析了小企业用途的贷款成功率的影响因素，认为企业家的人口特征和经济社会特征有着显著的影响。庄雷等（2015）[258] 构建了一个投资偏向的理论模型，并基于拍拍贷的数据，检验了资金借贷过程中的投资偏向效应，认为存在理性的投资偏向，投资者更愿意支持企业主的生产型借款订单。

现有研究从多个角度分析了在互联网金融领域存在的投资偏好，本部分的主要目的在于从投资者行为的角度，基于投资者投资偏好的分析，结合目前"大众创业，万众创新"的政策需求，研究投资者是否支持工薪阶层通过互联网借款去做生意这种"不务正业"的创业行为。下文将针对此建立研究假设，并展开分析。

三、初步证据

（一）数据预处理

人人贷平台会提供3个月至36个月期限的投资选择，其中有些期限的数据呈现明显的异常特征，如36个月借款成功率接近于100%，通过研究数据特征结合人人贷平台的运作分析，发现人人贷会将36个月借款的借款人进行实地认证，36个月借款的借款人的信用等级评价主要为最高的A级，还有极少比例的最高信用级别AA级，且36个月标的的利率水平较其他期限的借款利率高，人人贷会优先将这些标的面向第一次投资于人人贷平台的新投资者开放，并将这些标的放在网站主页最为显眼的地方，供新投资者投资，上述因素的作用导致这些借款的成功率异常偏高，这些借款标的高息诱惑，加上平台的信用认证机制，很可能会使得没有经验的投资人丧失判断，同时，人人贷设计了一款称为"U计划"的产品，这款产品中，客户资金委托给人人贷平台自动进行投资，投资标的主要是经过实地认证和有机构担保的标的，不需要投资人自己进行操作。经过观察，发现上述36个月的标的在向有经验的投资者开放前，基本上就已经满标了，笔者认为这部分数据具有特殊性，因而在数据分析时暂时剔除，同时剔除了部分包含广告的样本和不合格样本，最后得到的样本量为141749份，这部分数据主要为信用类的借款。

人人贷平台中，如果一笔贷款最终现实状态为"还款中"，那么就认为该笔贷款是成功的；反之如果一笔贷款最终状态为"失败"，那么就认为贷款是失败的；还有些交易的最终状态显示为"关闭"，这部分样本已经在前期数据预处理时进行了删除。

借款人在进行借款时要说明借款用途，并且设定借款标题以及对借款进行文字描述，如果借款人在上述三个方面中明确表明借款用途为消费性质的，如个人消费、家庭成员医疗和教育支出、个人住房购置和装修、购置私家车、结婚、归还信用卡等，那么这些样本的借款用途统一设定为"消费用途"，消费用途样本量为57884个；如果借款人在上述三个方面中明确表示借款是用于商业用途，如企业资金周转、扩大生产经营、投资创业、店面购置与装修、购置运营车辆等，那么这些样本的借款用途统一设定为"商业用途"，样本量为47226个；如果借款人没有明确表明借款用途，如仅仅说借款是用于资金周转，至于这些资金是用于消费性周转还是商业性周转，并没有在上述三个方面中表明，那么就认为这样的用途设定是模糊的，因而将这一类借款的用途统一设定为"无明确用途"，样本量为36639个。

（二）借款用途与借款成功率

表格5-1 借款用途与借款成功率

	消费用途	商业用途	无明确用途
借款失败	56113	45431	35982
借款成功	1771	1795	657
总计	57884	47226	36639
借款成功率	3.06%	3.80%	1.79%

表格5-1从借款用途角度，统计了不同用途借款的成功率，其中，消费用途借款中，借款成功的样本占到了3.06%，低于企业用途借款成功率的3.80%水平，无明确用途借款的成功率最低，为1.79%。消费用途的借款成功率低于商业用途借款的成功率，初步表明，投资者可能偏好于商业用途的投资。

（三）借款身份与借款成功率

不同身份的借款，其借款成功率也可能不同。表格5-2统计了工薪阶层和小微企业主（即前文中的私营企业主和网络店主）的借款总成功率：

表格5-2 借款身份与借款用途

	工薪阶层	小微企业主
借款失败	100187	37339
借款成功	3025	1198
总计	103212	38537
借款成功率	2.9%	3.1%

表格5-2中工薪阶层的借款成功率为2.9%，小微企业主的借款成功率为3.1%，工薪阶层借款成功率略低于小微企业主成功率。表格5-2数据表明，投资者似乎并不支持工薪阶层的借款。

由于影响借款成功率的因素众多，除了借款人的工作身份以外，还有借款利率、借款者信用等多方面的因素，为了控制这些变量的影响，后文将进一步建立经济计量模型进行分析。

四、研究假设与实证模型

（一）研究假设

由于人人贷借款过程中，利率是由借款人设定的，利率水平的高低在决定了投资者的投资收益的同时，也反映出了投资的风险。根据信息不对称的原理，在网络借贷过程中，投资人除了通过借贷平台发布的相关信息以外，很难再对借款人进行更为深入的了解，因而存在着较高的信息不对称性，投资者要么接受卖方设定的利率，借款成功，要么用脚投票，借款失败，因而衡量互联网金融是否支持大众创业的最主要标准是看工薪阶层商业用途借款的成功率，因而本研究做出如下假设。

假设1：如果投资者支持大众创业，那么在控制其他因素的影响前提下，对于商业用途的借款，工薪阶层的借款成功可能性相对小微企业家而言应当更高。

根据研究假设和数据特点，一笔借款要么成功，要么失败，因此设定二元Logistic回归模型。设某借款成功的概率P为：

$$P = \frac{Exp(\beta_0 + \beta_1 X + \beta_2 CONTROL + \varepsilon)}{1 + Exp(\beta_0 + \beta_1 X + \beta_2 CONTROL + \varepsilon)} \qquad 式（1）$$

式（1）中，X为本部分所关心的自变量，$CONTROL$为相关的控制变量，ε为随机误差项。对其进行Logit变换后得到式（2）：

$$Z = ln\left(\frac{P}{1-P}\right) = \beta_0 + \beta_1 X + \beta_2 CONTROL + \varepsilon \qquad 式（2）$$

下面设定自变量和控制变量对式（2）进行计算。

（二）数据处理

自变量：工作身份，借款人在进行借款时，要说明自己的工作身份，人人贷会要求借款人报告自己的的工作身份是"工薪阶层"还是"私营企业主""网络店主"。设定变量"工作身份"，如果借款人报告自己的工作身份为"工薪阶层"，那么就认为该借款人的主要收入来源于工资性收入，变量取值为1，属于工薪阶层；如果是"私营企业主"和"网络店主"身份，那么认为这些人群的主要收入来源于经营收入，变量取值为0，属于小微企业家。

控制变量：人口统计信息，相关研究认为，借款人的人口统计因素，诸如性别、年龄、学历以及婚姻等可能会影响借款成功率，因而如果借款人性别为男性，则"性别"变量取值为1，否则取值为0；如果借款人学历为专科及以上学历，则"学历"变量取1，学历为高中及以下，则取0；如果借款人的婚姻状况为未婚，那么"婚姻"变量取值为0，反之如果借款人婚姻状况为已婚或者结过婚，那么取值为1；"年龄"变量不做处理，取原始值。

控制变量：借款信息。人人贷要求借款人对于借款标的提供相应的描述信息，设定借款利率和期限，这些信息会直接影响借款成功率。相关研究认为借款人对于借款信息描述的详细程度会影响到投资人的投资决策，因而设定"借款描述"变量用以衡量借款人的借款信息描述的详细程度，借款信息描述越详细，那么描述信息的字数应当越长，因而"借款描述"变量用借款描述信息的字数表示；"借款利率"和"借款期限"两个变量取原始值，同时由于利率是影响借款成功与否的重要经济变量，利率水平不仅仅反映了借款人的借款成本和投资人的投资收益，同时也是借款标的风险的重要衡量指标，过高的利率可能意味着过高的风险，因此引入利率的平方项作为衡量借款风险的指标。

控制变量：借款人收入与财产信息。包括借款人的工作时间、收入范围、房产、房贷、车产、车贷等信息，设定"工作时间"变量，当投资人报告的工作时间为1年及以下时设定数值为1，1~3年时设定为2，3~5年时设定为3，5年以上时设定为4；"收入"变量，当借款人报告自己的收入范围为5000元及以下时，设定为1，5000~10000元设定为2，10000~20000元设定为3，20000~50000元设定为4，50000元以上设定为5；"房产"、"房贷"、"车产"、"车贷"四个变量，当投资人报告有该项资产或者负债时设定为1，没有时设定为0。

控制变量：借款人信用信息和信用记录。借款人的信用信息和信用记录，是投资者衡量借款风险的重要参考，人人贷会要求借款人提供工作认证、信用报告、身份认证、收入认证、房产认证、车产认证、婚姻认证等认证信息，如果借款人提交了相应材料且通过了认证，则上述变量值取1，否则取0；同时人人贷会根据借款人的综合信息对借款人进行信用评分和设定信用等级，这种信用评价能够在一定程度上缓解借贷双方的信息不对称问题（王会娟、廖理，2014）[259]，如果借款人信用等级为A或者AA级，则设立"信用等级"变量，并取值为1，如果借款人信用登记为A级以下，则"信用等级"变量取值为0；设定"是否成功借款过"变量，当借款人曾经在人人贷平台成功借款过的话，取值为1，否则为0；设定"是否违约过"变量，当借款人在人人贷平台有违约记录1次及以上，取值为1，否则取值为0。

（三）实证结果

针对设定的计量方程和变量，表格5-3报告了计量结果：

表格5-3 计量结果

变量			模型（1） 商业用途借款	模型（2） 消费用途借款	模型（3） 无明确用途借款
自变量		工作身份（1）	0.642**	1.275**	0.941**
控制变量	人口信统计息	性别（1）	-0.234*	-0.148	-0.199
		年龄	0.031**	0.003	-0.003
		学历	0.143	-0.053	-0.199
		婚姻（1）	0.026	0.134	-0.080
	借款信息	借款描述	0.003**	0.004**	0.002
		借款期限	-0.015	0.037*	0.086**
		借款利率	5.223**	7.418**	7.757**
		利率平方	-0.243**	-0.353**	-0.369**
	财产收入信息	工作时间	-0.075	0.049	0.120*
		收入范围	0.041	0.048	0.044
		房产（1）	-0.248**	-0.131	0.066
		房贷（1）	0.046	-0.034	-0.043
		车产（1）	-0.025	-1.193**	1.570**
		车贷（1）	0.278	1.551**	-1.417**
	信用信息和 信用记录	工作认证（1）	2.421**	2.027**	2.373**
		信用报告（1）	-1.533**	-3.173**	-2.797**
		身份认证（1）	1.103*	2.656**	2.027*
		收入认证（1）	0.157	2.349**	1.921**
		房产认证（1）	-0.026	-0.271*	-0.147
		车产认证（1）	0.002	-0.254**	-0.470**
		婚姻认证（1）	-0.182	-0.061	-0.083
		信用分类（1）	1.403**	-1.520*	2.084**
		成功借款过（1）	20.024	19.127	18.613
		是否违约过（1）	-0.290**	0.012	-0.123
		常数项	-49.473	-60.702	-62.246

注：表中变量名称后面的数字（1）表示变量取值为1时，相对于变量取值为0时的计算结果；**表示在5%水平下显著，*表示在10%水平下显著。

表格5-3中模型（1）将商业用途的借款成功与否作为被解释变量，并报告了计量结果，在控制了借款人的人口统计信息、借款信息、收入财产信息以及信用信息等因素后，发现自变量"借款人工作身份"显著为正，表明相对于私营企业主和网络店主而言，具有工薪阶层身份的人群通过互联网平台获取商业用途的借款具有更高的成功概率。根据前文中对"大众创业"的定义，即相对而言，投资者是支持工薪阶层的"大众创业"的。

五、身份、用途与信息的作用

（一）身份与创业支持

表格 5-3 中模型（1）虽然表明投资者支持工薪阶层"大众创业"，但还需要进一步明确原因是什么？投资者看中的借款者的"工薪阶层"身份，还是看重的"创业"这种行为。如果投资者认同的是借款人的身份，即存在"工薪阶层"偏好，那么不论是工薪阶层的何种借款，相对于"私营企业主"或者"网络店主"这类小微企业家而言，借款成功率都应当更高。为此，表格 5-3 中模型（2）和模型（3）进行了进一步的计算。

模型（2）分析了投资者身份对于消费用途的借款成功率的影响，自变量与控制变量的设定与模型（1）相同。表格 5-3 中数据表明自变量"工作身份"的系数显著为正，认为相对于"私营企业主"或者"网络店主"这类小微企业家而言，工薪阶层获取消费性贷款的可能性更高。

人人贷数据中，由于部分投资者没有明确说明借款用途，模型（3）利用该部分样本，采用了与模型（1）相同的自变量和控制变量，计算了"工作身份"的影响，发现即使借款人没有明确说明借款用途是什么，相对于"私营企业主"和"网络店主"借款人而言，投资者仍然更愿意借款给"工薪阶层"。

基于上述分析，发现无论借款用途是什么，投资者在同等条件下均首先支持"工薪阶层"的借款，即投资者存在借款人身份的投资偏好，投资者更支持"工薪阶层"的借款。因而前文中所得出的投资者支持工薪阶层"大众创业"的结论，其原因首先是由于投资者对于借款人身份的一种认同。那么投资者是否支持也"创业"这种行为呢？

（二）用途与创业支持

1. 模型计算

为了分析投资者是否支持借款人"创业"，就需要分析借款人对于借款用途是否存在偏好，特别是投资者是否支持"商业用途"的借款。表格 5-4 从"工薪阶层"以及小微企业家的角度分别分析了借款用途在借款成功率中的影响。

表格5－4　借款用途与创业支持

变量			模型（4）工薪阶层借款	模型（5）工薪阶层借款	模型（6）小微企业家借款	模型（7）小微企业家借款
自变量		借款用途（1）	－0.626**	0.376**	－0.436	0.831**
控制变量	人口统计信息	性别（1）	－0.268	－0.175	－0.213	－0.258*
		年龄	0.031**	0.020*	0.031**	0.022**
		学历	0.428**	0.012	0.052	0.059
		婚姻（1）	－0.034	－0.084	0.065	0.065
	借款信息	借款描述	0.006**	0.004**	0.003**	0.002**
		借款期限	－0.059**	0.048**	0.009	－0.006
		借款利率	5.228**	7.831**	4.483**	4.230**
		利率平方	－0.232**	－0.367**	－0.216**	－0.201**
	财产收入信息	工作时间	－0.058	0.042	－0.099	－0.027
		收入范围	0.065	0.025	0.028	0.056
		房产（1）	－0.223	－0.009	－0.356**	－0.301**
		房贷（1）	－0.186	－0.132	0.236	0.198
		车产（1）	－1.415*	0.332	0.316	0.280
		车贷（1）	1.713**	0.170	－0.037	－0.083
	信用信息和信用记录	工作认证（1）	1.054	1.183**	2.578**	2.543**
		信用报告（1）	－2.814**	－2.748**	－1.350**	－1.445**
		身份认证（1）	1.436	1.894**	0.878	1.142
		收入认证（1）	2.358**	2.789**	－0.093	0.017
		房产认证（1）	－0.064	－0.163	0.057	－0.002
		车产认证（1）	0.015	－0.453**	0.054	0.042
		婚姻认证（1）	－0.477**	－0.283	－0.104	－0.060
		信用分类（1）	0.980*	2.554**	－0.280	0.224
		成功借款过（1）	20.507	20.005	19.705	19.399
		是否违约过（1）	－0.331**	－0.187*	－0.221*	－0.249**
		常数项	－50.816	－64.784	－44.396	－44.482

注：表中变量名称后面的数字（1）表示变量取值为1时，相对于变量取值为0时的计算结果；**表示在5%水平下显著，*表示在10%水平下显著；表中的小微企业家指的是工作身份为"私营企业主"和"网络店主"的借款人。

2. 模型分析

表格 5-5 模型（4）中，自变量"借款用途"的赋值规则为，如果借款用途被明确表述为商业用途，那么取值为 1，如果被明确表述为消费用途，那么取值为 0。控制变量的设定与模型（1）一致。模型（4）中自变量系数显著为负，表明当借款人为工薪阶层时，借款用途为商业用途，相对于消费用途而言，借款成功的概率发生比显著降低，即相对于支持工薪阶层进行"大众创业"而言，投资者实际上更支持工薪阶层的消费性借款，而不愿意支持工薪阶层的商业用途借款。

模型（5）中，自变量"借款用途"的赋值规则为，如果借款用途被明确表示为商业用途，那么取值为 1，如果没有明确说明借款用途，即借款人在借款用途上面表述不清，投资者无法判断资金流向，那么赋值为 0。控制变量的设定与模型（1）一致。模型（5）中报告的自变量"借款用途"的系数显著为正，即认为与没有明确表明了用途的借款而言，如果借款人明确表示借款用于商业用途，那么此时借款成功的概率发生比将显著提升。

基于模型（4）和模型（5）的结论可以得出投资者对工薪阶层借款的投资偏好，如式（3）所示：

消费用途借款＞商业用途借款＞无明确用途借款   式（3）

式（3）中投资者对于工薪阶层的借款有着明确的用途偏好，对于"工薪阶层"这种工作身份，投资者最为支持的是其消费性用途的借款，商业用途的借款次之，表明相对于支持工薪阶层创业而言，投资者更支持工薪阶层消费。由于商业用途借款会受到企业经营风险的影响，因而投资者存在的上述偏好，是投资者应对投资风险的正常反应。

为了进行对比分析，对于小微企业主的借款，投资者是否也存在上述偏好，模型（6）和模型（7）进行了分析。模型（6）中自变量"借款用途"赋值规则与模型（4）相同，根据表中数据，可以发现自变量系数并不显著，即投资者对于小微企业主的消费用途借款与商业用途借款并没有特定的偏好。模型（7）中自变量的赋值规则为当借款人明确指明了借款用途是消费或者商业用途时取 1，如果没有明确说明借款用途则取 0，表格 4-4 中该自变量的系数显著为正，表明如果小微企业主明确指明了借款用途，那么其借款成功率会显著提升。上述偏好可以表示为：

消费用途借款～商业用途借款＞无明确用途借款   式（4）

式（4）中，对于小微企业主的借款，投资者在消费性用途与商业用途之间并没有显著性的偏好，这与式（3）是不同的。式（3）与式（4）相同的是，如果借款人没有明确说明借款用途，投资人通过借款人的借款描述不能准确判断借款用途，那么对于这种类型的借款均会"用脚投票"。

通过对比式（3）与式（4）的研究结论，可以认为投资者对于工薪阶层的"大众创业"这种行为，有着显著的投资用途偏好，相对而言投资者并不支持工薪阶层的这种"创业"行为。

（三）信息与创业可信度

式（4）中投资者在小微企业主的消费性用途借款与商业性用途借款之间并没有显著性的偏好，基于我国小微企业的经营特点，一种可能的解释是由于小微企业很难做到对企业主的家庭性消费支出与企业的经营性支出进行区分，因而对投资者而言小微企业主的这两种借款具有很强的替代性，即企业主无论借了何种用途的资金，均可以很容易地进行挪用。由于人人贷对于借款人的借款用途并没有进行事前审核与事后监管，投资者对于借款用途的认知只是基于借款人的描述，即这种借款信息的描述是可能缺乏可信度的，投资者有理由相信企业主由于经营或者生活压力，会在两种用途的资金之间进行相互挪用和替代。

实际上对于小微企业主这类借款人而言，在借款阶段确实存在借款用途信息表达方面的"错配"激励。根据样本数据可以计算出小微企业主的商业用途的借款成功率为3.9%，消费用途的借款成功率为1.3%，没有明确表明用途的借款成功率为1.2%。由于投资人对于小微企业主的商业用途借款与消费用途借款没有显著性不同偏好，但这两类借款成功率却存在显著差异，小微企业主将借款用途表述为商业用途的话，成功率明显高出消费用途，即存在借款成功率方面的激励，使得小微企业主"故意"将其消费用途的借款表述为商业用途。但如果此时对于一笔借款，小微企业主仍然明确说明其借款是用于消费用途，由于存在上述激励，小微企业主拒绝去"故意"混淆借款用途，那么这类借款信息的表示是可信的。

那么工薪阶层是否也存在类似问题，工薪阶层的创业行为信息是否是可信的？根据样本数据可以计算出工薪阶层消费用途的借款成功率为3.6%，商业用途借款的成功率3.2%，没有明确用途的借款成功率为1.9%，即工薪阶层也存在一种借款成功率方面的激励，会将商业用途的借款"故意"表述为消费用途的借款，以此提高获取资金的可能性。此时，对于工薪阶层明确表示为商业用途的借款，其拒绝将借款用途"故意"陈述为成功率更高的消费用途，那么这类借款信息也是可信的，即工薪阶层通过互联网融资进行"大众创业"是可信的。同理，两类人在无明确用途借款方面的信息陈述也是可信的。对于上述表述，表格5-6进行了总结。

表格5-6　借款信息表述可信度

借款用途	工薪阶层	小微企业主
消费用途	信息不可信	信息可信
商业用途	信息可信	信息不可信
无明确用途	信息可信	信息可信

六、结论与启示

（一）研究结论

本部分将工薪阶层通过互联网进行商业用途的融资行为定义为工薪阶层的"大众创业"，利用人人贷平台抓取的交易数据，通过建立二元逻辑回归模型，分析了互联网金融是否支持工薪阶层"大众创业"。研究表明，相对于以私营企业主与网络店主为代表的小微企业主而言，投资者更愿意支持工薪阶层的"大众创业"，但这种支持主要是对"工薪阶层"这种身份的支持，而不是"创业"这种行为的支持。即相对于小微企业主而言，投资者更支持工薪阶层的各类借款，但在工薪阶层的各类借款中，相对于工薪阶层进行商业用途的借款而言，投资者更为支持的是工薪阶层的消费类借款。从信息可信度角度，工薪阶层的"大众创业"是可信的，因而互联网金融对这种行为的支持也是可信的。

（二）政策启示

1. 完善信息认证机制

一是促进互联网金融平台中借款人以及借款基本信息的完善，在现有的信用认证机制基础上，结合实地认证，不断丰富信息认证机制，强化对于资金使用用途和过程的监督，使投资者能够不仅从借款人身份角度，还能够从借款用途角度充分掌握真实可信的投资信息。二是强化信用信息数据库在第三方认证机构与互联网平台间的共建和共享，利用社会化信用信息完善互联网平台的信用认证过程。三是完善对于商业用途资金的信息认证内容，在披露借款人信息的同时，强化披露企业的信用信息、企业经营信息、财务信息等信息，使得商业用途的借款获得更为恰当的信息披露。

2. 推动创业融资平台的发展

首先由于创业本身是一项高风险活动，对于创业的资金支持也就成为高风险的投资，因此需要推动互联网平台发展方向的多元化，鼓励面向创业融资方向的互联网平台发展，吸引高投资风险偏好投资者。其次推动创业融资平台摆脱作为传统信用中介的职能，向信息中介方向发展，重点关注交易双方的信息披露。最后，强化融资平台经营风险监管，在鼓励金融创新的同时，防范系统性风险。

3. 不断完善风险控制

一方面不断完善风险控制手段，扩展资产抵押类型和渠道，在网络产业不断渗透的前提下，不断拓展基于网络的财产抵押物范围，探讨诸如游戏币、游戏装备、网络账号等虚拟财产的抵押融资，推动抵押物的线上化。另一方面要执行差异化的风险拨备率，基于互联网平台的大数据优势，研究不同类型借款的风险水平，针对不同类型借款实施差异化拨备率。

第二节　信息披露、投资偏好与大众创业的互联网借贷支持①

一、引言

大众创业是李克强政府强力推行的在新常态下促进我国经济转型和长期健康发展的重要举措[260]。从金融角度，大众创业要取得成功，离不开资金的支持。一个充分发育的金融市场，应当尽量满足大众创业中不断增加的资金需求。以 P2P 为代表的互联网金融形式，近些年来取得了飞速的发展成就，产生了诸如陆金所、人人贷、拍拍贷等知名的交易平台，成为了金融市场中重要的组成部分。P2P 的一个重要特征就是平台的借贷双方往往都是小微个体，这为小微企业发展提供了资金支持的渠道。普通的工薪阶层可以通过该渠道获取资金支

---

① 本部分主要内容已经发表在《财经论丛》2017 年 11 期。论文信息为：信息披露、投资偏好与大众创业的互联网金融支持——基于人人贷数据的研究 [J]．财经论丛，2017 (11)：33-42.

持进行创业，小微企业主也可以通过该渠道获取资金支持，以进行创业或者不断做大现有企业。

P2P既延伸了投资者的区域范围，也拓展了借款者的区域覆盖，互联网所及之处的任何人都可能成为潜在的投资者，同时任何人也可能成为借款者。互联网一定程度上降低了资金融通中的交易成本，但由于信息不对称，网络借贷过程中存在的道德风险以及逆向选择问题，实际上也很容易被网络放大。之所以出现很多P2P平台的跑路事件，一方面是平台自身的经营管理问题，另一个重要的原因就是上述问题导致的。因而提升信息披露质量，减少信息不对称，就成为互联网P2P的重要方面。

互联网P2P交易中，双方的资金量"小"这一特征，决定了网贷平台在信息披露监管中的成本也要小，因而难以对于借款人在借款时信息披露的可信度进行更为全面的衡量，更难以对事后资金使用过程中的潜在风险进行监管和跟踪。虽然有平台会通过一定渠道对于借款人进行事前的"实地认证"，但仍然无法做到对借款的事后监督。上述特征决定了互联网P2P交易中信息披露的不完全性，由此导致了投资者会根据一定的信号，如根据借款人的身份特征、借款期限、借款利率等信息，进行投资风险的判断，进而形成了特定的投资偏好。

本部分的工作，主要从信息披露角度，从借款人身份角度，分析在大众创业中借款人通过互联网P2P渠道融资时，投资者形成的对于借款人身份的投资偏好以及原因，为大众创业这一国家宏观战略提供政策支持。

二、研究基础

（一）大众创业

根据数据特点和研究需要，本部分将大众创业分为了两类，一类是工薪阶层的大众创业，一类是小微企业主的大众创业。如果研究对象身份是工薪阶层，且收入主要来源于工资性收入，他们不是为了进行消费才通过互联网融资，而是为了满足企业创立或者发展需要，那么这类人的经营行为可以认定为工薪阶层的大众创业。如果身份是拥有或者共同拥有小微企业的小企业家，且借款的目的是为了创立企业或者使得现有企业做大做强，那么这类人的经营行为可以认定为小微企业主的大众创业。

（二）文献梳理

互联网借贷 P2P 平台在融通资金过程中所起的作用本质上是信息中介与信用中介的作用。Freedman and Jin（2011）认为 P2P 平台相对于传统融资平台而言，信息不对称更为严重，且会导致逆向选择，原因在于信息平台很难获取借款者的信用记录、收入以及就业等硬信息的作用[261]，国内学者谈超等（2014）[262]通过建立理论模型也证明了这一点。同时，由于投资者的风险识别能力不同，在信息不对称环境下，投资者的投资收益会受到较为显著的影响（Klafft，2008）[263]。Wang and Greiner（2011）认为信息不对称会导致互联网借贷平台产生比预期更高的违约率和风险[264]。同时信息不对称和不完全会导致投资者形成非常显著的羊群效应（Shen et al，2010）[265]，羊群行为有可能是一种理性行为（Herzenstein et al，2011）[266]，也有可能是一种非理性的行为（Prystav，2016）[254]。在信息不对称环境下，投资者会形成特定的投资偏好：如本地市场偏好（Lin and Viswanathan，2015）[267]、个人形象的偏好（Duarte，2012）[248]、身份偏好（Riggins，2011）[268]、种族偏好（Pope and Sydno，2011）[247]、地域偏好（廖理等，2014）[251]、借款用途偏好（Lin et al，2013）[256]等等。

信息不足和不对称使得投资者更重视软信息的作用。李焰等（2014）通过对 P2P 平台拍拍贷的数据分析，研究发现描述性信息会对投资人决策产生影响，认为提供更多描述性信息的借款人更容易成功借款[269]。Yum et al（2012）认为在信息严重不对称时存在羊群效应，但当信息量逐步丰富后，投资者会逐步形成自己的判断[270]。Iyer et al（2015）认为通过软信息渠道，投资者可以更好地了解借款人，尤其对于那些信用评级比较低的借款而言，软信息对于借款成功率尤为重要[249]，彭红枫等（2016）的研究也发现借款利率与借款描述间存在显著的关系[271]。Dorfleitner et al（2016）基于对欧洲两大 P2P 平台中软信息的研究，认为借款描述中的拼写错误、描述字数长度、借款描述中唤起正向情绪的词汇，能够显著影响到借款成功率[272]。Herzenstein（2011）研究了软信息中，借款描述倾向对于借款成功率的影响，认为即使是不能验证的软信息，只要能够给投资者描绘一个好的故事，提升投资者对于借款人的身份认同度，就能显著提升借款成功率，这种影响甚至超过了可以验证的信息的作用[273]。

如果借款人要进行创业，那么信息披露中就要涉及到创业和企业经营的信息，但目前的 P2P 平台由于交易成本原因，披露的信息主要是借款人的信息，这就导致了创业融资的借款标的的信息披露不完全，投资者要想对交易风险进行评估，将不得不更多的借助于软信息，此时交易双方的信息不对称程度会更加严重，同时借款人也可能存在在软信息披露中弄虚作假的激励，又进一步减低了软信息的可信度。因而最终会导致投资者形成特殊的投资偏好和投资行为。本部分的主要贡献在于，力求从大众创业这一视角，分析由于信息披露不完全和不可信所导致的投资者特殊偏好，进一步深化现有研究中对于投资者投资偏好的研究，并结合中国实际情况，为大众创业提供政策支持。

三、直觉与数据的矛盾

（一）一个直觉假设

假设有两个借款人，借款用途为企业用途，即借款人借钱主要用于企业设立或者企业的经营需要，两个的其他方面均完全相同，唯一不同的地方在于，一个借款人身份为小微企业家，有一定的企业运营经验；另一个借款人身份为工薪阶层，主要收入来源是工资性收入，借钱的目的是为了投资创业，但缺乏企业的运营经验。在同等条件下，投资者会更愿意借款给谁？

一个直观的回答是，由于小微企业主有一定的企业运营经验，借款给小微企业主的话，企业投资失败导致无法收回本息的风险会小，因而投资者应该更愿意将资金拆借给小微企业主。因而做出如下直觉假设：

假设1：同等条件下，相对于普通工薪阶层而言，投资者更愿意将资金出借给小微企业家进行创业。

（二）假设检验

为了对上述假设进行检验，笔者通过爬虫软件抓取了人人贷平台的2015年上半年部分公开的交易数据信息。人人贷平台是中国基于互联网的P2P网络借贷中比较具有代表性的交易平台，在这个平台上，借款人根据要求披露相应的身份信息，并根据平台要求提供必要的各种信息认证资料，人人贷会对借款人所提交的信息通过网络进行信用等级评分和认证，部分借款人还会由人人贷在各个地区的信用认证代理机构进行实地的认证，投资者根据借款人在平台上设定的借款利率和借款描述等信息，决定是否进行投资。在剔除了不合格样本后，选取了141749份信用认证标进行分析，信用认证标的借款期限为3~24个月。141749份信用认证标中借款成功（包括借款成功后正常还款以及借款成功后还款违约）的比例为2.8%，借款失败的比例为97%①，正处于借款期还没有满标等其他情况占比为0.01%。

人人贷平台中借款利率由借款人设定，并明确给出借款期限和借款用途，以及要对借款进行详细的文字描述，最后由投资人选择投资还是不投资，从而最终决定借款是否成功，因此将借款成功与否设为被解释变量。人人贷会要求投资人报告自己的工作身份，共计有三类"工薪阶层""私营企业主""网络店主"，其中后两类统一归集为"小微企业主"，便得到了反映借款人身份的二元分类变量，将此作为解释变量。如果解释变量在解释借款成功率方面存在显著的差异性，比如在控制了其他因素的影响后，小微企业主身份相对于工薪阶层身份而言，借款成功率存在显著提升，那么直觉假设就可得证。在抓取的样本数据中，根据借款用途，如果是工薪阶层借款为了企业用途，那么认为这部分样本数据是有关工薪阶层的大众创业的；如果小微企业主借款为了投资创业，或者为了保证所拥有的小微企业正常运行或做大做强，那么认为这部分样本数据是有关小微企业主的大众创业的。

除了借款人身份以外，人人贷平台还要求投资人报告必要的个人身份信息、收入财产信息、信用信息等，这些信息对于投资人而言是重要的投资风险参考。众多研究，如王会娟和廖理（2014）[259]、廖理等（2014）[253]、Lee and Lee（2012）[250]等已经确认这些信息对于借款是否成功有着重要的影响，因而在建立计量模型时要将这些变量设定为控制变量。控制变量主要包含了人口统计信息、借款标的信息、财产收入信息、信用信息和信用记录情况等四个大类共计25个变量。

由于计量模型的被解释变量为二元分类变量，解释变量和控制变量中也涉及到众多的分类变量，因此建立二元逻辑回归模型。表格5-7报告了各个变量的赋值规则和描述性统计指标。

---

① 目前人人贷网站上面的借款标的中信用认证标已经没有了，以实地认证标和机构担保标为主，这些借款标的的借款成功率几乎为100%，进而通过访问人人贷网站，见到的借款标的借款几乎均为借款成功的标的。

表格 5-7 各个变量的说明与统计

变量		取值范围	均值	变量说明
被解释变量	借款成功否	0, 1	0.03	借款成功取 1, 失败取 0
解释变量	工作身份	0, 1	0.71	工薪阶层取 1, 小微企业主取 0
控制变量 人口信统计信息	性别	0, 1	0.86	1 男性, 0 女性
	年龄	22 ~ 61	29.79	
	学历	0, 1	0.62	高中及以下取 0, 本科及以上取 1
	婚姻	0, 1	0.46	未婚 0, 结过婚 1
借款信息	借款描述	1 ~ 732	49	借款人对借款描述中的字数, 单位: 个
	描述倾向	0, 1	0.423	表达正向情绪与信息取 1, 中性或负向取 0
	借款期限	3 ~ 24	17	单位: 月
	借款利率	8 ~ 13	12.29	年化利率, 单位: %
	利率平方	64 ~ 169	151.99	
财产收入信息	工作时间	1 ~ 4	1.39	工作 1 年及以下取 1, 1 ~ 3 年取 2, 3 ~ 5 年取 3, 5 年以上取 4
	收入范围	1 ~ 5	2.01	收入范围为 5000 元及以下时, 取值为 1, 5000 ~ 10000 元取值为 2, 10000 ~ 20000 元取值为 3, 20000 ~ 50000 元取值为 4, 50000 元以上取值为 5
	房产	0, 1	0.28	有房产, 取 1, 没有取 0
	房贷	0, 1	0.1	有房贷, 取 1, 没有取 0
	车产	0, 1	0.04	名下有车, 取 1, 没有取 0
	车贷	0, 1	0.04	有车贷, 取 1, 没有取 0
	工作认证	0, 1	0.05	进行过工作身份认证, 取 1, 没有取 0
	信用报告	0, 1	0.18	有信用报告取 1, 没有取 0
信用信息和信用记录	身份认证	0, 1	0.29	认证过, 取 1, 没有认证取 0
	收入认证	0, 1	0.04	认证过, 取 1, 没有认证取 0
	房产认证	0, 1	0.04	认证过, 取 1, 没有认证取 0
	车产认证	0, 1	0.02	认证过, 取 1, 没有认证取 0
	婚姻认证	0, 1	0.02	认证过, 取 1, 没有认证取 0
	信用分类	0, 1	0.002	A 级及以上取 1, 否则取 0
	成功借款过	0, 1	0.06	在人人贷平台曾经成功借款过, 取 1, 否则取 0
	是否违约过	0, 1	0.02	在人人贷平台曾经违约过, 取 1, 否则取 0

根据表格 5 - 7 中的数据处理和变量设定，选取了工薪阶层和小微企业主创业借款的样本，通过建立二元逻辑回归方程，基于 SPSS22.0 计算了回归结果，详见表格 5 - 8：

表格 5 - 8　借款者身份与借款成功率

变量类别	变量名	系数	标准差	显著性
解释变量	工作身份（1）	0.646	0.129	0.000
人口统计信息	性别（1）	−0.239	0.127	0.061
	年龄	0.031	0.008	0.000
	学历（1）	0.137	0.098	0.160
	婚姻（1）	0.030	0.112	0.790
借款标的信息	借款利率	5.233	1.019	0.000
	利率平方	−0.243	0.047	0.000
	还款期限	−0.016	0.017	0.361
	借款描述	0.003	0.001	0.000
	描述倾向（1）	0.138	0.088	0.118
财产收入信息	工作时间	−0.075	0.050	0.132
	收入范围	0.039	0.043	0.356
	房产（1）	−0.249	0.113	0.028
	房贷（1）	0.051	0.122	0.673
	车产（1）	−0.005	0.338	0.988
	车贷（1）	0.259	0.349	0.459
信用信息和信用记录	工作认证（1）	2.425	0.173	0.000
	信用报告（1）	−1.538	0.177	0.000
	身份认证（1）	1.074	0.569	0.059
	收入认证（1）	0.159	0.204	0.436
	房产认证（1）	−0.033	0.126	0.793
	车产认证（1）	0.001	0.119	0.993
	婚姻认证（1）	−0.192	0.120	0.108
	信用分类（1）	1.491	0.442	0.001
	成功借款过（1）	20.026	235.156	0.932
	是否违约过（1）	−0.292	0.096	0.002
	常数项	−49.558	235.225	0.833

注：表中变量名后面的（1）表示变量取值为 1 时，相对于取值为 0 时的影响。

（三）身份偏好

根据表格 5-8 中的数据，可以发现在控制了相关因素的影响后，解释变量工作身份在取值为 1 时，相对于取值为 0 时存在显著差异性，系数为 0.646，1% 水平下显著为正，表明当借款人的工作身份为工薪阶层时，相对于工作身份为小微企业主而言，能够获得更高的借款成功率，即可以得出投资者存在身份偏好，更愿意支持工薪阶层的创业融资。这与前文中的直觉假设是相矛盾的。在控制其他因素的影响后，投资者在同等条件下应当更支持小微企业主的借款，毕竟他们的企业运营经验要相对多些，借款给他们所带来的违约风险应当更低一些。但表格 5-8 的计量结果与直觉假设 1 却是相矛盾的。

四、风险衡量与身份偏好

（一）风险衡量

在关于投资人羊群行为的研究中，关于该行为是否是理性的，虽然没有一致性的结论，但对于有限理性的个体和有限信息的借款标的而言，投资者羊群行为中应当既包含了理性成份，也包含了非理性行为。对于上文中投资者的身份偏好与直觉的矛盾，是一种理性的行为还是非理性的，需要进行进一步分析，以确认这种身份偏好的合理性。

由于信息披露不完全和不对称，投资者除了根据可以接触到的各类信息进行投资风险衡量以外，还有一个非常重要的渠道就是投资者对于利率的判断。利率水平的高低，既代表了所能获取的收益水平的高低，同时也代表了风险水平的高低，因为逆向选择的存在，使得越高的利率可能意味着越高的风险。同时，借款人也会有相对理性的预期，为了获取尽可能高的借款成功率，在设定借款利率时，既不能太高，也不能太低。设定的利率太高，投资人会认为借款人越需要资金，风险越高；设定的利率太低，投资人缺乏获取高收益的激励，借款成功率会大打折扣。因而应当存在一个最优利率水平，该水平在综合了投资收益与投资风险以后，能够最大可能提升借款成功率。通过观察最优利率与实际成交利率之间的关系，可以判断出风险水平的高低。

为此，5-9 重新设定二元逻辑回归计量模型，将研究样本分为两类，一类是有关工薪阶层创业借款的数据，另一类是小微企业主创业借款的利率。对上述两部分数据，设定相同的解释变量和控制变量。5-9 中除了利率以及平方项作为解释变量以外，还将人口统计信息、借款标的信息、财产收入信息、信用信息和信用记录等均作为解释变量，各个变量的处理方式与 5 - 8 相同。

5 - 9 不同用途借款中利率对借款成功率的影响

解释变量分类	变量名	工薪阶层创业借款	小微企业主创业借款
人口统计信息	性别（1）	- 0.210	- 0.200
	年龄	0.028 *	0.031 **
	学历（1）	0.378 *	0.062
	婚姻（1）	0.003	0.062
借款标的信息	借款利率	6.158 **	4.298 **
	利率平方	- 0.270 **	- 0.208 **
	还款期限	- 0.070 **	0.008
	借款描述	0.003 **	0.002 **
	描述倾向（1）	0.255 **	0.110
财产收入信息	工作时间	- 0.050	- 0.092
	收入范围	0.037	0.028
	房产（1）	- 0.111	- 0.355 **
	房贷（1）	- 0.220	0.231
	车产（1）	- 1.271	0.330
	车贷（1）	1.584 *	- 0.051
信用信息和信用记录	工作认证（1）	1.008	2.582 **
	信用报告（1）	- 2.614 **	- 1.348 **
	身份认证（1）	1.409	0.869
	收入认证（1）	2.430 **	- 0.094
	房产认证（1）	- 0.071	0.041
	车产认证（1）	- 0.191	0.049
	婚姻认证（1）	- 0.319	- 0.116
	信用分类（1）	2.855 **	- 0.291
	成功借款过（1）	20.636	19.697
	是否违约过（1）	- 0.412 **	- 0.213 *
	常数项	- 57.094	- 43.811
最优利率水平		11.406	10.327

解释变量分类	变量名	工薪阶层创业借款	小微企业主创业借款
整体借款利率均值		12.330	12.231
整体借款利率中位数		13.000	12.000
成功借款利率均值		11.479	11.624
成功借款利率中位数		11.000	12.000

注：表中"＊＊"表示在5%水平下显著，"＊"表示在10%水平下显著。

5-9中无论是工薪阶层的借款还是小微企业主的借款，借款利率以及利率的平方项两个变量的系数均在5%水平下显著。由于二次项系数显著为负，一次项系数显著为正，因而有一个开口向下的利率的二次函数，使得存在最优的利率水平，该利率水平在综合了借款的风险与收益后，能够使得借款成功率最高。通过在最高点计算一阶导数，可以计算出最优的利率水平。5-9中给出了计算出的最优利率水平，工薪阶层创业融资的最优利率水平为11.41%，小微企业主的最优利率水平为10.33%。通过5-9中利率以及平方项的系数数据，也可以计算出整体的最优利率水平为10.77%。如果实际成交的借款利率水平高于上述最优利率，那么意味着投资者索取更高的风险回报，即投资者认为该类借款是高风险的。

5-9最后四行报告了根据不同方法计算出的利率水平，其中前2行计算了无论借款成功与否，不考虑利率的期限结构问题，整体而言借款人给出的利率均值和中位数，后2行计算了成功的借款平均利率和中位数。用上述指标减去最优利率，即可得出风险回报。表格5-10报告了相关结果。

表格5-10 不考虑期限结构的风险回报

类别	工薪阶层	小微企业主
整体借款的风险回报（均值法）	0.924	1.904
整体借款的风险回报（中位数法）	1.594	1.673
成功借款的风险回报（均值法）	0.073	1.297
成功借款的风险回报（中位数法）	-0.406	1.673

根据表格5-10中数据可知，无论采用何种方法，发现小微企业主创业借

款的风险回报水平均高于工薪阶层的风险回报水平。即小微企业主借款的利率，已经超过了最优利率，该利率已经不利于提升借款成功率，同时也反映出投资者对于小微企业主的借款，会索取更高的风险回报。因而认为小微企业主借款的风险是更高的。

（二）利率的期限结构与风险

由于利率存在期限结构问题，不同期限的利率水平是不同的，由于样本量限制，笔者无法计算出不同期限下的最优利率水平，进而判断在不同的期限下投资者对于不同类型人群借款的风险判断。同时，由于不同期限的借款人数比例不同，与利率的期限结构相叠加，使得上文中基于利率均值和中位数的判断方法，说服力有待提高。为此，表格 5 - 11 给出了成功的借款在不同期限的利率水平，以进一步对增强上述对于风险水平的判断。

表格 5 - 11　两类人群成功借款的利率期限结构

借款期限	工薪阶层创业借款		小微企业主创业借款	
	占比	平均利率	占比	平均利率
3.0	1.06%	9.375	1.25%	9.538
6.0	21.75%	10.366	32.56%	10.655
9.0	3.45%	11.615	2.69%	11.536
12.0	37.40%	11.152	37.66%	11.652
15.0	3.71%	11.536	0.58%	12.083
18.0	7.16%	11.593	2.11%	12.636
24.0	25.46%	12.938	23.15%	12.963
总计	100%	11.479	100%	11.624

表格 5 - 11 中，对比两类人群在不同期限的下成功借款的平均利率可以发现，除了样本量占比较低的 9 个月借款以外，其余期限下工薪阶层借款的利率水平均低于小微企业主借款的利率水平。结合前文中计算的小微企业主借款的最优利率水平较低的结果，因而仍然可以判断出，投资者会向小微企业主索取更高的利率，以弥补风险，即小微企业主的借款风险是更高的。

图表 5 - 1 给出了两类人群借款的利率期限结构图，可见随着期限上升，利率水平也随之提升，同时图表 5 - 1 还线性和指数拟合了利率的期限结构曲线图

（图中细实线），并给出了公式。从图中可见，线性方程拟合时，小微企业主借款的系数高于工薪阶层的系数；指数拟合时，小微企业主的利率增长率也高于工薪阶层的增长率。由此也可以得出，伴随着借款期限的延长，投资者认为小微企业主借款的风险会上升更快，从而印证了前文中小微企业主借款风险更高的判断。

　　基于前面几方面的分析，可以综合得出投资者认为小微企业主的创业借款是更高风险的，因而形成了投资者更支持工薪阶层的创业借款的投资偏好。这种投资偏好是为了规避风险，因而是一种理性的行为。

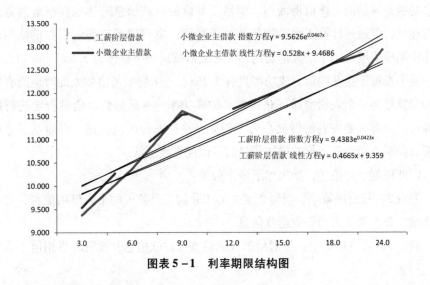

图表 5－1　利率期限结构图

五、信息披露与风险衡量

（一）理论假设

投资者为何认为小微企业主的创业投资借款是更高风险的？下文尝试从不同身份借款人的信息披露特征与投资者信息需求预期之间的关系尝试进行分析。

　　从原理上来看，如前文所述，由于工薪阶层在借款创业前，缺乏企业运营经验，对于投资者而言，无法评估他们的企业经营能力和经营风险，进而判断出投资风险，因而最合理的风险评估手段，就是根据借款人自身相关的信息，综合做出相应的风险预期，此时借款人自身的信用好与坏直接关系到投资者对于工薪阶层创业借款风险的评估。但对于小微企业主的借款行为而言，由于他们有企业运营的经验，那么投资者所期望得到的信息就不仅仅是他们的个人相关信息，投资者更关心的是他们的企业运营信息，即投资者对于借款信息的期望提升了。但人人贷平台并没有提供权威的企业运营方面的可信赖信息，根据文献综述部分相关研究中的结论，可知此时投资者只能依靠借款人在借款描述中的软信息进行判断。基于上述分析，可以认为对于小微企业主而言，由于信息披露的不足与投资者预期之间的差距，会使得投资者认为小微企业主的借款可能存在更大的不确定性。

此外，"无奸不商"这一信念在中国是深入人心的，为了获取资金，小微企业主借款人存在信息的虚假陈述可能，因而小微企业主借款中所提供得这些软信息是否是可信的，尚值得商榷。当然工薪阶层的软信息陈述也存在虚假陈述的可能性，但通过计算工薪阶层借款的成功率，发现如果工薪阶层在借款用途描述中明确表明是用于个人消费的话，那么借款成功率整体为 3.6%，而如果表示为要去投资于企业的话，成功率只有 3.2%，一个聪明的借款人此时应当直接表明借款是为了个人消费即可获得更高的成功率，事后偷偷将借款资金进行挪用即可，没有必要去表明借款是为了创业，并且进行虚假陈述。因而基于上述分析，判断小微企业主借款描述信息的可信度可能更低。

因此根据上述论述，做出如下两个假设：

假设 2：投资决策中，投资者更关心工薪阶层借款人的个人信用信息，更关注小微企业主借款人的企业运营信息。

假设 3：投资决策中，针对借款人的借款描述软信息，投资者更相信工薪阶层的描述。

（二）假设验证

从客观数据来看，计量结果给出了上述假设的一些有意思的印证。对比 5 - 8 中第三列工薪阶层借款与第 4 列小微企业主借款成功率影响因素方程中系数的显著性，发现系数显著性不同的变量中，有两个变量是与上述假设相关的，一个是个人信用分类变量，另一个是借款描述倾向变量。

根据 5 - 9 中数据，可以发现，对工薪阶层创业借款而言，个人信用分类变量在 5% 水平下显著为正，即认为个人信息水平为 A 级及以上的高信用等级的人群相对于低信用等级的人群而言，借款成功率明显提升，即认为对于投资者而言，更愿意支持高信用等级的借款人的借款，认为他们借款的风险水平可能更低。而对于小微企业主借款而言，发现个人信用分类变量在 5% 水平下不显著，即对于小微企业主的创业借款，投资者并不太看中借款人的信用等级，投资者可能更想掌握的信息是他们企业运营情况的信息。因而假设 2 得到印证。

5-9 中借款描述倾向变量的显著性在两个计量方程中也不同。对于工薪阶层而言，该指标 5% 水平下显著为正，而对于小微企业主而言并不显著。即当工薪阶层在借款描述中表达了正向的信息，诸如"信誉良好""还款能力强"等字眼传递出的正向积极信息，会显著提升他们借款的成功率，表明投资者会受到这些信息的影响；而对于小微企业主借款而言，当在其借款描述中出现诸如"信誉良好""扩大生产规模""升级换代"等表明个人信用以及企业经营情况的正向信息时，投资者并不会产生显著不同的投资偏好。一种最可能的解释就是，投资者认为小微企业主提供的这些所谓正向信息，并不能降低投资者对于投资风险的预期，投资者认为这些信息是不可信的。因而假设 3 得到印证。

综合上述研究假设 2 和假设 3 的分析以及数据分析的印证结论，可以判断，信息披露的不完全和不可信，是投资者认为小微企业主的创业借款存在更高风险的重要原因。

六、结论与启示

根据前文的论述，可以看出由于信息披露的不足，导致了投资者对于不同借款人信息披露预期的期望不同，以及对不同借款人借款软信息可信度的怀疑，使得投资者认为小微企业主借款存在较高的投资风险，最终形成了投资者的身份偏好，即投资者相对而言更愿意资助工薪阶层的大众创业。

根据上述研究结论，笔者认为上述身份偏好并不是最优的投资偏好，小微企业从设立到做大做强是一个高风险的过程，有企业运营经验的群体应当更容易获得金融支持，也有助于降低金融风险。为此，一方面，对于 P2P 网络借贷平台而言，要强化资金去向的监管，探索合适的企业经营风险评估指标，建立相对应的风险认证机制，提升投资者的投资风险识别能力，同时建立对借款描述这类软信息的认证机制，提升软信息可信度；另一方面，在政府层面，应继续完善现有的公共小微企业信息认证平台，促进小微企业信用认证市场的产业化，建立起权威的市场化第三方认证机制，从而形成投资者、借款人、网贷平台、信用认证机构等多方良性发展的信贷市场。

第三节 中国互联网发展的节能减排影响①

一、引言

作为一项信息通信技术，互联网极大提升了信息沟通效率，并推动了社会各个层面的变革，使得人类文明不断向信息社会迈进。在此过程中，各种"互联网＋"逐步改变了传统产业的发展路径，使得互联网概念超越了纯技术范畴，逐步成为一种社会组织范畴。中国互联网的发展自从 1994 年 4 月被美国国家科学基金会（National Science Foundation）批准加入美国互联网起（李晓东、陈建功，2014）[274]，截至 2016 年 4 月份已经有 22 年的历史。互联网接入方式也开始由当初的千比特率（Kb）级别的窄带拨号，升级为以光线到户、光纤到桌为标志的百兆比特率（Mb）级的宽带接入；与此同时，移动互联网也在蓬勃发展，伴随着以智能手机为代表的智能移动终端的普及和第四代移动通信技术为代表的接入技术的升级，基于移动互联网的各类应用层出不穷。根据中国互联网络信息中心 2016 年 1 月发布的《第 37 次中国互联网络发展状况统计报告》，截至 2015 年底中国的网民数已经达到 6.88 亿②，互联网普及率达到 50.3%，超过全球平均水平 3.9 个百分点。

互联网发源于美国，有文献通过对美国互联网的研究，认为在能源领域能够起到提升能源利用效率以及节约能耗的作用（Fuhr and Pociask, 2011）[275]。那么在互联网迅速发展的中国，互联网的自身的发展以及互联网在社会各个层面的应用，能否提升社会的能源利用效率，达到节能减排的目的，那么这种影响是什么？有什么特征？同时，中国由于幅员辽阔，区域发展不平衡，上述影响的区域表现是什么？上述问题构成了本部分研究的切入点。

---

① 本部分主要内容已经发表在《中国地质大学学报（社会科学版）》2016 年第 6 期上，论文信息：中国互联网发展的节能减排影响实证研究：区域视角 [J]. 中国地质大学学报（社会科学版），2016（06）：54 – 63，152.

② 中国互联网信息中心网址为：http://www.cnnic.cn/，如无特别说明，本书中所引用的互联网相关数据，均来源于中国互联网信息中心。

二、文献综述

在互联网发展的早期，就已经有学者在关注其能耗效应，但相关分析主要整合在对信息通信技术（Information and Communication Technology，ICT）的能耗影响的研究之中。较为早期的文献，如 Walker（1985）认为 ICT 的应用能够通过提升产品和工艺的能源利用效率来降低能源消费[276]；Collard et al（2005）分析了法国服务部门中 ICT 的能耗影响，发现计算机硬件和软件的使用能够显著提升电力使用强度，但通信设备的使用范围的扩张能够显著降低电力使用强度[277]；Cho et al（2007）对韩国 ICT 的应用对产业能耗的影响进行了分析，认为在某些制造领域 ICT 能够降低电力消耗，但对于服务业和大部分制造业而言，ICT 投资会增加电力能耗[278]；Bernstein and Madlener（2010）通过对欧洲制造企业 ICT 投资对于电力使用强度的研究，发现 ICT 能够显著提升生产过程中的电力利用效率[279]；Ishida（2015）分析了日本 ICT 投资、经济增长以及能耗之间的关系，发现 ICT 投资与能耗间是稳定的负向关系[280]。

上述研究关注了 ICT 技术对于能耗降低的影响，但也有大量的文献关注 ICT 在应用中导致的能耗增加效应。例如 Sadorsky（2012）对新兴经济体的研究，发现 ICT 的使用与电力消耗之间存在显著的正向关系[281]；Hilty et al（2006）从三个层面分析了 ICT 的应用所导致的能耗效应，通过对欧盟数据的模拟分析，认为 ICT 在能源管理以及降低经济对于资源的投入方面具有很大的发展潜力，但 ICT 导致的交通成本的节约，会使得交通领域的能耗存在巨大的回弹效应（Rebound Effect）[282]；Mokhtarian（2009）对 ICT 与交通之间的替代与促进关系进行了分析，认为在某些方面通信技术的应用能够代替交通，但某些方面是替代不了的，甚至会推动交通需求的增长[283]；Takase and Murota（2004）分析了日本和美国信息化投资与能源消费之间的关系，发现日本信息化投资能够显著减低能源消费，而在美国由于信息化投资所导致的收入效应，能源消费会升高[284]；Zhu and Mason（2014）基于 2001 至 2009 年美国的数据，发现电信用户有着更高的汽车行驶里程，认为由此导致了更多的温室气体排放，且 2009 年相对于 2001 年而言电信用户的汽车行驶里程的趋势是在增长的[285]。

在关注 ICT 技术的能耗影响时，部分学者也开始直接关注互联网的能耗影响。部分研究认为互联网降低了能耗，如 Romm（2002）总结了互联网在企业生产效率、商业用途的建筑物能耗以及交通领域的影响，认为互联网的发展所导致的经济运行效率的提升，是美国 1996 到 2000 年间能源利用强度非预期性下降的原因[286]；Fuhr and Pociask（2011）的研究中，认为其后 10 年间互联网和电信业务的发展能够为美国节约 5.882 亿吨温室气体的排放，其中 2.477 亿吨归功于互联网和电信业务对交通的替代，0.281 亿吨归功于互联网和电信业务的发展带来的办公场所的减少，3.124 亿吨归功于互联网和电信业务的发展提升了经济效率，导致经济活动中碳排放的减少[275]。也有研究认为互联网的发展与能耗间并不是负向关系或者其能耗可以忽略不计，如 Saidi et al（2015）基于全球 67 个国家的面板数据，研究发现以互联网接入数以及移动电话用户数为指标表示的 ICT 发展水平与电力消费水平之间存在显著的正向相关关系[287]；Salahuddin et al（2015）分析了澳大利亚的互联网发展与能耗的关系，发现无论从短期还是长期来看，互联网的发展与碳排放之间没有显著的关系[288]；Raghavan and Ma（2011）认为虽然互联网本身会消耗大量能源，但从量上来看，相对于其他领域消耗的能源而言，互联网消耗的能源可以忽略不计[289]；Murtishaw and Schipper（2011）认为美国 20 世纪 90 年代中后期单位 GDP 能耗的降低，并不能归功于以互联网和信息技术的应用所导致的能效提升，而是由于社会的能源需求结构变化所导致的[290]。

对中国互联网的能耗影响的相关研究方面，舒华英等（2010）在综述现有研究成果的基础上提出了 ICT 碳减排的量化方法，并经过数据调研做了 ICT 在路灯监控领域应用所带来碳减排量的初步估算，认为 ICT 对于低碳经济的发展具有显著的促进作用[291]；周亚颖和樊茂清（2011）分析了技术变化对于中国能源强度的影响，认为 ICT 投资对节能有一定影响，认为要因地制宜，发挥 ICT 投资在节能中的作用[292]；任若恩等（2012）基于中国 1981—2005 年数据研究了 ICT 投资和非 ICT 投资对中国 33 个部门能源强度的影响，认为 ICT 资本投入及其体现的技术进步因素有效地降低了中国大部分部门的能源强度[293]；Han et al（2016）的实证分析，认为长期来看 ICT 对能耗的影响呈 U 型关系，且截至2014 年上述关系中负向影响仍然占据主导地位[294]。

上述文献为深入理解互联网的发展对能耗的影响提供了丰富的研究基础，由于互联网的发展涉及多个方面，例如互联网基础设施投资、互联网用户、网络信息资源、基于网络的产业发展等，同时互联网的发展对于社会的影响也不仅仅是表现在现有研究中所涉及的交通、经济效率、电力消费等等上面。特别在互联网迅速发展的今天，中国互联网的迅速普及，在能耗方面的整体表现是什么，影响机理是什么，结合中国区域间发展的不平衡，如何考虑区域间的空间溢出效应等问题，都需要进行更进一步的研究。因而本部分将在现有研究基础上，从区域视角实证检验互联网的能耗影响。

三、互联网与能耗关系

（一）互联网影响能耗的内在机制

互联网影响能耗的路径众多，从经济主体角度，互联网影响居民、企业以及政府等不同经济主体的机制各不相同。

1. 互联网与居民能耗

互联网改变了居民的消费模式，以网络购物为代表的新兴消费模式，一方面降低了居民外出购物的时间、精力等相应的能耗，同时增加了以快递业为代表的物流行业能耗；互联网改变了居民的工作模式，众多扁平化公司鼓励员工在家办公，减少了居民办公出行的通勤能耗，但同时导致的通信需求也提升了电力能耗；基于互联网的信息消费，对居民的出行、交友、餐饮、文化娱乐等传统生活方式形成了部分替代，提升了居民生活中的办事效率，进而节约了相应的能耗。

2. 互联网与企业能耗

互联网的发展推动了企业生产效率的提升，以互联网和现代信息通信技术为代表的信息化管理手段提升了企业的生产自动化和管理自动化，使得企业生产管理更为科学和及时有效，提升了企业生产效率和电力利用效率，提升了单位能耗的产出；互联网发展使得企业劳动力需求结构发生变化，互联网所形成的技能偏向效应，形成了对非熟练劳动力的显著替代效应（Ketteni et al，2013）[295]，使得企业更偏向高技能劳动力，节约了企业劳动力，提升了劳动生产率，有利于能源利用效率的提升；以互联网为载体的信息通信技术，极大提升了企业内部交流沟通效率，在促进企业扁平化的同时，节约了办公资源，降低了企业办公能耗；但是互联网在提升企业能源利用效率的同时，由于会提升企业的生产能力（Barua and Lee，1997）[296]，企业利润增加，企业会扩张生产，进而产生所谓的回弹效应，可能会促进企业能耗总量的增加。

3. 互联网与政府部门能耗

互联网一方面提升了政府部门内部沟通的效率，节约了不必要的人力、物力和相应的能耗；同时，政府信息资源的整合、利用和开放，政府基于互联网所提供的民生服务，整体上提升了政府的服务效率，节约了全社会不必要的资源消耗和能源浪费。

4. 互联网产业的能耗

一方面互联网的发展直接导致了信息通信产业在国民经济中地位的提升，信息通信产业的发展会产生相应的能源需求，特别是互联网作为信息传输的手段，本身会消耗大量的电力能源（Coroama and Hilty, 2014）[297]；同时通信设备设施与居民信息化终端的制造、使用、处理等相应产业的发展，也会伴随着相应的能源需求增加。另一方面，互联网的发展会影响全社会的经济与产业结构，互联网的发展一方面会替代某些产业，同时也会推动某些产业的扩张，一个典型的例子是互联网的扩张使得传统零售业受到冲击，而基于网络的 B2C、C2C 等形式的零售业务迅速扩张，同时推动了快递物流业的快速发展（王子敏，2012）[298]，在这种产业结构变迁中被替代产业能耗下降，互补产业则能耗增加。

基于上述四个方面的影响分析，互联网的发展既存在导致能耗增加的因素，也存在导致能耗减少的因素，因而这种影响的最终方向，需要通过计量手段进行计算。

（二）互联网影响能耗的区域表现

在中国互联网普及率迅速上升的过程中，互联网的区域发展是非常不平衡的。以 2011 年为例，2011 年中国互联网用户普及率整体为 38.3%，互联网用户普及率最高的地区为北京，普及率为 70.30%，最低的贵州普及率为 24.20%，笔者根据泰尔指数法计算了 2015 年中国互联网区域发展不平衡指数①，该指数在 2011 年为 0.064。美国作为互联网发展的领头羊，根据其国家统计局（2013）[299]相关报告中的数据，报告中涉及的最新数据为 2011 年数据，2011 年其全国的互联网用户普及率为 71.7%，普及率最高的地区为华盛顿州，普及率为 80%，最低的州为密西西比，普及率为 59%，计算出的泰尔系数为 0.016。从国家比较的角度来看，中国的互联网发展在区域间是非常不平衡的。截至 2015 年，中国互联网的区域不平衡状况已经有所改善，2015 年互联网用户普及最高的地区仍然为北京，普及率为 76.50%，最低的云南普及率为 37.40%，但泰尔指数仍高达 0.041。

---

① 公式为 $\frac{1}{n}\sum_{i=1}^{n}\frac{x_i}{x}ln\left(\frac{x_i}{x}\right)$，其中为某一地区的网络普及率，为整体网络普及率，n 为地区数。

区域不平衡，使得互联网对能耗存在跨区域的空间辐射。一方面是部分互联网发达地区经济社会的发展会首先受到互联网产业发展的影响，先发优势所导致的马太效应，会使得互联网相关产业在发达地区集聚，提升了发达地区互联网相关产业经济比重的同时，抑制了其他地区的互联网相关产业的发展，进而影响到地区能耗；另一方面，由于网络应用并没有区域限制，因而发达地区的互联网产业会向欠发达地区产生强辐射，表现为中国互联网发展呈现出强的跨区域溢出效应，一个典型的例子，如淘宝网购平台虽然位于浙江，但其却几乎辐射到中国的每个角落；同时，以京沪为代表的互联网发达地区之间，原有的跨区域经贸联系，由于互联网带来的交易成本的降低而得到进一步加强，互联网对经济发达地区间的能耗影响进一步强化。

互联网在形成跨区域空间辐射的同时，也强化了对地理临近地区的能耗影响。互联网的发展，降低了经济运行成本，扩大了企业的市场覆盖范围，强化了地理临近地区的经贸联系，使得以经济圈为代表的区域内的经济、社会往来更为紧密，原有的经贸关系得到加强。所谓的"江浙沪包邮"就是一个典型的例证，区域间经贸联系的加强，形成的规模经济，提升了经济运行效率，影响了居民、企业和政府的经济和社会行为，进一步影响了能源的利用。

四、实证分析

（一）模型设定

根据能源研究领域常用的 STIRPAT 模型（Dietz and Rosa, 1997）[300] 的启发，建立对数线性面板数据基准模型，如式（1）所示：

$$\ln Energy_{it} = a_1 \ln Int_{it} + a_2 \ln Control_{it} + \mu_i + \lambda_t + \varepsilon_{it} \quad (1)$$

其中 $\ln Energy_{it}$ 为因变量能耗的对数，$\ln Int_{it}$ 为自变量互联网发展水平的对数，$\ln Control_{it}$ 为控制变量的对数，μ_i 和 λ_t 分别表示可能的区域和时间固定效应，ε_{it} 为随机误差项，i 表示区域个体数，t 表示时间。

但考虑到上述模型中没有纳入区域关联因素，即没有考虑到变量间的空间溢出效应，为此在式（1）的基础上，根据 Elhorst（2010）[135] 的建议，设定空间杜宾计量模型，如式（2）所示：

$$y_{it} = \delta \sum_{j=1}^{N} w_{ij} y_{jt} + x_{it}\beta + \sum_{j=1}^{N} w_{ij} x_{jt}\theta + \mu_i + \lambda_t + \varepsilon_{it}, i = 1,2,\dots,N; t = 1,2,\dots,$$

$$T \quad (2)$$

其中 y_{it} 为因变量 $\ln?Energy_{it}$，w_{ij} 为空间权重矩阵第 i 行 j 列的数值，δ 用于捕捉因变量间的空间影响，x_{it} 为自变量 $\ln Int_{it}$ 和控制变量 $\ln Control_{it}$，β 为 x_{it} 的系数向量，θ 也为系数向量，用于捕捉自变量和控制变量对因变量的空间影响，其他变量含义与式（1）相同。与常用的空间滞后模型以及空间误差模型相比，空间杜宾模型是更为一般的模型，在特定条件下会转化成空间滞后模型或者空间误差模型，因此 Elhorst（2010）建议首先建立空间杜宾模型，之后再根据检验结果再确定是否需要建立其他模型。

（二）因变量与自变量

因变量：能源消耗（Energy），根据历年《中国能源统计年鉴》中各个省级行政区域的能耗总量除以当年常住人口，得到人均能源消耗，单位为吨标准煤。

自变量：互联网发展（Int），该指标没有对应的统计数据，需要进行计算。由于互联网的发展涉及到多个维度，如互联网投资、互联网渗透率、互联网产业、网络信息资源、网络基础设施、信息消费支出、基于互联网的产业发展等，上述指标从不同角度反映了互联网的发展状况，基于单一指标很难反映互联网发展的客观事实。根据数据的可获得性，笔者选取了万维网网站数、互联网用户数、网页数、页面总字节数、一周以内网页更新占比、移动电话数、长途光纤总长度、快递业务量、电信业务量共计九个指标反映互联网发展状况。其中移动电话数、长途光纤总长度、快递业务量、电信业务量四个指标来源于中经网数据库，其余指标来源于历年中国互联网信息中心发布的《中国互联网络发展状况统计报告》。相关数据说明及处理情况详见表格 5 – 12：

表格 5 – 12 互联网发展状况统计数据说明及处理

变量名	单位	目的	数据处理
万维网网站数	个	用于衡量互联网产业发展状况	除以总人口，得到人均量
互联网用户普及率	%	用于衡量互联网普及程度	
网页数	个	用于衡量互联网信息服务业的发展程度	除以总人口，得到人均量
页面总字节数	KB	用于衡量互联网信息资源的多少以及丰富程度	除以总人口，得到人均量
一周以内网页更新占比	%	用于衡量网络信息资源的时效性以及网络的活跃程度	

变量名	单位	目的	数据处理
移动电话数	万户	用于衡量移动互联网的发展状况以及通信基础设施的发展程度	除以总人口，得到人均量
长途光纤总长度	万公里	用于衡量互联网基础设施投资建设水平	除以总面积，得到光纤密度
快递业务量	万件	用于衡量网购产业的发展状况	除以总人口，得到人均量
电信业务量	万元	用于衡量消费者信息消费支出和电信服务提供量	除以总人口，得到人均量

上述九个方面的指标从不同角度反映了互联网的发展状况，为了从总体上综合反映一个地区的互联网发展程度，需要对上述指标进行加权，得到一个综合指标。加权方法有多种，可以通过诸如以专家法为代表的主观方法赋值，也可以通过客观方法进行加权。本部分采用了熵值法和因子分析法这两种常用的客观方法对上述九个指标进行权重计算或者降维处理，最后加权得到综合指标。表格5-13报告了根据上述两种方法加权后部分年份地区互联网发展程度综合指标排序中的前五和后五名省份。

表格5-13 部分年份地区互联网发展程度排序

时间	前五名地区		后五名地区	
	熵值法	因子分析法	熵值法	因子分析法
2006	北京、上海、天津、广东、浙江	上海、北京、广东、天津、浙江	新疆、甘肃、云南、内蒙古、青海	四川、安徽、江西、甘肃、贵州
2010	北京、上海、浙江、天津、广东	北京、上海、浙江、广东、天津	新疆、甘肃、贵州、云南、青海	贵州、广西、甘肃、云南、江西
2014	北京、上海、浙江、天津、广东	北京、上海、浙江、广东、天津	内蒙古、新疆、贵州、甘肃、青海	广西、四川、云南、江西、甘肃

注：由于数据限制，西藏、香港、澳门和台湾没有参与计算；因子分析法中，KMO值为0.772，Bartlett's球形检验值的显著性水平为0，以特征根大于1为标准，选取了3个公因子，累计的方差贡献率为84.87%。

从表格 5-13 中可以看出，无论是采用熵值法还是因子分析法，地区互联网发展水平前五名的地区均为东部经济发达的省份和直辖市，其中北京、上海一直居于首位，占据了中国互联网发展的制高点。浙江从 2009 年开始超越广东和天津，居于第三位，并一直保持到 2014 年，是所有非直辖市省级行政区中互联网发展水平最高的地区，而居于后几位的省份基本上以中西部欠发达地区为主。

（三）控制变量

经济发展水平（GDP）：经济发展水平无疑是影响能耗的最主要因素，众多研究已经证明了这一点，如李韬（2010）[301]、林卫斌等（2010）[302]。因此，采用平减后的人均 GDP 作为衡量地区经济发展水平的代理指标。

技术进步（TEC）：技术进步会影响到全社会的能源利用效率，但技术进步没有现成的统计指标，需要根据现有数据进行估算，根据张军等（2004）[45]的方法，估算了各个地区的资本存量，进而利用各个地区劳动力数据，基于索罗余量法估算了各个地区的全要素生产率，作为技术进步的代理指标。

产业结构（IND）：由于工业领域能耗是能源的最主要消费形式，因此如果地方经济构成中工业占较高的话，那么就意味着该地区会有着更高的能源消耗，因而采用工业增加值占地区生产总值的比重作为衡量地方产业结构的代理指标。

能源价格（PRC）：能源价格的变动通过影响能源的使用成本进而影响到能源的利用，能源价格上升时会抑制能源需求，同时提升能源利用效率、减少浪费。基于数据可获得性考虑，采用各省区燃料零售价格指数作为能源价格的代理指标，由于该指标为环比指标，因此统一转换为可比指标。

由于部分数据报告时间周期时间较短，因此本部分计算中统一采用从 2006—2014 年共计 9 年的数据，涉及了除西藏以外的大陆 30 个省和直辖市的省级面板数据，各个变量计算中所采用的数据，如无特别说明均来源于中经网数据库，计算中所涉及到的价值数据，均进行了平减。

（四）计算结果

由于在式（2）中，空间滞后项 $\sum_{j=1}^{N} w_{ij}y_{jt}$ 的存在，使得变量间存在空间相关性，式（2）中系数向量 β 和 θ 的大小和显著性并不能准确刻画自变量对于因变量的最终影响，因而在对式（2）进行计算的基础上，LeSage 和 Pace（2009）[136]将因变量受到自变量的影响分解成了直接效应、间接效应以及总效应，直接效应用于计算因变量受到本地区自变量的影响，间接效应用于计算因变量受到的临近地区自变量的影响，总效应是上述直接和间接效应的和。基于 matlab 空间计量软件包，将空间权重矩阵设为一阶地理邻接权重矩阵，但由于互联网空间溢出的广泛性，互联网的影响可能不仅仅是临近区域间的影响，诸如北上广等经济发达地区由于存在更为紧密的经贸联系，互联网的空间溢出效应在这些地区间也会存在，因而为了计算结果的稳健，笔者设定了经济矩阵，采用样本期间不同地区人均 GDP 的平均值差的倒数绝对值计算，如果两个地区的经济发展水平较为接近，那么认为计算出的权重值就越大，计算公式参照林光平等（2006）[303]的方法，如式（3）所示：

$$w_{ij} = \begin{cases} \dfrac{1}{|\bar{Y}_i - \bar{Y}_j|} & i \neq j \\ 0 & = j \end{cases} \quad 其中，\bar{Y}_i = \sum_{t=1}^{T} \frac{Y_{it}}{T} \quad (3)$$

其中，w_{ij} 表示权重矩阵中的第 i 行 j 列元素，Y_{it} 表示地区 i 在时期 t 的人均 GDP。表格 5 - 14 报告了按照上述两种权重矩阵计算的结果。

表格 5 - 14　计算结果

变量	地理权重矩阵		经济权重矩阵	
	模型（1）熵值法	模型（2）因子分析法	模型（3）熵值法	模型（4）因子分析法
Int$_{直接}$	0.02**	0.02	0.02*	0.02
Int$_{间接}$	− 0.23**	− 0.59**	− 0.16**	− 0.93**
Int$_{总效应}$	− 0.21**	− 0.57**	− 0.14**	− 0.91**
GDP	1.01**	1.39**	1.86**	2.33**
IND	1.54**	1.56**	1.05**	1.23**
TEC	− 1.42**	− 1.47**	− 1.54**	− 1.56**
PRC	− 0.48*	0.48	− 0.32**	− 0.41
空间滞后模型检验	0.00	0.00	0.00	0.00
空间误差模型检验	0.00	0.00	0.00	0.00
Hausman	0.00	0.06	0.00	0.00
模型设定	双固定效应杜宾模型	随机效应杜宾模型	双固定效应杜宾模型	双固定效应杜宾模型

注：Int 直接、Int 间接、Int 总效应分别表示自变量的直接效应、间接效应和总效应，

由于篇幅限制控制变量 GDP、TEC、IND、PRC 只报告了总效应；＊＊表示在 5% 水平下显著，＊表示在 10% 水平下显著；空间滞后模型检验、空间误差模型检验、Hausman 检验三行中报告的是 P 值；由于因子分析法在进行数据处理时会对数据进行标准化处理，因而计算出的因子综合得分中存在大量数值为负的数据，而根据式（1）和式（2）的计量模型设定，在计算时需要对数据进行对数化处理，因而为了计算出结果，对因子中的每个数据均加上一个数值，使得数据为正，该数值的取值标准为：取因子得分中最小的负数，取绝对值再加 1，这样因子综合得分中数值最小的数最后被调整为 1。

表格 5－14 中由于空间滞后模型以及空间误差模型的 Wald 检验均在 5% 水平下显著，认为需要建立空间杜宾模型，不需要建立更为特殊的空间滞后模型或者空间误差模型，因此模型（1）～（4）均最后建立空间杜宾模型；同时，除模型（2）以外，Hausman 检验均支持建立空间和时间双固定效应模型，模型（2）为随机效应模型。

五、结果分析

（一）综合影响

表格 5－13 模型（1）以基于熵值法估算的互联网发展综合指标作为自变量，计算了互联网发展的综合状况对于中国能耗的影响。其中，互联网发展对于能耗的直接效应为 0.02，在 5% 水平下显著为正，表明一个地方互联网的发展将会直接增加该地区的能耗；间接效应为 －0.23，且在 5% 水平下显著，表明一个地方的能耗会受到临近地区互联网相关产业发展的影响，临近地区互联网的发展降低了该地区的能耗，表明互联网的发展对能耗的影响存在显著的空间溢出效应；总效应为直接效应和间接效应的和，由于间接效应从绝对值是来看远大于直接效应的数值，且方向为负，因而导致总效应显著为负，系数为 －0.21，表明在考虑了互联网的空间溢出效应后，互联网从整体上降低了人均能耗。模型（2）中采用了以因子分析法估算的互联网发展的综合指标作为自变量，发现与模型（1）相同的地方在于，认为互联网从整体上显著降低了能耗，但不同地方在于认为直接效应不显著。

为了计算结果的稳健性，表格 5－14 中模型（3）和模型（4）以经济矩阵作为空间权重矩阵，对结果进行了重新计算，发现即使是采用不同的空间权重矩阵，互联网的总效应仍然是稳健的，即认为互联网从整体上降低了能耗。同时互联网的间接效应也是稳健的，均认为存在显著的负向影响。但直接效应并不稳健，采用不同的权重矩阵和不同的自变量估算方法，得出的计算结果在显著性上不一致。

（二）分项影响

由于互联网的发展涉及到多个方面，虽然本部分采用了九个不同的指标测度了互联网的发展水平，但九个指标之间在表征互联网的发展方面存在高度的信息重复性，因而在前文基于因子分析对互联网发展综合水平进行测度的同时，采用正交旋转法提取了3个公因子，利用这3个公因子计算互联网的构成对于能耗的影响。表格5-15报告了对应的因子载荷矩阵：

表格5-15　因子载荷矩阵

变量名	因子1	因子2	因子3
人均页面字节数	0.974	0.117	0.106
人均网页数	0.961	0.179	0.122
人均快递业务量	0.665	0.512	0.254
人均电信业务量	0.172	0.830	-0.223
长途光纤密度	0.131	0.793	0.094
人均WWW网站数	0.651	0.652	0.003
互联网普及率	0.304	0.642	0.633
移动电话普及率	0.404	0.606	0.598
一周以内网页更新占比	-0.049	0.179	-0.908

从表格5-15中可以看出，因子1所对应的变量主要有人均网页字节数、人均网页数以及快递业务量，结合前文的分析，这三个变量一方面表征了网络上的信息资源的多少，同时还表征了基于网络的商品消费的多少，因子1实际上是网络信息的消费以及基于网络信息的消费，根据国务院2013年《关于促进信息消费扩大内需的若干意见》中对信息消费的定义，可以将因子1归结为网络信息消费。表格5-15中因子2所对应的变量主要有人均电信业务量、长途光纤密度、人均网站数、互联网普及率以及移动电话普及率，这些变量主要表征了互联网基础设施的发展程度以及利用程度。因子3主要涉及的变量是互联网普及率、移动电话普及率以及网页更新占比，但这三个指标的共性很难总结。

表格 5 - 16　报告了采用上述三个因子作为自变量计算出对能耗的总影响。

表格 5 - 16　互联网的构成的能耗影响

因子	能耗影响	
	地理权重矩阵	经济权重矩阵
因子 1	- 0. 345 **	- 0. 728 **
因子 2	0. 427 **	1. 113 **
因子 3	- 0. 405 **	- 0. 144

注：每个因子在计算前均将数值调整成了正值，调整方法同表格 4 - 13，因而本表中的计算结果中数值的大小不具备可比性；** 表示 5% 显著性水平。

表格 5 - 16 中发现无论是采用何种空间权重矩阵，因子 1 均显著为负，而因子 1 主要代表的是网络信息消费，即网络信息消费显著降低了人均能耗。同理，因子 2 对于人均能耗的影响均显著为正，因子 2 主要表征了网络基础设施的建设与利用情况，表明互联网的发展与利用本身会显著增加能耗。因子 3 的能耗影响，在采用不同的权重矩阵的情况下，计算结果不稳健，因而难以判断其影响。

六、结论与政策建议

(一) 结论

本部分利用 2006—2014 年全国省级面板数据，建立空间面板杜宾模型，在综合测度了各个地区的互联网发展水平的基础上，从综合和分项角度，计算了中国互联网发展对于能耗的影响。从整体来看，中国互联网的发展降低了人均能耗，且互联网的发展对能耗存在显著的空间溢出效应。从分项角度的研究，发现互联网的不同方面对于能耗的影响是不同的，网络信息消费是能耗降低的主要力量，而网络基础设施的运行与利用能够显著增加能耗。

(二) 政策建议

不断提升网络信息消费：由于网络信息消费在能耗降低方面的显著作用，因而要注重网络信息消费的不断以提升，一方面推进网络信息资源的建设和利用，用信息资源替代不必要的产品、服务以及交通需求，推动产品和服务的虚拟化，特别要推动是教育、文化、娱乐、科技等产业信息资源的建设和开发，同时促进政府管理领域信息资源的建设、开发和开放；另一方面，推动基于网络信息的消费，特别是重点关注诸如网络购物、电子商务、互联网金融、位置信息服务等领域，要在不断推动互联网覆盖的基础上，推动这些基于网络的业务规范有序发展，推动互联网在经济社会各个层面的渗透。

推动快递产业的发展：推动快递产业和互联网发展的良性互动，促进快递物流行业的网点布局合理化，优化快递车辆行驶线路，实施智能物流建设，提高快递企业能源利用效率；同时提升快递企业的社会地位，支持快递企业的投寄设施，特别是智能投寄设施在居民生活区中的建设，规范快递企业竞争，推动企业物流外包业务；鼓励农村快递业的发展，逐步实现农村地区快递产业和电子商务发展的良性互动。

加强信息化的能耗管理：由于互联网基础设施的建设、运行和利用会直接提升能耗，因而提升信息通信行业能源利用效率，特别是促进节能设备、设施的推广和利用显得尤为重要；同时推进基于信息化手段的能源管理在各个行业的应用，特别是物联网在重要能耗领域的应用，以智能化和信息化的方式提升全社会的能源利用效率，减少能源浪费。

第六章

结论总结与政策建议

本部分内容在总结前5章的研究基础之上，从整体的角度总结梳理了本课题的主要研究结论和政策建议。

第一节　主要研究结论

一、我国信息消费现状与特征

（一）信息消费基础

以互联网为代表的现代信息通信技术是信息消费得以迅猛提升的重要基础。基于熵值法对选取的9个互联网发展指标进行加权，计算出了全国各个地区2006—2014年互联网发展水平指数的面板数据，发现从全国来看互联网发展水平在样本区间内迅速提升，互联网发展水平发达地区为以北京、上海和浙江为代表的东部经济发达地区，水平靠后的地区以中西部经济发达地区为主，且地区间发展水平差距巨大，该差距呈现出扩大趋势；通过计算收敛性，发现不存在收敛特征，进一步证实了中国互联网发展水平的区域差异扩大趋势。

（二）信息消费支出特征

我国居民信息消费增长迅速，从空间分布看，呈现显著的非均衡特征，信息消费水平较高的省份主要位于东部沿海，较低的省份主要集中在西南地区。从全国来看消费习惯、收入水平、信息产业发展和城镇化水平对信息消费有显著的正向影响。通过对我国地区间城镇居民信息消费水平差距进行分解研究，结果显示引起地区差距的首要因素是居民收入水平，但其作用逐渐减弱，信息基础设施水平和受教育程度也是重要的影响因素。我国农村居民信息消费的省

246

际差距有逐渐缩小的趋势，滞后区域对领先区域存在"追赶效应"，收入水平对区域间差距的贡献率最高，信息设备拥有量、人口抚养比对差距的贡献整体呈上升趋势，但城镇化的贡献程度逐渐降低，受教育程度和地区固有因素成为推动地区间差距缩小的力量。

二、城市化影响居民信息消费的机制

人口在城市的集聚能够通过集聚效应显著提升城镇居民的信息消费，但是不利于农村居民的信息消费；城镇居民信息消费在区域间存在显著为正的空间溢出效应，使得区域间城镇居民信息消费产生相互的正向促进作用，农村居民信息消费也存在类似的正向空间溢出效应；从城乡之间的溢出效应角度，发现城镇居民信息消费存在对农村居民信息消费的显著正向溢出。

城市化进程中，流动人口信息消费有着特殊性。基于网络的信息消费使得一部分流动人口更加封闭，流动人口中那些越是将交往圈子局限于原来的亲戚朋友圈、在当地没有社会网络、没有城市归属感、没有定居意愿的人，越是将上网当成为了他们平常休闲娱乐的手段，缺乏与当地常住人口的接触交流。而与本地人常交往的流动人口在未来的消费意愿上，其层次却明显更高，且从消费对象的商品属性上看，更倾向于消费"个人教育""娱乐服务"等商品。

三、居民信息消费影响城市化的路径

互联网为代表的信息应用技能存在显著的技能偏向效应，使高素质流动人口获得技能溢价，工作稳定性更强，而对主要依靠增加劳动力时间提高收入水平的劳动者而言，信息技能的掌握对他们的收入提升存在明显不利的影响，不利于他们的收入提升。但是从区域间的人口流动来看，技能偏向效应强化了农村户籍劳动人口的本地就业倾向，使得农村户籍的技能型人口不愿意跨区域就业，而对城镇户籍的地区间就业选择没有显著影响，因而以互联网为代表的信息技能的掌握所引致的技能偏向效应能够降低中国技能型劳动人口的跨区域流动。

互联网拓展了居民社会网络的范围，研究发现社会网络的存在对于农村流动人口收入水平的提升能够产生显著性的正向影响，这种影响主要是通过社会网络中的强关系实现的，弱关系对收入没有显著性的影响，因而这种社会网络的拓展有助于推进人口的跨区域流动；但是互联网提升流动人口就业收入的主

要手段仍然是由技能偏向效应导致的技能溢价，使得农村流动人口中具备更高的人力资本的劳动者获得更高的收入。

四、城市偏向的政策与信息消费

城市中教育投入较大，教育对于推动信息消费有着重要的作用。研究发现如果一个家庭中有大学生成员，那么该家庭的信息消费支出会显著提升，同时从信息消费行为来看，有大学生的家庭中家庭成员经常上网以及网络购物的可能性会显著上升。

城市中居民收入水平较高，居民收入和信息消费存在着较强的相互促进作用，城市中居民收入水平与信息消费水平均较高，产生的正反馈，会加大城乡信息消费的差距。收入也是影响文化信息需求的重要因素，城市化背景下人口在城镇集聚，促进了城镇区域内人口的社会网络的建立，这种社会网络的规模扩大有助于促进居民的文化信息消费，而农村人口的流失不利于农村地区人口的文化信息消费。

户籍制度对于城乡居民信息消费的影响机制不同，农村户籍的人口其学历水平的提升并不会增加信息消费，但是城镇户籍人口的学历提升确能够显著增加信息消费。

城市信息化基础设施建设、信息资源的累积和开发使得城市居民信息消费有着天然优势。以智慧城市为代表的城市信息化基础建设、城市信息资源整合、公共信息服务平台建设等等极大促进了城市居民的信息消费水平，拉大了城乡信息消费鸿沟。

五、信息消费新热点

互联网金融方面：相对于工薪阶层进行商业用途的借款而言，投资者更为支持的是工薪阶层的消费类借款。原因在于信息披露不足，使得投资者认为小微企业主借款存在较高的投资风险，最终形成了投资者的身份偏好。

互联网的节能减排效应：从整体来看，中国互联网的发展降低了人均能耗，且互联网的发展对能耗存在显著的空间溢出效应。从结构角度来看，网络信息消费是能耗降低的主要力量，而网络基础设施的运行与利用能够显著增加能耗。

网络虚拟社区的消费促进机制：网络虚拟社区中用户的点评对于居民消费意愿有着重要影响，负面在线点评对消费者行为意向的影响强于正面在线点评，主观评价型在线点评信息对消费者行为意向的影响强于客观事实型在线点评信息。

第二节　政策建议

一、推动信息消费基础设施建设

继续大力发展信息产业，推动移动互联网、物联网、数字文化等产业发展，信息产业"供给侧改革"要以丰富和创新信息产品和服务、培育居民的信息消费需求为目的，其中抓手为互联网产业，尤其是高速移动互联网产业基础的夯实。第一，需要首先推动中西部欠发达地区互联网基础设施的建设，在此基础上提升互联网用户渗透率，特别是移动网络用户数的不断提升；第二，推动东部互联网发达地区互联网信息资源的共享，提升东部地区向中西部地区的空间溢出水平，使得中西部欠发达地区能够通过互联网享受到更为丰富和及时的网络信息资源；第三，推动中西部地区产业发展与"互联网＋"的结合，借助于东部地区较为发达的网络产业，提升中西部地区传统产业的触网和转型；第四，以不限流量套餐作为降低信息消费成本的抓手，现代信息消费均涉及到交易成本问题，而移动互联网通信的边际成本又会显著影响到居民的信息消费行为和新业务的创新扩散。通过持续推进运营商不断推出流量的包月制套餐，使得信息消费的边际成本降低为0，将极大推进各类信息消费业态的创新和信息消费行为的形成。

二、推进信息消费热点在城市的形成与扩散

城市化进程中的集聚效应能极大促进信息消费的创新，形成新的信息消费热点。第一，要在人口城市化过程中推进信息消费在城市中的提升，促进对于信息的消费以及基于信息的消费形式在城市中的不断创新、扩散，使得城市不断成为信息消费新热点出现的策源地。充分利用好城市中人口集聚带来的集聚效应，要强化北上广深等大型城市中的创新激励机制，出台专门针对大型城市的创新创业激励措施，形成政策特区，推动大城市中信息消费新热点向中西部地区和农村地区扩散；第二，促进区域间人口、物流、资本等的流动，强化区

域间经贸联系，降低区域物流成本，从而增强城市间信息消费的溢出效应，使得区域间信息消费能够协同提升；第三，推进城乡信息消费的协同，推进城乡间要素流动，使得新的信息消费新热点不断向农村扩散，以城市信息消费的不断发展和扩散，带动农村居民信息消费的提升。

三、移动支付、电商、物流在农村的协同推进

移动支付、电子商务和快递物流业的协同发展是推进农村地区信息消费水平的抓手。

移动支付是提升农村居民信息消费素养的重要路径，其通过示范效应和习惯培育能够显著推进信息消费。移动支付在应用中，特别是在城市向农村地区扩散中，示范作用是一个极为重要的路径。通过在移动支付欠发达地区布点带面，强化以生活相关的商品交易为切入点，以点带面推进移动支付的使用范围和使用习惯的培育，提升移动支付的渗透率，进而培育居民信息消费习惯的养成。

以推进快递物流网络的普遍服务作为降低物流成本的抓手。推进快递企业物流网点下沉，推动智能快递投寄终端的普及，以乡镇和中心村落作为快递行业收寄网络布点的基础，培育农村年轻群体网络购物习惯的养成，促进农业产品、特色产业、农业旅游资源等的"互联网＋"，促进城乡地区快递物流网络的形成。随着经济发展，随着农村信息化进程加快，互联网和移动设备已经深入农村市场，电子商务逐步进驻农村地区，而快递业传统配送模式中"最后一公里"成为制约农村电商进程的最大难题，在部分地区需要把智能快递的投入使用作为国家公共基础设施建设的一部分，打造完成覆盖城乡的快递物流体系。

四、强化劳动力信息技能提升，关注人口流动新趋势

在中国城市化进程中，中西部地区是高技能型人口的净流出地，而东部地区是净流入地，明显不利于中西部地区人力资源综合水平的提升，势必会对中西部地区的经济、社会产生一系列的不利影响。一方面通过劳动力信息技能提升，增加技能型劳动人口的收入，另一方面要抓住技能型劳动力人口更倾向于在本地就业的特点，推动中西部地区技能型劳动者的本地就业，关注由此导致的人口跨区域流动的新动向，适度引导技能型劳动者由东部地区向中西部地区的回流。

五、注意城乡政策协同

相关政策的出台呈现出城市偏向的特征有其合理性，有利于信息基础设施、信息资源、信息产业和信息消费应用等在城市的形成与发展，但是政策制定一定要把握好城乡的差异性，在发展城市信息消费产业的同时，协同提升农村地区信息消费产业，防止城乡数字鸿沟的扩大。为此，一方面要不断提升农村教育水平，以教育作为提升农村地区人口信息消费素养的第一手段；第二，通过不断提升农村地区居民收入水平，以收入提升作为提升农村地区人口信息消费能力的第二手段；第三，强化农村地区信息资源的建设，由于农村地区人口相对分散，信息消费资源利用效率相对低，难以产业化发展，因而更加需要政府部门的投入；第四，不断推进制度性改革，去掉束缚农村居民信息消费能力的制度性枷锁，改革诸如社保、户籍、教育等制度。

六、关注流动人口信息消费层次，提升社会融合程度

流动人口是人口城市化的重要群体，重点关注流动人口群体中刷微信"朋友圈"却不关心现实朋友圈的"低头一族"，这部分人群在现实中常常无法融入当地社会，只能在网络上寻求心理安慰。提升流动人口的社会融合意愿，降低融合成本，提升流动人口网络信息消费内容和层次，培育健康的文化娱乐信息产业，使得现代信息通信手段成为社会融合的手段，而不是成为流动人口社会隔离的"乌龟壳"。推进流动人口使用信息技术手段获取工作机会、增加就业收入的程度，提升流动人口信息技能。

七、提升信息消费能力，增加流动人口收入

一方面以信息化手段拓展流动人口的社会网络范围和强度，不断推动农村流动人口的社会融合，通过融入所在城市的生活，逐步拓展流动人口的社会网络覆盖范围，改善社会网络的构成结构，提升农村流动人口社会网络内部的认知层次，加强以移动宽带通信为代表的信息通信手段在社会网络扩张和社会融合中的作用，推动社会网络在提升农村流动人口收入上升中的作用；另一方面，通过职业教育、学历教育、社会化教育等多种形式不断提升农村流动人口的信息素养，提升综合素质和劳动技能，不断提升高素质劳动者的比例，使更多劳动者享受到技能溢价带来的收入提升。

参考文献

[1] 李贝利. 城乡居民信息消费差距对城乡收入差距的影响 [J]. 科技与管理, 2014 (05): 106 - 110.

[2] 罗裕梅, 凌鸿. 我国网络信息消费中信息鸿沟的数字化解读 [J]. 社会科学, 2014 (1): 53 - 63.

[3] 丁志帆. 城镇居民信息消费的差异化福利效应研究——基于1993—2011年经验数据的数值模拟分析 [J]. 财经科学, 2014 (02): 51 - 61.

[4] 崔海燕, 范纪珍. 习惯形成与中国城镇居民信息消费行为——基于省级动态面板数据的实证分析 [J]. 情报科学, 2012 (05): 657 - 661.

[5] 汪卫霞, 汪雷. 我国城镇居民信息消费结构区域差异性分析 [J]. 情报理论与实践, 2012, 35 (11): 104 - 108.

[6] 王林林, 黄卫东. 中国城镇居民信息消费结构研究 [J]. 现代情报, 2010, 30 (11): 8 - 11.

[7] 肖婷婷. 我国城乡居民信息消费比较——基于2000—2007年的实证 [J]. 经济问题, 2010 (02): 46 - 48.

[8] 朱琛. 我国城乡居民信息消费的比较: 基于1992—2008年的实证分析 [J]. 中共云南省委党校学报, 2010 (05): 107 - 110.

[9] 苑春荟, 龚振炜, 陈文晶, 等. 农民信息素质量表编制及其信效度检验 [J]. 情报科学, 2014 (2): 26 - 30.

[10] 崔海燕. 习惯形成对我国农村居民信息消费的影响 [J]. 情报科学, 2014 (03): 76 - 80.

[11] 石志恒, 许克元. 农户对农业农村信息化认知的影响因素分析——基于甘肃地区农户的样本调查 [J]. 资源开发与市场, 2014 (09): 1063 - 1066.

［12］郭道猛，周寅. 农业信息商品消费客体影响因素探讨［J］. 农业经济，2014（9）：25 - 27.

［13］王知津，谢丽娜，李赞梅. 基于知识管理的政府数字信息资源整合模式构建［J］. 图书馆，2011（01）：27 - 30.

［14］于良芝，谢海先. 当代中国农民的信息获取机会——结构分析及其局限［J］. 中国图书馆学报，2013，39（6）：9 - 26.

［15］陈传夫，姚维保. 我国信息资源公共获取的差距、障碍与政府策略建议［J］. 图书馆论坛，2004（06）：54 - 57.

［16］Lievrouw L A, Farb S E. Information and equity［J］. Annual review of information science and technology, 2003, 37（1）：499 - 540.

［17］Norris P. Digital divide：Civic engagement, information poverty, and the internet worldwide［M］. Taylor & Francis, 2003.

［18］Selwyn N. Reconsidering political and popular understandings of the digital divide［J］. New media & Society, 2004, 6（3）：341 - 362.

［19］刘成奎. 自豪感、政府偏好与城乡基本公共服务供给的影响研究［J］. 管理世界，2012（09）：174 - 175.

［20］高福安，刘亮. 基于高新信息传播技术的数字化公共文化服务体系建设研究［J］. 管理世界，2012（08）：1 - 4.

［21］黄水清，沈洁洁，茆意宏. 发达地区农村社区信息化现状［J］. 中国图书馆学报，2011（01）：64 - 72.

［22］王小鲁，樊纲. 中国收入差距的走势和影响因素分析［J］. 经济研究，2005（10）：24 - 36.

［23］何丽芬，潘慧峰，林向红. 中国城乡家庭财产性收入的二元特征及影响因素［J］. 管理世界，2011（09）：168 - 169.

［24］鲁钊阳，冉光和，王建洪，等. 城乡金融发展非均等化的形成机理及对策——基于自组织理论的分析［J］. 管理世界，2012（03）：172 - 173.

［25］朱诗娥，杨汝岱. 城乡居民消费差距与地区经济发展水平［J］. 经济评论，2012（01）：76 - 84.

［26］陈斌开，张鹏飞，杨汝岱. 政府教育投入、人力资本投资与中国城乡收入差距［J］. 管理世界，2010（01）：36 - 43.

［27］陆铭，陈钊. 城市化、城市倾向的经济政策与城乡收入差距［J］.

经济研究, 2004 (6): 50 -58.

[28] Hargittai E. Second – level digital divide: Differences in people's online skills [J]. First monday. 2002, 7 (4)

[29] 田凤平, 周先波, 林健. 中国城乡居民信息消费的半参数估计分析 [J]. 统计与信息论坛, 2013 (1): 32 -40.

[30] 郑英隆, 王勇. 我国城乡居民信息消费的结构差异成长 [J]. 经济管理, 2009 (01): 152 -159.

[31] 黄诚. 信息消费分化与城乡和谐发展 [J]. 法制与社会, 2007 (04): 564 -565.

[32] 王如渊, 金波. 中国互联网发展的地域结构研究 [J]. 人文地理, 2002 (06): 89 -92.

[33] 刘文新, 张平宇. 中国互联网发展的区域差异分析 [J]. 地理科学, 2003 (04): 398 -407.

[34] 王青华, 陈棣. 我国 31 省市区互联网发展水平评价 [J]. 四川省情, 2005 (11): 36 -37.

[35] 王恩海, 孙秀秀, 钱华林. 中国互联网发展的差异研究 [J]. 统计研究, 2006 (08): 41 -44.

[36] 宁进厅, 邱娟, 汪明峰. 中国互联网产业发展的区域差异及其动态演进——基于生产和消费的视角 [J]. 世界地理研究, 2010 (04): 58 -64.

[37] 尹楠. 我国各省份互联网区域化发展竞争力差异分析 [J]. 中国流通经济, 2015 (09): 52 -58.

[38] 俞立平. 中国互联网发展水平测度指标体系研究 [J]. 中国流通经济, 2005 (12): 32 -34.

[39] 刘桂芳. 中国互联网区域差异的时空分析 [J]. 地理科学进展, 2006 (04): 108 -117.

[40] 冯湖, 张璇. 中国互联网发展的区域差异与政策治理 [J]. 北京科技大学学报 (社会科学版), 2011 (03): 150 -157.

[41] 何菊香, 赖世茜, 廖小伟. 互联网产业发展影响因素的实证分析 [J]. 管理评论, 2015 (01): 138 -147.

[42] 谢印成, 高杰. 互联网发展对中国经济增长影响的实证研究 [J]. 经济问题, 2015 (07): 58 -61.

［43］谢莉娟，张昊．国内市场运行效率的互联网驱动——计量模型与案例调研的双重验证［J］．经济理论与经济管理，2015（09）：40-55．

［44］Sala - I - Martin X X. The classical approach to convergence analysis ［J］. The economic journal, 1996: 1019 - 1036.

［45］张军，吴桂英，张吉鹏．中国省际物质资本存量估算：1952-2000 ［J］．经济研究，2004（10）：35-44．

［46］Baumol W J. Productivity growth, convergence, and welfare: What the long - run data show. ［J］. American economic review, 1986, 76（5）: 1072 - 1085.

［47］Wilson T D. Onuser studies and information needs ［J］. Journal of documentation, 1981, 37（6）: 658 - 670.

［48］Chinn M D, Fairlie R W. ICT use in the developing world: An analysis of differences in computer and internet penetration ［J］. Social science electronic publishing, 2010, 18（1）: 153 - 167.

［49］Gorla N. Information systems service quality, zone of tolerance, and user satisfaction ［M］. IGI global, 2012.

［50］马哲明，李永和．我国农村居民信息消费与其收入关系研究［J］．情报科学，2011（11）：1701-1704．

［51］朱琛，蒋南平．20世纪90年代以来中国城镇居民信息消费问题研究——基于1993—2008年经验数据的实证检验［J］．当代财经，2011（3）：22-28．

［52］张慧芳，艾天霞．城镇居民收入增长与信息消费结构演变——基于省级面板数据的实证研究［J］．经济问题探索，2016（12）：82-89．

［53］龚花萍，邓硕．我国中部地区城镇居民信息消费调研［J］．现代情报，2011，31（11）：54-56．

［54］郑丽，赵严冬，唐守廉．信息产业发展水平对居民信息消费的门限效应——基于面板数据的实证研究［J］．情报科学，2016（03）：79-84．

［55］刘巍巍．政府支出规模与结构对居民信息消费影响的分析［J］．财政研究，2010（5）：31-34．

［56］郭妍，张立光．我国居民信息消费函数的实证研究［J］．当代财经，2007（8）：16-19．

［57］张鹏．我国城镇和农村居民信息消费的比较分析［J］．统计与信息论坛，2001，16（6）：25-28．

[58] 王平, 陈启杰. 基于 ARMA 模型的我国城乡居民信息消费差距分析 [J]. 消费经济, 2009 (5): 3 - 6.

[59] 郑兵云. 中国城镇居民信息消费的差异性研究 [J]. 统计与信息论坛, 2007 (1): 103 - 107.

[60] 张红历, 梁银鹤. 中国省域城镇居民信息消费差异分析 [J]. 情报科学, 2016 (02): 9 - 14.

[61] 叶元龄, 赖茂生. 我国农村居民信息消费需求的区域比较 [J]. 情报杂志, 2012 (5): 144 - 149.

[62] 刘华军, 赵浩, 杨骞. 中国品牌经济发展的地区差距与影响因素——基于 Dagum 基尼系数分解方法与中国品牌 500 强数据的实证研究 [J]. 经济评论, 2012 (3): 57 - 65.

[63] 尹世杰. 消费经济学 [M]. 北京: 高等教育出版社, 2007.

[64] 吴海江, 何凌霄, 张忠根. 中国人口年龄结构对城乡居民消费差距的影响 [J]. 数量经济技术经济研究, 2014 (2): 3 - 19.

[65] Loayza N, Schmidt - Hebbel K, Servén L. What drives private saving across the world? [J]. Social science electronic publishing, 2000, 82 (2): 165 - 181.

[66] 汪伟. 经济增长、人口结构变化与中国高储蓄 [J]. 经济学 (季刊), 2010, 9 (1): 29 - 52.

[67] 谭江蓉, 杨云彦. 人口流动、老龄化对农村居民消费的影响 [J]. 人口学刊, 2012 (6): 9 - 15.

[68] Demery D, Duck N W. Savings: Age profiles in the UK [J]. Journal of population economics. 2006, 19 (3): 521 - 541.

[69] 袁志刚, 宋铮. 人口年龄结构、养老保险制度与最优储蓄率 [J]. 经济研究, 2000 (11): 24 - 32.

[70] Arellano M, Bond S. Some tests of specification for panel data: Monte carlo evidence and an application to employment equations [J]. Review of economic studies, 1991, 58 (2): 277 - 297.

[71] Blundell R, Bond S. Initial conditions and moment restrictions in dynamic panel data models [J]. Journal of econometrics, 1998, 87 (1): 115 - 143.

[72] Gutiérrez L H, Gamboa L F. Determinants of ICT usage among low - income groups in Colombia, Mexico, and Peru [J]. Information society, 2010, 26

（5）：346 – 363.

［73］郑英隆. 信息消费论纲［J］. 上海社会科学院学术季刊，1994（02）：51 – 59.

［74］贺修铭. 信息消费概念的确立及其理论基础——兼论信息消费学的建设［J］. 图书情报工作，1996（04）：45 – 51.

［75］蒋序怀. 略论我国居民信息消费的现状及存在的问题［J］. 消费经济，2000（05）：33 – 37.

［76］张同利. 我国居民信息消费问题研究［J］. 审计与经济研究，2005（06）：58 – 61.

［77］朱琛，蒋南平. 20世纪90年代以来中国城镇居民信息消费问题研究——基于1993—2008年经验数据的实证检验［J］. 当代财经，2011（03）：22 – 28.

［78］马哲明，李永和. 我国农村居民信息消费与其收入关系研究［J］. 情报科学，2011（11）：1701 – 1704.

［79］陈燕武，夏天. 中国农村居民文教娱乐消费区域性差异分析——基于中国省际面板数据的研究［J］. 经济问题探索，2006（09）：59 – 63.

［80］杜棳. 江苏省城乡居民信息消费差异及影响因素分析［J］. 决策咨询，2011（01）：55 – 57.

［81］陈晓华. 广西城乡居民信息消费分化影响因素研究［J］. 商业研究，2012（08）：55 – 63.

［82］龚花萍，邓硕. 我国中部地区城镇居民信息消费调研［J］. 现代情报，2011（11）：54 – 56.

［83］郑丽，赵严冬，唐守廉. 信息产业发展水平对居民信息消费的门限效应——基于面板数据的实证研究［J］. 情报科学，2016（03）：79 – 84.

［84］陈立梅，刘冬辉，黄卫东. 中国农村居民信息消费的差异分析——基于恩格尔系数视角［J］. 图书馆理论与实践，2013（12）：34 – 37.

［85］郑英隆. 入世以来我国信息消费研究的新进展［J］. 湘潭大学学报：哲学社会科学版，2008，32（6）：64 – 69.

［86］沈小玲. 关于信息消费的理论探讨［J］. 图书情报知识，2006（5）：81 – 84.

［87］陈立梅. 基于扩展线性支出系统模型的我国农村居民信息消费结构分析——来自1993—2009年的经验数据［J］. 管理世界，2013（09）：180 – 181.

［88］汪卫霞. 我国居民信息消费核算及其特征分析［J］. 情报理论与实践, 2010 (8): 47 - 51.

［89］吕承超, 白春玲. 中国社会保障发展空间差距及随机收敛研究［J］. 财政研究, 2016 (04): 47 - 59.

［90］刘巍. "人均受教育年限" 三种计算方法的比较［J］. 北京统计, 2003 (06): 19 - 20.

［91］刘春梅, 唐守廉. 信息产业对经济增长作用的实证研究［J］. 北京邮电大学学报 (社会科学版), 2010 (04): 56 - 60.

［92］马哲明, 李永和. 我国农村居民信息消费与其收入关系研究［J］. 情报科学, 2011, 29 (11): 1701 - 1704.

［93］朱琛, 孙虹乔. 我国城乡居民信息消费的比较分析: 基于1992—2008年的实证［J］. 图书情报工作网刊, 2010 (12): 37 - 41.

［94］Shapley L S. A value for n - person games［J］. Annals ofmathematical studies, 1953, 28: 307 - 317.

［95］Shorrocks A F. Decomposition procedures for distributional analysis: a unified framework based on the shapley value［J］. Journal of economic inequality, 2013, 11 (1): 99 - 126.

［96］Wan G H, University U N. Regression - based inequality decomposition: pitfalls and a solution procedure［J］. Wider working paper, 2002.

［97］万广华, 陆铭, 陈钊. 全球化与地区间收入差距: 来自中国的证据［J］. 中国社会科学, 2005 (03): 17 - 26.

［98］郑英隆, 王勇. 我国居民信息消费差异成长的影响因素研究［J］. 广东商学院学报, 2009 (1): 61 - 67.

［99］Gutiérrez L H, Gamboa L F. Determinants of ICT usage among low - income groups in Colombia, Mexico, and Peru［J］. Information society, 2010, 26 (5): 346 - 363.

［100］Jubb M. Survey of profession's information needs［J］. Veterinary record, 2014, 175 (9): 232.

［101］Gorla N. Information systems service quality, zone of tolerance, and user satisfaction［M］. IGI global, 2012.

［102］张同利. 我国居民信息消费问题研究［J］. 审计与经济研究, 2005,

20 (6): 58 - 61.

[103] 朱琛, 蒋南平. 20 世纪 90 年代以来中国城镇居民信息消费问题研究——基于1993—2008 年经验数据的实证检验 [J]. 当代财经, 2011 (03): 22 - 28.

[104] 陈晓华. 广西城乡居民信息消费分化影响因素研究 [J]. 商业研究, 2012 (8): 55 - 63.

[105] 沈小玲. 影响信息消费的主体因素分析 [J]. 情报理论与实践, 2008 (6): 849 - 853.

[106] 岳琴, 葛继平, 张凤海. "一带一路" 枢纽省市信息消费水平影响因素实证研究 [J]. 云南民族大学学报 (哲学社会科学版), 2016 (03): 142 - 148.

[107] Leff N H. Dependency rates and savings rates [J]. American economic review 1969, 59 (5): 886 - 896.

[108] 王宇鹏. 人口老龄化对中国城镇居民消费行为的影响研究 [J]. 中国人口科学, 2011 (01): 64 - 73.

[109] 谭江蓉, 杨云彦. 人口流动、老龄化对农村居民消费的影响 [J]. 人口学刊, 2012 (06): 9 - 15.

[110] Kelley A C, Schmidt R M. Saving, dependency and development [J]. Journal of population economics, 1996, 9 (4): 365.

[111] 李春琦, 张杰平. 中国人口结构变动对农村居民消费的影响研究 [J]. 中国人口科学, 2009 (04): 14 - 22.

[112] 陈冲. 人口结构变动与农村居民消费——基于生命周期假说理论 [J]. 农业技术经济, 2011 (04): 25 - 32.

[113] Deaton A S, Paxson C H. The effects of economic and population growth on national saving and inequality [J]. Demography, 1997, 34 (1): 97 - 114.

[114] Horioka C Y, Wan J. The determinants of household saving in China: A dynamic panel analysis of provincial data [J]. Iser discussion paper, 2007, 39 (8): 2077 - 2096.

[115] 李文星, 徐长生, 艾春荣. 中国人口年龄结构和居民消费: 1989—2004 [J]. 经济研究, 2008 (7): 118 - 129.

[116] 张鹏, 于伟. 我国农村高等教育空间不均衡的演进和解释 [J]. 教育与经济, 2014 (06): 33 - 39.

[117] Shorrocks A, Wan G. Spatial decomposition of inequality [J]. Wider working paper, 2008, 5 (1): 59 – 81.

[118] 田士超, 陆铭. 教育对地区内收入差距的贡献: 来自上海微观数据的考察 [J]. 南方经济, 2007 (05): 12 – 21.

[119] 崔建华. 信息消费力几个理论问题研究 [J]. 消费经济, 2006 (04): 67 – 70.

[120] 蒯欣欣, 王芳, 段凤光. 南京市城镇居民信息消费的影响因素及提升对策研究 [J]. 江苏科技信息, 2015 (12): 8 – 11.

[121] 金燕. 信息消费质量: 含义、评估及提高 [J]. 情报资料工作, 2002 (01): 26 – 27.

[122] 张媛. 高校大学生网络信息消费影响因素研究 [D]. 合肥: 安徽大学, 2013.

[123] 娄策群, 王颖. 文娱类信息消费的边际效用分析 [J]. 情报科学, 2009 (05): 754 – 757.

[124] 刘晨延. 信息消费的有效需求机制研究 [D]. 北京: 中共北京市委党校, 2011.

[125] 颜嘉. 信息消费: 扩大内需的有效途径 [J]. 学习与实践, 2007 (07): 58 – 63.

[126] 郑丽. 我国居民信息消费及对经济增长和产业结构影响研究 [D]. 北京: 北京邮电大学, 2014.

[127] 颜嘉. 信息消费: 扩大内需的有效途径 [J]. 学习与实践, 2007 (07): 58 – 63.

[128] 张肃. 中国城乡居民信息消费差异性的面板协整分析 [J]. 统计与决策, 2017 (01): 127 – 130.

[129] 唐天伟, 欧阳瑾. 我国城乡居民信息消费与收入差距的实证分析 [J]. 国家行政学院学报, 2016 (03): 81 – 85.

[130] 张肃. 我国城镇居民信息消费支出的收敛性研究——基于空间面板模型的实证分析 [J]. 工业技术经济, 2016 (07): 112 – 120.

[131] 张丽华, 林善浪, 汪达钦. 我国技术创新活动的集聚效应分析 [J]. 数量经济技术经济研究, 2011 (01): 3 – 18.

[132] 马鹏, 李文秀, 方文超. 城市化、集聚效应与第三产业发展 [J].

财经科学, 2010 (08): 101 – 108.

[133] 徐肇涵. 中国城市集聚效应与非农劳动生产率的实证研究 [J]. 经济学动态, 2012 (08): 38 – 41.

[134] 王子敏, 黄卫东. 江苏城乡居民信息消费关系实证研究 [J]. 南京邮电大学学报 (社会科学版), 2013 (04): 38 – 44.

[135] Elhorst J P. Applied spatial econometrics: Raising the bar [J]. Spatial economic analysis, 2010 (5): 9 – 28.

[136] Lesage J, Pace R K. Introduction to spatial econometrics [M]. Boca raton, Florida: CRC press, 2009.

[137] Lloyd A, Anne Kennan M, Thompson K M, et al. Connecting with new information landscapes: information literacy practices of refugees [J]. Journal of documentation, 2013, 69 (1): 121 – 144.

[138] Chib A, Aricat R G. Belonging and communicating in a bounded cosmopolitanism: the role of mobile phones in the integration of transnational migrants in Singapore [J]. Information, Communication & Society, 2016 (3): 1 – 15.

[139] Dekker R, Engbersen G, Faber M. The use of online media in migration networks [J]. Population, Space and Place, 2016, 22 (6): The use of online media in migration networks.

[140] Dekker R, Engbersen G. How social media transform migrant networks and facilitate migration [J]. Global networks, 2014, 14 (4): 401 – 418.

[141] Caidi N, Allard D, Quirke L. Information practices of immigrants [J]. Annual review of information science and technology, 2010, 44 (1): 491 – 531.

[142] Ngan R, Ma S. The relationship of mobile telephony to job mobility in China's pearl river delta [J]. Knowledge, Technology & Policy, 2008, 21 (2): 55 – 63.

[143] Lášticová B. New media, social capital and transnational migration: Slovaks in the UK [J]. Human affairs, 2014, 24 (4): 406 – 422.

[144] Kennan M A, Lloyd A, Qayyum A, et al. Settling in: the relationship between information and social inclusion [J]. Australian academic & research libraries, 2011, 42 (3): 191 – 210.

[145] Komito L. Social media and migration: Virtual community 2.0 [J].

Journal of the American society for information science and technology, 2011, 62 (6): 1075 - 1086.

［146］Zinnbauer D. What can social capital and ICT do for inclusion ［J］. Institute for prospective technological studies （IPTS）, JRC, european commission. EUR, 2007, 22673.

［147］de Koning J, Gelderblom A. ICT and older workers: No unwrinkled relationship ［J］. International journal of manpower, 2006, 27 （5）: 467 - 490.

［148］李全喜. 新生代农民工城市融入中的信息短缺问题研究 ［J］. 图书馆工作与研究, 2014 （02）: 17 - 20.

［149］何晶. 互联网与新生代农民工市民化——基于广州市的个案分析 ［J］. 广东社会科学, 2014 （05）: 209 - 216.

［150］刁松龄. 城市化进程中外来农民工信息服务研究——以珠三角为例 ［J］. 图书情报工作, 2009 （04）: 136 - 139.

［151］杨嫚. 消费与身份构建: 一项关于武汉新生代农民工手机使用的研究 ［J］. 新闻与传播研究, 2011 （06）: 65 - 74.

［152］石丹淅, 赖德胜, 李宏兵. 新生代农民工就业质量及其影响因素研究 ［J］. 经济经纬, 2014 （03）: 31 - 36.

［153］田明. 进城农民工的高流动性及其解释 ［J］. 清华大学学报 （哲学社会科学版）, 2013 （05）: 69 - 80.

［154］Bekman E, Bound J, Machin S. Implications of skill - biased technological change: International evidence ［J］. The quarterly journal of economics, 1998, 113 （4）: 1245 - 1279.

［155］Katz L F, Krueger A B. Computing inequality: Have computers changed the labor market? ［J］. Quarterly journal of economics, 1998, 113.

［156］Acemoglu D. Why do new technologies complement skills? Directed technical change and wage inequality ［J］. Quarterly journal of economics, 1998: 1055 - 1089.

［157］宁光杰, 林子亮. 信息技术应用、企业组织变革与劳动力技能需求变化 ［J］. 经济研究, 2014 （08）: 79 - 92.

［158］Akerman A, Gaarder I, Mogstad M. The Skillcomplementarity of broadband internet ［J］. Social science electronic publishing, 2015, 130 （4）: qjv028.

［159］Atasoy H. The effects of broadband internet expansion on labor market outcomes ［J］. Industrial & Labor relations review, 2013, 66 (2)：315 – 345.

［160］ Bertschek I, Niebel T. Mobile and more productive? Firm – level evidence on the productivity effects of mobile internet use ［J］. Telecommunications policy, 2016.

［161］ 王俊, 胡雍. 中国制造业技能偏向技术进步的测度与分析 ［J］. 数量经济技术经济研究, 2015 (01)：82 – 96.

［162］ Kuhn P, Skuterud M. Internet job search and unemployment durations ［J］. The American economic review, 2004, 94 (1)：218 – 232.

［163］ Borjas G J, Bronars S G, Trejo S J. Self – selection and internal migration in the United States ［J］. Journal of urban economics, 1969, 32 (2)：159 – 185.

［164］ 唐家龙, 马忠东. 中国人口迁移的选择性：基于五普数据的分析 ［J］. 人口研究, 2007 (05)：42 – 51.

［165］ 敖荣军. 劳动力区际流动的选择性及其人力资本再分配效应——基于第 5 次全国人口普查数据的实证分析 ［J］. 华中师范大学学报 (自然科学版), 2007 (03)：469 – 472.

［166］ 戚晶晶, 许琪. 农村劳动力跨省流动与流入省吸引力的分析——基于传统劳动力迁移、人力资本、新劳动力迁移与制度变迁理论 ［J］. 人口与经济, 2013 (03)：53 – 61.

［167］ 颜品, 汪卢俊, 宗振利. 选择机制, 技能溢价与人口迁移——基于全国流动人口动态监测数据的经验分析 ［J］. 南方人口, 2014 (01)：28 – 38.

［168］ Acemoglu D. Technical change, inequality, and the labor market ［J］. Journal of economic literature, 2002, 40 (1)：7 – 72.

［169］ Acemoglu D, Autor D. Skills, tasks and technologies：Implications for employment and earnings ［J］. Handbook of labor economics, 2011, 4：1043 – 1171.

［170］ Almeida, Rita K. Openness and technological innovation in East Asia：Have they increased the demand for skills? ［R］. Policy research working paper, 2010.

［171］ Letki N, Mieri? a I. Getting support in polarized societies：Income, social networks, and socioeconomic context ［J］. Social science research, 2015, 49：217 – 233.

［172］ Goldin C, Katz L F. The origins of technology – skill complementarity ［J］. Quarterly journal of economics, 1998：693 – 732.

[173] Beaudry P, Doms M, Lewis E. Endogenous skill bias in technology adoption: City-level evidence from the IT revolution [R]. National bureau of economic research, 2006.

[174] Funk P, Vogel T. Endogenous skill bias [J]. Journal of economic dynamics and control, 2004, 28 (11): 2155-2193.

[175] 陆雪琴, 文雁兵. 偏向型技术进步、技能结构与溢价逆转——基于中国省级面板数据的经验研究 [J]. 中国工业经济, 2013 (10): 18-30.

[176] David H, Frank L, Richard J M. The skill content of recent technological change: An empirical exploration [J]. Quarterly journal of economics, 2003, 118: 4.

[177] Koning J, Gelderblom A. ICT and older workers: No unwrinkled relationship [J]. International journal of manpower, 2006, 27 (5): 467-490.

[178] Michaels G, Natraj A, Van Reenen J. Has ICT polarized skill demand? Evidence from eleven countries over twenty-five years [J]. Review of economics and statistics, 2014, 96 (1): 60-77.

[179] Akerman A, Gaarder I, Mogstad M. The skill complementarity of broadband internet [R]. National bureau of economic research, 2015.

[180] 邵文波, 李坤望. 信息技术、团队合作与劳动力需求结构的差异性 [J]. 世界经济, 2014 (11): 72-99.

[181] 杨蕙馨, 李春梅. 中国信息产业技术进步对劳动力就业及工资差距的影响 [J]. 中国工业经济, 2013 (01): 51-63.

[182] Bargh J A, Mckenna K Y. The internet and social life [J]. Annual review of psychology, 2004, 55 (1): 573-590.

[183] Krueger A B. How computers have changed the wage structure: Evidence from microdata [J]. The quarterly journal of economics, 1993, 108 (1): 33-60.

[184] Lee S, Kim J. Has the internet changed the wage structure too? [J]. Labour economics, 2004, 11 (1): 119-127.

[185] Dimaggio P, Bonikowski B. Make money surfing the web? The impact of internet use on the earnings of US workers [J]. American sociological review, 2008, 73 (2): 227-250.

[186] Fountain C. Finding a job in the internet age [J]. Social forces, 2005,

83 (3): 1235 – 1262.

[187] Mcdonald S, Crew Jr R E. Welfare to web to work: Internet job searching among former welfare clients in Florida [J] . Journal of sociology & Social welfare, 2006, 33 (1): 239 – 254.

[188] Shahiri H, Osman Z. Internet job search and labor market outcome [J] . International economic journal, 2015, 29 (1): 161 – 173.

[189] Bian Y. Bringing strong ties back in: Indirect ties, network bridges, and job searches in China [J] . American sociological review, 1997: 366 – 385.

[190] Lin N. Social capital: A theory of social structure and action [M] . Cambridge university press, 2002.

[191] Ellison N B, Steinfield C, Lampe C. The benefits of Facebook "friends:" Social capital and college students' use of online social network sites [J] . Journal of computer – Mediated communication, 2007, 12 (4): 1143 – 1168.

[192] Kraut R, Patterson M, Lundmark V, et al. Internet paradox: A social technology that reduces social involvement and psychological well – being? [J] . American psychologist, 1998, 53 (9): 1017.

[193] Hooghe M, Oser J. Internet, television and social capital: The effect of 'screen time' on social capital [J] . Information, Communication & Society, 2015, 18 (10): 1175 – 1199.

[194] Burke M, Kraut R. Using Facebook after losing a job: Differential benefits of strong and weak ties [C] . ACM, 2013.

[195] Acquisti A, Fong C M. An experiment in hiring discrimination via online social networks [J] . Available at SSRN 2031979, 2015.

[196] Sander T, Teh P L, Majláth M, et al. User preference and channels use in the employment seeking process [M] . 2015, 239 – 248.

[197] Mouw T. Social capital and finding a job: Do contacts matter? [J] . American sociological review, 2003: 868 – 898.

[198] Sander T, Pauzuoliene J, Sloka B. Human resources management use of social network sites to recruit employees [J] . New challenges of economic and business development, 2016: 623.

[199] Behtoui A, Neergaard A. Social capital, status and income attainment in

the workplace [J]. International journal of sociology and social policy, 2012, 32 (1/2): 42 –55.

[200] Lancee B. Job search methods and immigrant earnings: A longitudinal analysis of the role of bridging social capital [J]. Ethnicities, 2016, 16 (3): 349 –367.

[201] Elliott J R. Social isolation and labor market insulation [J]. The sociological quarterly, 1999, 40 (2): 199 –216.

[202] Smith S S. Mobilizing social resources: Race, ethnic, and gender differences in social capital and persisting wage inequalities [J]. The sociological quarterly, 2000, 41 (4): 509 –537.

[203] Bian Y, Huang X, Zhang L. Information and favoritism: The network effect on wage income in China [J]. Social networks, 2015, 40: 129 –138.

[204] 章元, 陆铭. 社会网络是否有助于提高农民工的工资水平? [J]. 管理世界, 2009 (03): 45 –54.

[205] Zenou Y. A dynamic model of weak and strong ties in the labor market [J]. Journal of labor economics, 2015, 33 (4): 891 –932.

[206] Granovetter M. The impact of social structure on economic outcomes [J]. The journal of economic perspectives, 2005, 19 (1): 33 –50.

[207] 张文宏. 社会网络资源在职业配置中的作用 [J]. 社会, 2006 (06): 27 –44.

[208] 陈艳莹, 候志敏, 杨文璐. 关系投资、市场化程度与研发服务企业利润——基于中国第二次经济普查数据的实证研究 [J]. 大连理工大学学报 (社会科学版), 2017 (02): 40 –44.

[209] Knight J, Yueh L. The role of social capital in the labour market in China. [J]. Economics of transition. 2008, 16 (3): 389 –414.

[210] 雷蔚真. 信息传播技术采纳在北京外来农民工城市融合过程中的作用探析 [J]. 新闻与传播研究, 2010 (02): 88 –98.

[211] 李家成, 王娟, 陈忠贤, 等. 可怜天下父母心——进城务工随迁子女家长教育理解、教育期待与教育参与的调查报告 [J]. 教育科学研究, 2015 (01): 5 –18.

[212] 王丽荣, 赵冬梅, 黄鹤婷. 新生代农民工网购消费行为研究——基

于心理距离角度的探讨 [J]. 农村经济, 2014 (02): 41-44.

[213] 吴小玲. 新生代农民工网络游戏消费行为研究 [J]. 西南交通大学学报 (社会科学版), 2012 (03): 15-18.

[214] 李瑾, 赵春江, 张正. 三网融合与农村信息化: 机遇、困境及路径选择 [J]. 农业经济问题, 2012 (10): 105-109.

[215] 叶明睿. 扩散进程中的再认识: 符号互动视阈下农村居民对互联网认知的实证研究 [J]. 新闻与传播研究, 2014 (04): 66-78.

[216] 吴愈晓. 劳动力市场分割、职业流动与城市劳动者经济地位获得的二元路径模式 [J]. 中国社会科学, 2011 (01): 119-137.

[217] 陈卫, 郭琳, 车士义. 人力资本对流动人口就业收入的影响——北京微观数据的考察 [J]. 学海, 2010 (01): 112-117.

[218] 胡鞍钢, 盛欣. 高等教育对中国青年城镇就业机会影响的实证分析 [J]. 高等教育研究, 2010 (12): 33-40.

[219] 武淑琴, 李习平. 基于凯恩斯消费理论的消费函数模型的重新审视 [J]. 统计与决策, 2015 (24): 36-38.

[220] Hitt L, Tambe P. Broadband adoption and content consumption [J]. Information economics & Policy, 2007, 19 (3-4): 362-378.

[221] Mistry P, Samant A, Mistry P, et al. How research assisted the rollout of a mobile agriculture information service: The day peepli went [live] [J]. Biochemical systematics & Ecology, 2012, 45 (6): 102-107.

[222] 杨震, 黄卫东. 江苏信息消费促进产业发展的战略研究 [J]. 南京邮电大学学报 (社会科学版), 2014, 16 (2): 1-11.

[223] 杨春立. 信息消费: 拉动内需增长的重大领域——信息消费发展特征及政策建议 [J]. 中国科学院院刊, 2014 (2): 223-230.

[224] 吴君格, 何宗辉. 中外信息消费比较分析 [J]. 经济师, 2014 (6): 11-12.

[225] Meng H, Ge X, Xie M. Research on factors affecting farmers' network information consumption [J]. Journal of digital information management, 2013, 11 (2): 110-111.

[226] 王英. 我国人口结构变化对信息消费政策的影响 [J]. 图书情报知识, 2012 (6): 26-31, 67.

[227] 高铁梅. 计量经济分析方法与建模——EViews 应用及实例（第二版）[M]. 北京：清华大学出版社, 2009.

[228] 荆洁, 李旭辉. 我国农村居民信息消费影响因素分析 [J]. 农村经济与科技, 2009 (9): 38 – 39.

[229] 李子奈. 高等计量经济学 [M]. 北京：清华大学出版社, 2000.

[230] Singer J D. Using SAS PROC MIXED to fit multilevel models, hierarchical models, and individual growth models [J]. Journal of educational & Behavioral statistics, 1998, 23 (4): 323 – 355.

[231] Sullivan L M, Dukes K A, Losina E. Tutorial in biostatistics. An introduction to hierarchical linear modelling. [J]. Statistics in medicine, 1999, 18 (7): 855 – 888.

[232] 靳春平. 财政政策效应的空间差异性与地区经济增长 [J]. 管理世界, 2007 (7): 47 – 56.

[233] 夏春萍, 刘文清. 农业现代化与城镇化、工业化协调发展关系的实证研究——基于VAR 模型的计量分析 [J]. 农业技术经济, 2012 (5): 79 – 85.

[234] 王颂吉, 白永秀. 城市偏向理论研究述评 [J]. 经济学家, 2013 (7): 95 – 102.

[235] 刘珺. 农民信息权益的现状分析与实现路经 [J]. 农业图书情报学刊, 2008 (12): 110 – 113.

[236] 胡蓉. 信息资源配置的城乡差异与公共政策调控研究 [J]. 中小企业管理与科技（下旬刊）, 2013 (12): 99 – 100.

[237] 葛继红. 农民收入与文化消费牵扯：江苏364 个样本 [J]. 改革, 2012 (03): 84 – 89.

[238] 李志, 李雪峰. 中国城镇居民文化消费的影响因素——以中国4011 个城镇家庭为例 [J]. 城市问题, 2016 (07): 87 – 94.

[239] 孟华, 李义敏. 上海城镇居民文化消费的影响因素研究 [J]. 预测, 2012 (02): 70 – 74.

[240] 张兵, 张宁. 农村非正规金融是否提高了农户的信贷可获性？——基于江苏1202 户农户的调查 [J]. 中国农村经济, 2012 (10): 58 – 68.

[241] 徐细雄, 林丁健. 基于互联网金融的小微企业融资模式创新研究 [J]. 经济体制改革, 2014 (06): 144 – 148.

［242］王馨. 互联网金融助解"长尾"小微企业融资难问题研究［J］. 金融研究, 2015（09）: 128 - 139.

［243］Dorfleitner G, Priberny C, Schuster S, et al. Description - text related soft information in peer - to - peer lending - Evidence from two leading european platforms［J］. Journal of banking & Finance, 2016, 64: 169 - 187.

［244］French K R, Poterba J M. Investor diversification and international equity markets［R］. National bureau of economic research, 1991.

［245］Lin M, Viswanathan S. Home bias in online investments: An empirical study of an online crowdfunding market［J］. Management science, 2015, 62（5）: 1393 - 1414.

［246］Avery R B. Estimating credit constraints by switching regressions［J］. Structural analysis of discrete data with econometric applications, 1981: 435 - 472.

［247］Pope D G, Sydnor J R. What's in a Picture? Evidence of discrimination from Prosper. com［J］. Journal of human resources, 2011, 46（1）: 53 - 92.

［248］Duarte J, Siegel S, Young L. Trust and credit: the role of appearance in peer - to - peer lending［J］. Review of financial studies, 2012, 25（8）: 2455 - 2484.

［249］Iyer R, Khwaja A I, Luttmer E F, et al. Screening peers softly: Inferring the quality of small borrowers［J］. Management science, 2015, 62（6）: 1554 - 1577.

［250］Lee E, Lee B. Herding behavior in online P2P lending: An empirical investigation［J］. Electronic commerce research and applications, 2012, 11（5）: 495 - 503.

［251］廖理, 李梦然, 王正位. 中国互联网金融的地域歧视研究［J］. 数量经济技术经济研究, 2014（05）: 54 - 70.

［252］温小霓, 武小娟. P2P 网络借贷成功率影响因素分析——以拍拍贷为例［J］. 金融论坛, 2014（03）: 3 - 8.

［253］廖理, 李梦然, 王正位. 聪明的投资者: 非完全市场化利率与风险识别——来自P2P 网络借贷的证据［J］. 经济研究, 2014（07）: 125 - 137.

［254］Prystav F. Personal information in peer - to - peer loan applications: Is less more?［J］. Journal of behavioral and experimental finance, 2016, 9（3）: 6 - 19.

［255］Mach T, Carter C, Slattery C. Peer - to - Peerlending to small businesses［J］. Finance & Economics discussion, 2014, 50（96）: 945 - 975.

［256］Lin M, Prabhala N R, Viswanathan S. Judging borrowers by the company they keep: friendship networks and information asymmetry in online peer – to – peer lending [J]. Management science, 2013, 59 (1): 17 – 35.

[257] Neuberger D, Räthke – Döppner S. Leasing by small enterprises [J]. Applied financial economics, 2013, 23 (7): 535 – 549.

[258] 庄雷, 周勤, 伏玉林. P2P 网络借贷用途、投资偏向效应与软信息价值 [J]. 国际商务 (对外经济贸易大学学报), 2015 (06): 77 – 85.

[259] 王会娟, 廖理. 中国 P2P 网络借贷平台信用认证机制研究——来自"人人贷"的经验证据 [J]. 中国工业经济, 2014 (04): 136 – 147.

[260] 加快实施创新驱动发展战略深入推进大众创业万众创新 [N]. 人民日报, 2015 – 10 – 20.

[261] Freedman S M, Jin G Z. Learning by doing with asymmetric information: Evidence from prosper. com [Z]. National bureau of economic research, 2011.

[262] 谈超, 王冀宁, 孙本芝. P2P 网络借贷平台中的逆向选择和道德风险研究 [J]. 金融经济学研究, 2014 (05): 100 – 108.

[263] Klafft M. Online peer – to – peer lending: A lenders' perspective [C]. 2008.

[264] Wang H, Greiner M E. Prosper: The eBay for money in lLending 2. 0 [J]. Communications of the association for information systems, 2011, 29 (1): 243 – 258.

[265] Shen D, Krumme C, Lippman A. Follow the profit or the herd? Exploring social effects in peer – to – peer lending [C]. IEEE, 2010.

[266] Herzenstein M, Dholakia U M, Andrews R L. Strategic herding behavior in peer – to – peer loan auctions [J]. Journal of interactive marketing, 2011, 25 (1): 27 – 36.

[267] Lin M, Viswanathan S. Home bias in online investments: An empirical study of an online crowdfunding market [J]. Management science, 2015, 62 (5): 1393 – 1414.

[268] Riggins F J, Weber D M. A model of peer – to – peer (P2P) social lending in the presence of identification bias [C]. ACM, 2011.

[269] 李焰, 高弋君, 李珍妮, 等. 借款人描述性信息对投资人决策的影响——基于 P2P 网络借贷平台的分析 [J]. 经济研究, 2014 (S1): 143 – 155.

[270] Yum H, Lee B, Chae M. From the wisdom of crowds to my own judgment

in microfinance through online peer – to – peer lending platforms [J]. Electronic commerce research and applications, 2012, 11 (5): 469 – 483.

[271] 彭红枫, 赵海燕, 周洋. 借款陈述会影响借款成本和借款成功率吗? ——基于网络借贷陈述的文本分析 [J]. 金融研究, 2016 (04): 158 – 173.

[272] Dorfleitner G, Priberny C, Schuster S, et al. Description – text related soft information in peer – to – peer lending – Evidence from two leading european platforms [J]. Journal of banking & Finance, 2016, 64: 169 – 187.

[273] Herzenstein M, Sonenshein S, Dholakia U M. Tell me a good story and I may lend you money: The role of narratives in peer – to – peer lending decisions [J]. Journal of marketing research, 2011, 48 (SPL): S138 – S149.

[274] 李晓东, 陈建功. 中国互联网发展的历史阶段划分 [J]. 互联网天地, 2014 (03): 6 – 14.

[275] Fuhr J P, Pociask S. Broadband and telecommuting: Helping the US environment and the economy [J]. Low carbon economy. 2011, 2 (01): 41.

[276] Walker W. Information technology and the use of energy [J]. Energy policy, 1985, 13 (5): 458 – 476.

[277] Collard F, Fève P, Portier F. Electricity consumption and ICT in the French service sector [J]. Energy economics, 2005, 27 (3): 541 – 550.

[278] Cho Y, Lee J, Kim T. The impact of ICT investment and energy price on industrial electricity demand: Dynamic growth model approach [J]. Energy Policy, 2007, 35 (9): 4730 – 4738.

[279] Bernstein R, Madlener R. Impact of disaggregated ICT capital on electricity intensity in European manufacturing [J]. Applied economics letters, 2010, 17 (17): 1691 – 1695.

[280] Ishida H. The effect of ICT development on economic growth and energy consumption in Japan [J]. Telematics and informatics, 2015, 32 (1): 79 – 88.

[281] Sadorsky P. Information communication technology and electricity consumption in emerging economies [J]. Energy policy, 2012, 48: 130 – 136.

[282] Hilty L M, Arnfalk P, Erdmann L, et al. The relevance of information and communication technologies for environmental sustainability – a prospective simulation study [J]. Environmental modelling & Software, 2006, 21 (11): 1618 – 1629.

［283］Mokhtarian P. If telecommunication is such a good substitute for travel, why does congestion continue to get worse? ［J］. Transportation letters, 2009, 1 (1): 1 - 17.

［284］Takase K, Murota Y. The impact of IT investment on energy: Japan and US comparison in 2010 ［J］. Energy policy, 2004, 32 (11): 1291 - 1301.

［285］Zhu P, Mason S G. The impact of telecommuting on personal vehicle usage and environmental sustainability ［J］. International journal of environmental science and technology, 2014, 11 (8): 2185 - 2200.

［286］Romm J. The internet and the new energy economy ［J］. Resources, Conservation and recycling, 2002, 36 (3): 197 - 210.

［287］Saidi K, Toumi H, Zaidi S. Impact of information communication technology and economic growth on the electricity consumption: Empirical evidence from 67 countries ［J］. Journal of the knowledge economy, 2015: 1 - 15.

［288］Salahuddin M, Alam K, Ozturk I. Is rapid growth in internet usage environmentally sustainable for Australia? An empirical investigation ［J］. Environmental science and pollution research, 2015: 1 - 14.

［289］Raghavan B, Ma J. The energy and emergy of the internet ［C］. ACM, 2011.

［290］Murtishaw S, Schipper L. Disaggregated analysis of US energy consumption in the 1990s: evidence of the effects of the internet and rapid economic growth ［J］. Energy policy, 2001, 29 (15): 1335 - 1356.

［291］舒华英，王轩，杨天剑. 信息通信技术（ICT）碳减排贡献研究 ［J］. 中国软科学, 2010 (S1): 144 - 148.

［292］周亚颖，樊茂清. 能源价格变化、技术变化和信息化投资对能源强度的动态影响研究 ［J］. 经济问题, 2011 (05): 28 - 31.

［293］任若恩，樊茂清，郑海涛. 能源价格、技术变化和信息化投资对部门能源强度的影响 ［J］. 世界经济, 2012 (05): 22 - 45.

［294］Han B, Wang D, Ding W, et al. Effect of information and communication technology on energy consumption in China ［J］. Natural hazards, 2016: 1 - 19.

［295］Ketteni E, Mamuneas T, Pashardes P. ICT and energy use: patterns of substitutability and complementarity in production ［J］. Cyprus economic policy review, 2013, 7 (1): 63 –86.

[296] Barua A, Lee B. The information technology productivity paradox revisited: A theoretical and empirical investigation in the manufacturing sector [J]. International journal of flexible manufacturing systems, 1997, 9 (2): 145 –166.

[297] Coroama V C, Hilty L M. Assessing Internet energy intensity: A review of methods and results [J]. Environmental impact assessment review, 2014, 45: 63 –68.

[298] 王子敏. 经济增长、互联网发展与快递业的关系研究 [J]. 北京交通大学学报 (社会科学版), 2012 (3): 63 –67.

[299] File T. Computer and internet use in the United States [R], 2013.

[300] Dietz T, Rosa E A. Effects of population and affluence on CO2 emissions [J]. Proceedings of the national academy of sciences, 1997, 94 (1): 175 –179.

[301] 李韬. 中国经济增长中的综合能耗贡献分析——基于 1978—2007 年时间序列数据 [J]. 数量经济技术经济研究, 2010 (3): 16 –27.

[302] 林卫斌, 苏剑, 施发启. 经济增长、能耗强度与电力消费——用电量与 GDP 增长率背离的原因探析 [J]. 经济科学, 2010 (5): 15 –22.

[303] 林光平, 龙志和, 吴梅. 中国地区经济 σ – 收敛的空间计量实证分析 [J]. 数量经济技术经济研究, 2006, 23 (4): 14 –21.